杰阁遗型

——宁波天一阁藏书楼

杨菁　牛颖倩　张亮　著

江苏凤凰科学技术出版社·南京

图书在版编目（CIP）数据
杰阁遗型 ：宁波天一阁藏书楼 / 杨菁，牛颖倩，张亮著. -- 南京 ：江苏凤凰科学技术出版社，2025. 1.
ISBN 978-7-5713-4931-8
Ⅰ. G259.29
中国国家版本馆 CIP 数据核字第 202456MU55 号

杰阁遗型—— 宁波天一阁藏书楼

著　　者　杨　菁　牛颖倩　张　亮
项目策划　凤凰空间 / 高雅婷
责任编辑　赵　研
责任设计编辑　蒋佳佳
特约编辑　高雅婷　朱雨琪

出版发行　江苏凤凰科学技术出版社
出版社地址　南京市湖南路 1 号 A 楼，邮编：210009
出版社网址　http://www.pspress.cn
总　经　销　天津凤凰空间文化传媒有限公司
总经销网址　http://www.ifengspace.cn
印　　刷　北京博海升彩色印刷有限公司

开　　本　787 mm × 1092 mm　1 / 16
印　　张　16.5
插　　页　4
字　　数　264 000
版　　次　2025 年 1 月第 1 版
印　　次　2025 年 1 月第 1 次印刷

标准书号　ISBN 978-7-5713-4931-8
定　　价　268.00 元（精）

图书如有印装质量问题，可随时向销售部调换（电话：022-87893668）。

谨以此书纪念黄宗羲登天一阁三百五十周年

此书实际编纂工作于2023开展，正值三百五十周年。

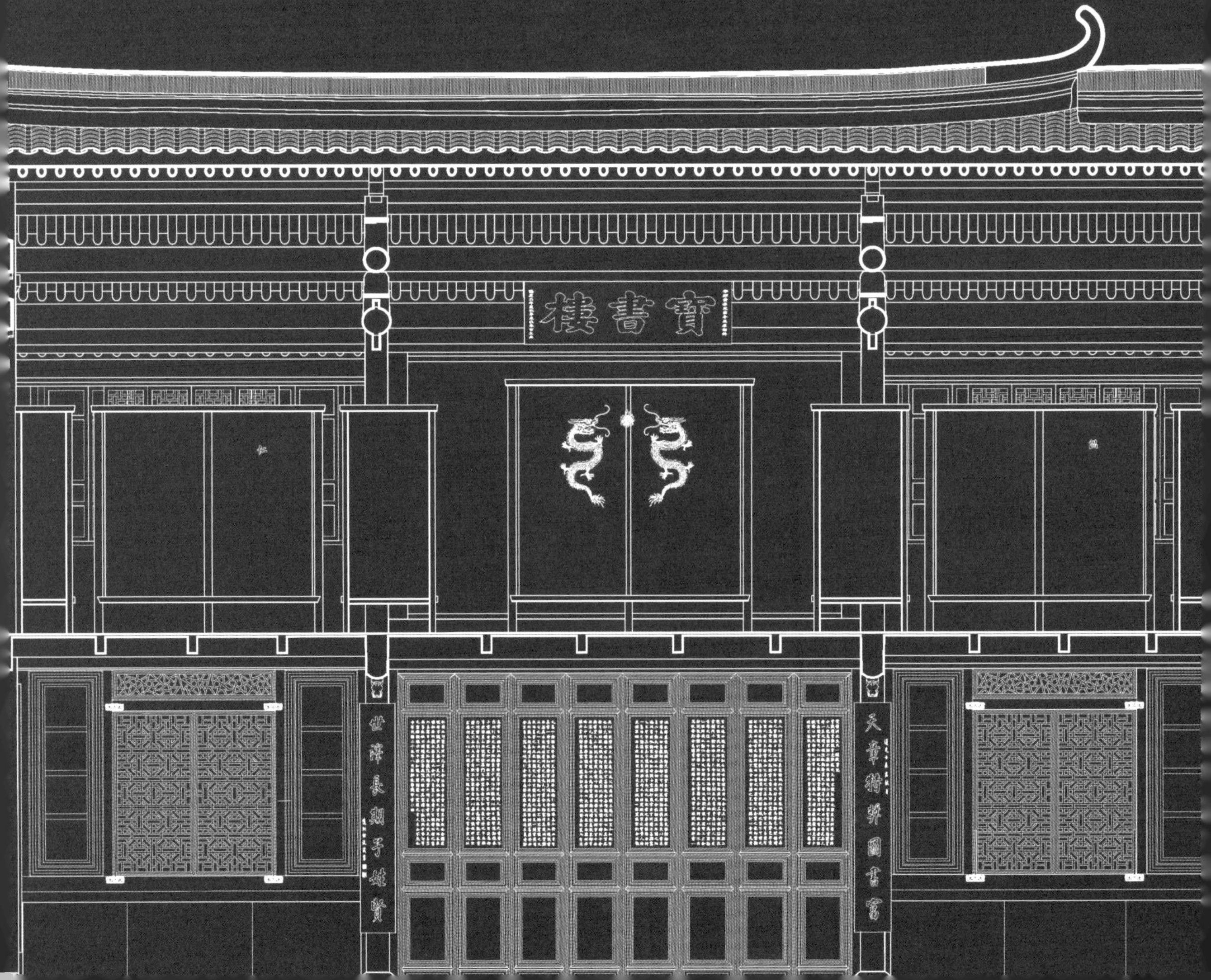

寶書樓
天章特許圖書富
世澤長期子姓賢

序一

北京故宫的东南侧有一座黑色琉璃瓦绿剪边的高阁——文渊阁，在周围一众黄瓦红墙的建筑中显得与众不同。“文渊阁”这个名字承袭自曾建于明代南京和北京宫殿内的皇家藏书阁旧称，清廷入关后沿用了文渊阁大学士的名号，却未曾复建文渊阁。乾隆三十八年（1773），文渊阁的营造工作与《四库全书》的纂修同步启动。

文渊阁位于文华殿后。整个文华殿建筑组群在文渊阁出现之前就具备鲜明的文化属性，皇帝每年春秋都会在文华殿举行经筵活动。清乾隆四十一年（1776）春，文渊阁建成。在《四库全书》编纂工作告成之际，乾隆帝在文渊阁设宴赏赐参与编纂的官员和儒生，盛况空前。自此，文渊阁成为清宫最大的藏书处，兼具清帝书房功能，允许朝臣到此阅览，并与文华殿一起将故宫这一区域的文化功能推向了新的高峰。

我在故宫工作时，曾多次考察这座独特的建筑。文渊阁外观两层，颜色以青绿为主，屋面铺黑琉璃瓦绿剪边，前有方池。阁东侧建有碑亭，是少见的盝顶造型。阁内实有三层，暗层夹在一层、三层之间。大堂内悬有乾隆御书“汇流澄鉴”匾，左右是御笔对联“荟萃得殊观象阐先天生一，静深知有本理赅太极函三”。文渊阁虽然地处宫禁，但施以绿色檐柱和苏式彩画，前廊设回纹栏杆，檐下有倒挂楣子，并有叠石假山环列周边。乾隆帝通过对文渊阁的营建，把包括文华殿在内的外朝建筑提升成了一组典型的书院园林建筑群。

文渊阁这些迥异于皇家建筑的特征，主要源于其对一座明代私家藏书楼——宁波天一阁的“写仿”。《杰阁遗型——宁波天一阁藏书楼》正是一部全面梳理天一阁建筑、园林、宅居环境的特点、价值和演变历程的好书。当然，建筑不仅是营建技艺的体现，更是社会文化和生活、生产方式的鉴证。因此，该书还进一步研究和分析了天一阁类型藏书楼的“时代坐标”。明清之际，以天一阁为代表的皇家、民间藏书楼已经基本成熟，其在功能上专门用于藏书、阅览及文化交流，在审美上融入传统园林环境，并配套有防火、防水、防盗的形制意象和制度。随着藏书文化与建筑文化、南北方建筑文化之间的交流、交融，在明清时代的社会生产背景下，终于演变出一类极具中式特点、中式审美的藏书楼，我愿意称之为传统中式图书馆的最终形态之一。

《杰阁遗型——宁波天一阁藏书楼》可谓是一本带领我们开启传统中式图书馆探索之旅的指南。

2024年7月

（单霁翔　中国文物学会会长、故宫博物院学术委员会主任）

序二

2018年，当我得知天津大学的师生正在开展“四库七阁”的研究，并计划调研杭州文澜阁时，颇感兴奋，因为这是一件很有意义的工作，并建议杨菁老师同步开展与七阁渊源颇深的天一阁研究。很高兴在五年后的今天，可以看到初步研究成果。看完书稿，觉得这本书的核心价值，是讲述了一个中国藏书楼建筑的“宇宙”。

“上下四方曰宇”，在藏书楼建筑中，我们可以一窥明清北方官式建筑与江南建筑在不同空间的交流与表达。众所周知，“四库七阁”基本形制脱胎于天一阁。1773年，《四库全书》启动修纂，清乾隆帝下诏钦点天一阁在内的江浙藏书机构献书，命杭州织造寅著对天一阁建筑和框架进行详细测绘，要求七阁照此设计。于是“坐北朝南，阁前凿池，阁用六间，前后通风”成为七阁尤其是“北四阁”的共有基因，这些位于皇宫或者皇家园囿中的藏书楼继承了部分源于江南建筑的风格。一般关于天一阁与“四库七阁”的叙事仅止于此，但是当我们仔细研究“南三阁”中尚存的文澜阁时，会发现另一种南北方结合的状态，比如体现皇家礼制的轴线格局与江南园林的结合，又比如屋架结构中随梁紧贴三架梁的北方做法与鹰嘴童柱的江南做法并存，再比如代表官式特征的琉璃瓦件与本地湘湖民窑工艺的融合，这不禁让人联想：如果扬州和镇江的二阁尚存，江南的三座皇家藏书楼定会展现出一幅更为宏大的多元包容的生动图景。

“古往今来曰宙”，中国人尊重传统、尊重知识的理念在建筑形态与功能上的体现，始终代代传承。书籍的载体从简牍到缣帛，再到纸本，先辈对于藏书的执着从未改变，这才有了汉宫芸台、唐代敦煌藏经洞、大宋三馆秘阁等。进入印刷时代，尤其入明之后，随着雕版、纸张、装帧等工艺技术的成熟和标准化，书籍的印制成本大幅下降，书籍的数量、种类都快速增加，对专门化藏书空间的需求，突破了传统寺庙、皇家领域，在社会各个层面涌现。各类藏书楼在防火、防盗、审美、管理制度等方面发展出多种创新，最终在近代之前形成了相对成熟的类型——一众具有天一阁“范式”的藏书楼。进入现代化时期，诸多现代藏书楼、图书馆，甚至近年来新建成的国家版本馆，虽然已是钢筋混凝土结构，但都能在建筑形制、布局安排、命名方式等方面寻找到被“天一地六”理念影响的痕迹。

文化遗产的保护，关注的是遗存本体，保留的是信息和价值，实证的是曾经存在并依然延续的观念、审美和生活方式。期待类似的研究在深度、广度上进一步拓展，展现出更多中华传统文化中的“宇宙”，为实证中华文明的独特性和当代价值做出我们的贡献。

黄滋

2024年3月

（黄滋　浙江省古建筑设计研究院原院长、传统木构建筑营造技艺研究国家文物局重点科研基地学术委员会主任）

序三

自2018年起，天津大学建筑学院师生对天一阁进行了深入测绘与研究，并以此为基础完成了《杰阁遗型——宁波天一阁藏书楼》一书。

本书的撰写面临着一个关键问题——何以开展江南园林的测绘研究？何以从宁波天一阁入手？

天津大学地处北京门户，自1941年以来，明清宫苑的测绘研究历来是其优势和重点，长期深入的研究形成了一系列成果，诸如“中国古典园林研究论丛”，包括《中国古典园林的儒学基因》《中国古典园林的禅学基因》《中国园林创作的解释学传统》等，从北方皇家园林研究引向对中国古代园林本质内涵的探索；《中国古建筑测绘大系・园林建筑》之《北海》《颐和园》《承德避暑山庄和外八庙》等测绘史丛书，更是基于园林建筑实测和相关档案文献梳理的独家呈现。

在探索学科发展规律时，我们发现了一个普遍存在的问题，那就是自20世纪二三十年代起，中国园林研究多呈“自选自育”甚至自限畛域的分割状态，江南私家园林与北方皇家园林之间的影响与联系，竟成为研究中的盲区。

例如，江苏镇江金山“寺包山”与焦山“山包寺”的园林布局，分别被清乾隆皇帝提炼为“屋包山”与“山包屋”的模式，并应用于北京及承德的皇家园林创作中，但这一史实及其背后的文化意义，常被忽视；

再如无锡寄畅园，清康熙帝、乾隆帝南巡均频仍驻跸，并曾予以“江南名墅，秦园最古”的赞誉，还特遣宫廷画师摹写，“携图以归”，移植在皇家园林中。然而，在无锡准备申报世界文化遗产时，其背后这一皇家园林与私家园林的文化交融的历史华章竟被完全忽略。

《杰阁遗型——宁波天一阁藏书楼》一书，在研究江南私家园林代表天一阁的基础上，通过深入挖掘江南园林与北方皇家园林之间的内在联系，具体到“四库七阁”写仿天一阁这一文化事件，跳出对天一阁较为局限的单体解析，打破南方私家建筑和北方皇家建筑之间的研究壁垒，在更广阔视野下展开讨论，进而从更深层次、更广领域展示出中国园林艺术的博大精深。

该书是天一阁博物院、宁波博物院与天津大学多年来合作的成果。单霁翔先生曾在天津大学牵头的《上栋下宇：历史建筑测绘五校联展》序中评价道：“历史建筑测绘源自高等学校。建筑院校参与历史建筑测绘具有不可替代的优势。”这亦是对高校与文化遗产保护单位践行产学研相结合、优势互补、合作共赢的有力见证。

总而言之，希望这本书成为一把钥匙，帮助我们打开明清中国南北方建筑文化交融的历史长卷。

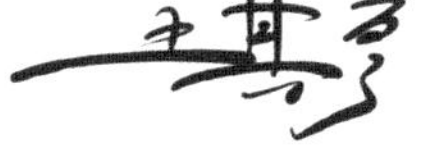

2024年5月

（王其亨　国家级教学名师、天津大学建筑学院教授）

目录

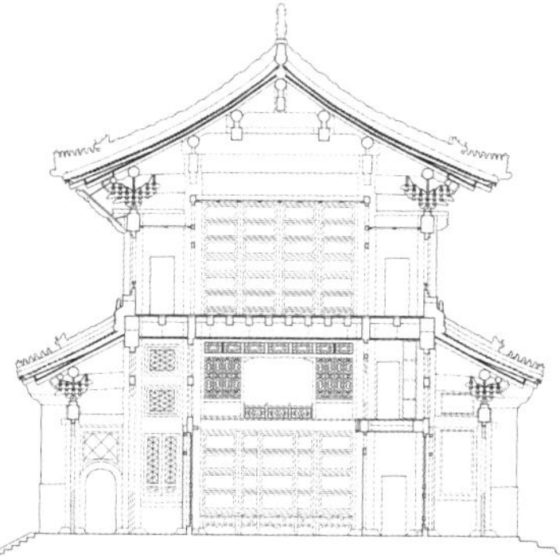

绪论

◎研究缘起

◎研究综述

◎研究意义

◎研究方法

老子者，楚苦县厉乡曲仁里人也，姓李氏，名耳，字聃，周守藏室之史也。

——〔西汉〕司马迁《史记·老子韩非列传》

海内藏书之家最久者，今惟宁波范氏天一阁岿然独存。

——〔清〕阮元《宁波范氏天一阁书目序》

0.1 研究缘起

我国藏书文化历史悠久，著名的藏书楼不胜枚举。例如西汉的天禄阁、石渠阁，分别被誉为最早的国家图书馆和国家档案馆。《三辅黄图》载："石渠阁，萧何造，其下砻石为渠以导水，若今御沟，因为阁名。"[1]可见其具备了特殊设计的功能形式，其周边的"石渠"也具有可以防火防盗的水环境。东汉时期有东观，"东观之艺，孽孽洋洋。上承重阁，下属周廊。步西蕃以徙倚，好绿树之成行""房闼内布，疏绮外陈"[2]，记载了藏书之地的外部配套环境。但民间的私家藏书设施，在经济条件和科技条件限制下，直至唐宋时期才得以发展。

至明清时期，造纸技术基本完全成熟，印刷技术日臻成熟，民间纸张价格和抄刻的成本相对低廉，也促进书本实物的传播。文人对知识文本的崇拜逐渐转移到对物质版本的追逐之上，急需收藏赏玩的空间，并将其纳入居室的设计范围，促进了藏书楼从民居建筑中分离出来（表0-1）。

表0-1 中国藏书文化发展概要[3]

时期	藏书楼发展
夏商西周	我国的藏书文化自商周时期即有记录，文字使用范围小，载体多为龟甲兽骨；藏书楼出现雏形，一般服务于宫廷，时称"龟室""藏室"，有专门的史官进行典籍的收藏整理
春秋	开始使用简帛作为刻写材料，布帛价格较高，竹简沉重不易流传；文化思潮涌现，私人学术著作出现，但仍多在社会上层传播
秦汉	纸张逐步替代简帛，国家政权统一，科学技术发展，出现官方藏书楼，例如汉代萧何的天禄阁、麒麟阁"以藏秘书、画贤臣"，石渠阁"藏入关所得秦之图籍"，均是为汉王朝宫廷服务的藏书之处[4]
隋唐	纸张改良，开始使用雕版印刷术，政治经济发展高峰促使文化繁荣，私家藏书楼得以发展
两宋	发明活字印刷技术，造纸业兴盛，全国文化风气活跃，促使私家藏书发展繁荣。"藏书之富，南楼北史"[5]，即是形容在宋代宁波月湖地区有史守之建造的"碧沚"和楼钥建造的"东楼"，这两座对后世影响深远的藏书楼建筑，也是藏书文化发展中的一段佳话

1 冯瑞、窦宝仓：《石渠阁和天禄阁的前世今生》，《科技世界》2014年第20期。

2 向怡泓、王云庆：《从兰台东观谈东汉时期皇家藏书机构的特点》，《新世纪图书馆》2015年第1期。"欧阳询《艺文类聚》卷六十三《东观赋》，又肖统《文选》卷二十四《东观铭》均见记载"。

3 参见据杨菁、张艺凡《中国传统阅览空间特点浅析——以天一阁及其影响下的四库七阁为例》和苏薇《从藏书楼到近代图书馆》。

4 苏薇：《从藏书楼到近代图书馆》，硕士学位论文，吉林大学，2004，第3页。

5〔清〕全祖望：《湖语》。

民间的私家藏书楼如雨后春笋一般大量出现，例如常熟瞿氏铁琴铜剑楼（图 0-1）、嘉兴蒋氏衍芬草堂（图 0-2）、瑞安孙氏玉海楼（图 0-3）等都是极负盛名的藏书楼建筑，有不少得以留存至今。

如今留存于世的古代藏书楼建筑不过 100 余座，有些藏书楼在年久失修后坍塌，有些被挪作他用，有些楼书分离，藏书分散各地，辉煌不再。而宁波天一阁得到官方和社会各界的广泛重视，书、阁均保存良好，是现今保存最古老、最为完好的一座私家藏书楼建筑。

天一阁位于浙江省宁波市海曙区天一街 10 号，古明州府城内的月湖之西（图 0-4）。宁波的三江口区域（图 0-5）自唐以来便是政治、经济、文化的繁荣之处，月湖周边至今仍人文兴盛，环境优美，聚集了众多的历史遗迹。

图 0-1　铁琴铜剑楼
（建于清乾隆年间）

图 0-2　衍芬草堂
（建于清道光年间）

图 0-3　玉海楼
（建于清光绪年间）

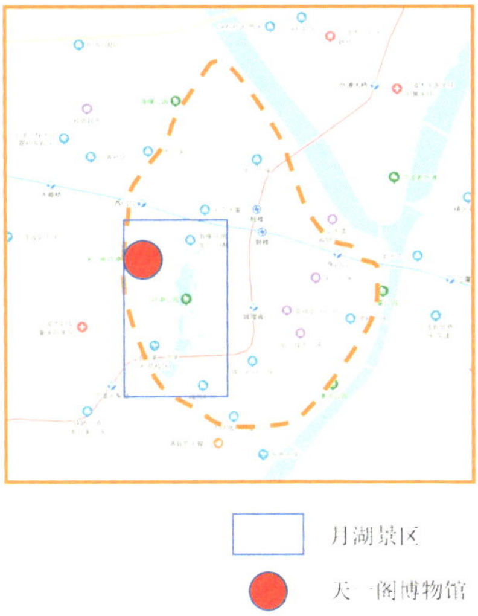

图 0-4　明清鄞县城区范围位示意
（底图来源：百度地图）

图 0-5　宁波三江口区位示意
（底图来源：百度地图）

天一阁是明代原兵部右侍郎范钦的私家藏书楼，位于其宅第“司马第”之东南角，历经范氏十几代传承，完好保存至今（图0-6）。建筑和基本环境布局于明嘉靖四十年至四十五年（1561—1566）由范钦主持修建，园林假山由其曾孙范光文完善，形成了藏书楼与南北院落，即“南侧假山—水池—前院—藏书楼—后院—花台—北侧假山”这一明显具有南北轴线序列的空间系统（图0-7）。

组群除北墙向外延伸，其他三面围合，整体占地面积约1639.4平方米（范围界定详见第1章“天一阁组群现状”），以前院一组海礁石假山和“天一池”最为著名；藏书楼占地面积约281.1平方米，是一座两层六开间的硬山顶砖木建筑，具有偶数开间的外观特征，第二层原本通为一整间，显示“天一生水，地六成之”之意（图0-8、图0-9）。这一特征被清代皇家藏书楼“四库七阁”选为营建样本，成为乾隆皇帝治理江南文化手段中的重要一环（见第4章“历史影响”）。

天一阁距今已有450余年的历史，是中国现存传统“图书馆”建筑的最古老代表，其藏书丰富，卷帙浩繁，为近现代图书馆学、版本学等学科领域做出了重大贡献，同时也引起了后人对地方志、登科录等书籍的重视，是中国藏书史研究中的重要部分。天一阁也是明末清初江南民居的典型代表之一，经多次修缮仍维持原貌，在建筑工艺上颇具地方特色。组群整体现纳入天一阁博物馆[1]，作为核心区域受到保护。

图0-6　天一阁组群现状位置示意

图0-7　石刻《天一阁图》（清同治、光绪年间湖北祝永清绘制，民国李良栋1935年刻）

1　1982年被中华人民共和国国务院列为全国重点文物保护单位，2008年被中华人民共和国国务院列为全国古籍重点保护单位。

图 0-8　天一阁南侧外观

图 0-9　天一阁北侧外观

依托于国家自然科学基金项目“天一阁范式藏书楼研究”，天津大学建筑学院课题组将明代天一阁与清代“四库七阁”进行系列化研究，发表了《“四库七阁仿天一”所反映的清代皇家园林写仿江南的三个阶段》《中国传统阅览空间特点浅析——以天一阁及其影响下的四库七阁为例》《京国略欣渊已汇，陪都今次溯其初——〈四库全书〉藏书楼盛京文溯阁内檐装修与陈设研究》等相关研究成果。

课题组前期利用 GPS、三维激光等科技手段对研究对象进行扫描（图 0-10），于 2018 年对天一阁组群、尊经阁以及明州碑林进行了测绘工作（测绘名录见附录 B），2019 年对水北阁、状元厅、秦氏支祠外牌坊及百鹅厅进行测绘，并开展诸多与本项目密切相关的课题研究（表 0-2），积累了大量有利经验。此外，天一阁博物馆提供了大量的资料支持，形成了十分优秀的团队性研究机制。笔者在此良好的条件下对组群进行了全面的现状调查，获得较为准确和系统的一手数据，并完成电子图纸绘制和建模工作（图 0-11、图 0-12），为接下来从建筑学角度对天一阁进行研究提供了基础。

图 0-10　天一阁现状总剖面点云图像（天津大学建筑学院课题组 2018 年扫描）

表 0-2　国内各藏书楼测绘信息

时间	测绘地点	相关出版物
1963 年	河北承德避暑山庄文津阁	《承德古建筑》《中国古建筑测绘大系 · 园林建筑与宗教建筑：承德避暑山庄和外八庙》
1964 年	辽宁沈阳故宫文溯阁	《中国美术全集 · 建筑艺术编：宫殿建筑》
1985 年	北京故宫文渊阁	《中国美术全集 · 建筑艺术编：宫殿建筑》
1991 年	辽宁沈阳故宫文溯阁	《中国美术分类全集 · 中国建筑艺术全集：沈阳故宫》《文溯阁研究》
2012 年	河北承德避暑山庄文津阁	《中国古建筑测绘大系 · 园林建筑与宗教建筑：承德避暑山庄和外八庙》
2014 年	辽宁沈阳故宫文溯阁	《文溯阁研究》
2018 年	浙江宁波天一阁	—
2018 年	北京圆明园文源阁遗址	《圆明园文源阁研究》（待出版）
2019 年	浙江宁波水北阁	—
2022 年	浙江杭州文澜阁	—

图 0-11　天一阁建筑模型

图 0-12　天一阁组群院落三维轴测模型

0.2 研究综述

日本建筑史学家常盘大定和关野贞在20世纪初编订的《中国文化史迹》中，有对浙江宁波、月湖、天一阁等词条的图文记载，其中留有一幅天一阁前院假山的照片，显示其百年前状态与现状有所不同（图0-13、图0-14）。[1]骆兆平先生主编的《天一阁藏书史志》中集合了与天一阁及其藏书文化研究相关的重要论文41篇，其中收录了一篇《西方学者论天一阁》[2]，对德国学者乌尔里希·施塔克曼的《中国图书馆"天一阁"的历史》一书进行了评述，为中国学者的相关研究提供了独到的西方视角。《天一阁藏书史志》中还录有一篇《浙江宁波天一阁》[3]（附录C），详尽描述了藏书楼建筑的构造形制，是其他文献内容中少见的。

针对天一阁园林艺术方面，潘谷西先生的《江南理景艺术》中有对天一阁组群的描述，并附有完整的平立剖图纸。金荷仙、蒋文娟的《宁波天一阁园林艺术浅析》，对掇山、理水、植物配置等方面有比较详细的分析；王文丽的《天一阁藏书楼南北园的石景艺术探析》以对建筑与景观的分析论述了天一阁园林叠石理水的艺术特色与文化背景；顾凯的《宁波天一阁》主要针对天一阁前院的格局面貌和山池主景进行评价分析，总结其文化、历史和艺术三方面价值；在建筑方面，近年来有杨菁、张艺凡的《中国传统阅览空间特点浅析——以天一阁及其影响下的四库七阁为例》，着重从设计者和使用者的现代视角，分析藏书阅览建筑的空间构成和园林艺术；西南科技大学刘虹、刘帆的《天一阁藏书建筑研究》已经在尺度比例、构造做法等方面进行了对单体建筑的初步研究。

图0-13《中国文化史迹》中天一阁假山照片

图0-14《中国文化史迹》中关于天一阁的记载

1 图0-13中显示"寿"字峰（图中最右）之后（即照片中央）有高大似石峰之物，但天一阁前院自20世纪30年代至今并没有此峰。

2 骆兆平：《天一阁藏书史志》，上海古籍出版社，2005，第407页。

3 骆兆平：《天一阁藏书史志》，上海古籍出版社，2005，第383页，录自《文物》1959年第11期。

近现代关于“四库七阁”与天一阁的相关研究中，文渊阁与文溯阁开始较早，成果也较多。[1] 近期还有陈晓华主编的《四库学》系列丛书，杨菁、李声能、白成军的《文溯阁研究》（图 0-15），梅丛笑的《文澜阁研究》（图 0-16），徐苏的《文宗阁》（图 0-17）等，关于文津阁、文源阁、文汇阁则少有专门著作，一般随其他文章著作出现。

除清代皇家藏书楼外，南方私家藏书楼研究也陆续开展。骆兆平先生的《卢址和抱经楼》《二老阁始末记》《天一阁丛谈》等文章著作根据实地调查，详细记述了几座浙东藏书楼的历史沿革，留下了珍贵的史料记载，弥补了有些建筑实物不存的遗憾。关于地方民居的研究，中国建筑技术发展中心建筑历史研究所的《浙江民居》（图 0-18），丁俊清、杨新平的《浙江民居》（图 0-19），楼庆西、陈志华、罗德胤、李秋香的《浙江民居》（图 0-20）三部著作以实地踏勘和建筑测绘工作为基础，全面论述了浙江地区的民居建筑类型。宁波大学蔡丽的《浅析宁波传统民居大木作构架特色》针对宁波地区的传统民居建筑，总结其大木构造特点并进行了类型上的区分整理；《宗族文化对民居形制的影响与分析》认为徽州和宁波地区中的宗族文化造成了地方居住建筑原型中的向心性，是院落布局对称性和秩序性的形成原因；朱素珍主编的《甬地古建筑特色研究》收录了数十篇甬地古建筑的相关研究成果，整理分析了宁波地区古代遗存世家宅院的重要信息。

综上所述，目前有关天一阁藏书楼的研究大多基于史学角度，在藏书家生平、藏书内容、管理方式等文化历史范畴中进行，关于建筑本体和园林环境的研究仍然处于一个初始的阶段。邢文芳的《天一阁藏书楼建筑研究综述》一文从数据角度再次说明了先前研究中对建筑本体进行挖掘的内容匮乏。[2]

1 中国营造学社自清末开始对紫禁城文渊阁进行修缮和测绘工作，民国时期发表了《故宫文渊阁楼面修理计划》《清故宫文渊阁实测图说》两篇学术论文，进行了包括平面配置、空间构成、木作装修、修缮方案、力学计算等方面的研究，其现场照片、实测图纸和分析方法仍然为现代相关研究的重要参考。中华人民共和国成立后，明清史专家、档案学家和古建筑学家单士元的《文渊阁》一文进一步对明清文渊阁的历史沿革进行梳理考证。国外相关研究多侧重清宫内的藏书楼建筑，以日本考察者成果最多，内藤湖南、伊东忠太、关野贞等建筑史学家均进行过实地走访踏勘，其著作记录了 20 世纪初故宫文渊阁和盛京文溯阁的内外状态。

2 文中论述道：“我国三大中文数据库所收录的文献中，对天一阁建筑方面的研究 1982 年就已经有了，在 2012 年达到研究顶峰，有 8 篇相关文献。历来学者们对天一阁的研究有很多，仅是中国知网收录的文献就有多达上千篇，但是专注在藏书楼建筑方面的文献数量并不是很多。”

图 0-15　杨菁、李声能、白成军《文溯阁研究》

图 0-16　梅丛笑《文澜阁研究》

图 0-17　徐苏《文宗阁》

图 0-18　中国建筑技术发展中心建筑历史研究所《浙江民居》

图 0-19　丁俊清、杨新平《浙江民居》

图 0-20　楼庆西、陈志华、罗德胤、李秋香《浙江民居》

0.3　研究意义

0.3.1　中国古代私家藏书楼之翘楚

天一阁作为中国古代私家藏书楼，自建成至今历经 450 余年，是我国最古老的藏书楼建筑。自清乾隆帝选择了范氏天一阁为皇家“四库七阁”的写仿原型之后，周边私家藏书楼纷纷效仿。天一阁以其形制之奇、藏书之精闻名遐迩，从私家藏书楼逐步成为标志性传统建筑，并一直占据着宁波文化发展的重要位置，与城市的建设发展息息相关，至今已由点至面，带动了片区的发展建设。对天一阁组群的研究是真实还原明末清初宁波地区的人居环境模式，了解城市历史与文化发展的重要材料。

0.3.2 中国传统藏书楼中独具特色的一种类型

藏书楼建筑以“贮藏”功能为主，其营造形式并无类型性特征。而范氏天一阁以藏书为目的，进行了主动性设计：虽然在外观上与浙江民居并无区别，但是格外重视藏书功能的高效实现，灵活变通，将二层通为一整间用以储书，使其实际功用、建筑形制与体现的精神诉求相互配合，明显拓展了藏书楼概念的范畴，满足了将其划分为一个专门的建筑类型的条件。天一阁成为古代社会中，在技术条件限制下最有利于书籍储藏的专门性空间，是传统营建模式在实际需求下灵活转换的成果，是普遍性与特异性结合良好的典型案例。

0.3.3 明末清初园林空间环境艺术的完整实物遗存

园林是文人和造园者精神世界的直观反映，在历史变迁中具有阶段性变化的特质，如不经长期的精心打理则极易荒废。目前我国江南园林实物的遗存大多形成于清代晚期，并经后世的多次改动。[1] 而宁波天一阁园林环境完成于清代早期，且基本保持了 340 余年前的原始状态。根据宁波当地现存的宅园假山的调查情况，这组园林假山可谓是宁波区域内保存时间最长、最完整、最精美的一组海礁石假山，为江南传统古典园林艺术的相关研究提供了真实可观的早期案例。分析探讨天一阁藏书楼与园林环境结合的布局方式，对探索传统园林空间与特定建筑功能的协调关系有着重要的启发作用。

0.3.4 后世众多公私藏书楼的写仿“范式”

清代学者阮元云：“范氏天一阁，自明至今数百年，海内藏书家，唯此岿然独存。”真正使其流传至今的是范氏先辈留下的一套藏书定式做法，它最终成就了天一阁的藏书奇迹。从建造开始，天一阁的建筑与环境就充分考虑藏书过程中可能产生的种种问题，并在长期的实践中不断加强管理，杜绝了致使藏书分散的内外因素。数百年的成功经验在积累沉淀后，形成了以“天一阁”为代名词的“范式”做法，其成为后世清代皇家和私家藏书楼建筑的营造范本，至今仍是值得研究分析和借鉴的一套体系。本书总结剖析了这套以建筑形制、园林布局、藏书方法、管理制度为基础的藏书楼专门类型营建准则，以及这套体系在后世藏书楼建筑中的影响实践。

1 顾凯：《重新认识江南园林：早期差异与晚明转折》，《建筑学报》2009 年第 S1 期。

0.4 研究方法

0.4.1 筛选整理多种类型资料，梳理研究对象基本信息

历史上并未留下天一阁具体营建的相关记载，目前可考的资料有如下三类：其一是宁波及周边地区的古籍图志，以及明清时期的文人游记、藏书记、绘画和相关诗文；其二是近现代摄影技术发展之后记录下的城市和天一阁组群的图像资料，如20世纪30年代留下的一定数量的天一阁重修前后的历史照片（图0-21）、私家摄影和60年代的航拍图；其三是在拜访了相关研究者、天一阁工作人员、附近居民，以及参与修缮的人员后，发现的一些未付诸纸面的重要回忆信息（图0-22）。在查阅文献资料、系统整理相关历史信息档案的工作基础上，对现有资料进行分门别类和筛选甄别，确定其真实性和可靠性。

0.4.2 通过探讨历史原貌，进行建筑环境研究

天一阁组群位于范氏司马第东南隅，与居住区域的联系有着明显的空间特征。但如今司马第早已不存，近代以来又在庭院北侧移入了尊经阁和明州碑林，院落完整性被破坏；组群整体纳入天一阁博物院，周边布局也难现明清时期的城市状态。通过资料梳理，并参考地方传统建筑肌理和相似案例，推测还原司马第原貌格局和天一阁组群完整形态，在此基础上进行相关研究，更加准确地分析组群内外环境的布局特色、园林艺术性以及对藏书楼建筑使用性能的影响。

图0-21　20世纪30年代天一阁修缮（天一阁博物院提供）

图0-22　慈城古建筑修缮工地现场[1]

1　照片中工匠近年来也负责了天一阁修缮。

0.4.3 现场调查与测绘，进行全面而细致的实物研究

中华人民共和国成立后有两次完整的天一阁测绘记录：1965 年 12 月，王之祥先生对天一阁建筑进行测绘并手绘图纸，但未记录园林环境（图 0-23、图 0-24）；1999 年 7 月，宁波大学对天一阁组群进行了较为全面的测绘工作并绘制了 CAD 图纸（图 0-25），但距今也有数十年的断层。本次研究在资料收集的基础上进行实地调研，组织参观和建筑测绘，并在天一阁博物院的协助下，深入调查了长期关闭的建筑二层和不开放的前园假山。通过对资料的汇总研究，对天一阁的材料、结构乃至整个建造阶段进行研究，推测原始建筑的功能和空间布局，还原研究对象真正作为藏储阅览空间的使用状态。

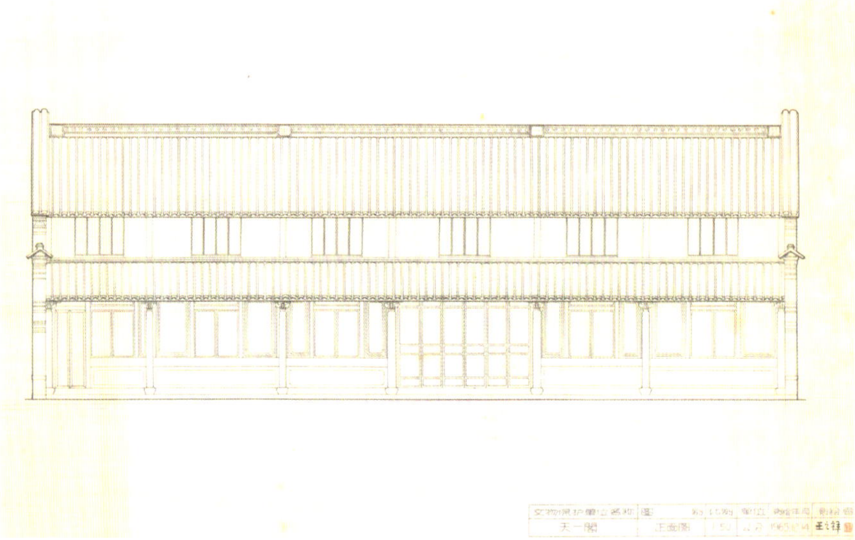

图 0-23　天一阁正面图（1965 年 12 月 14 日，王之祥绘）

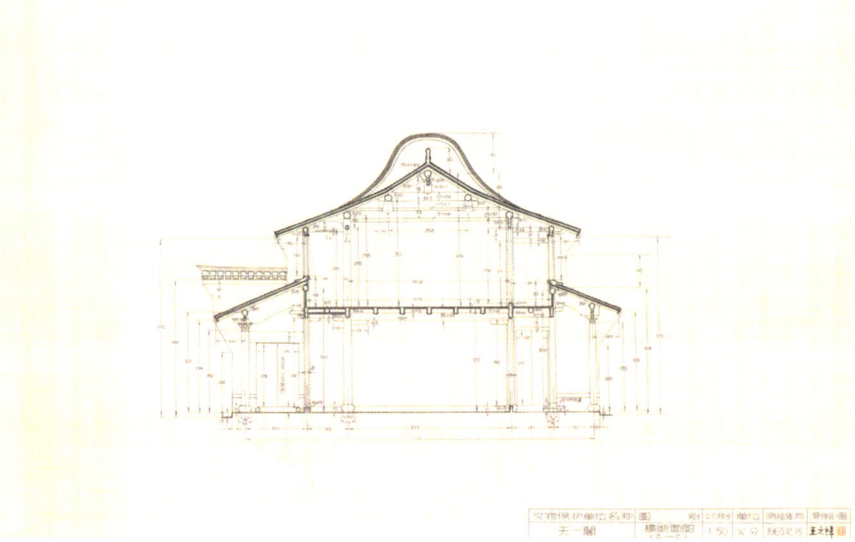

图 0-24　天一阁横断面图（1965 年 12 月 15 日，王之祥绘）

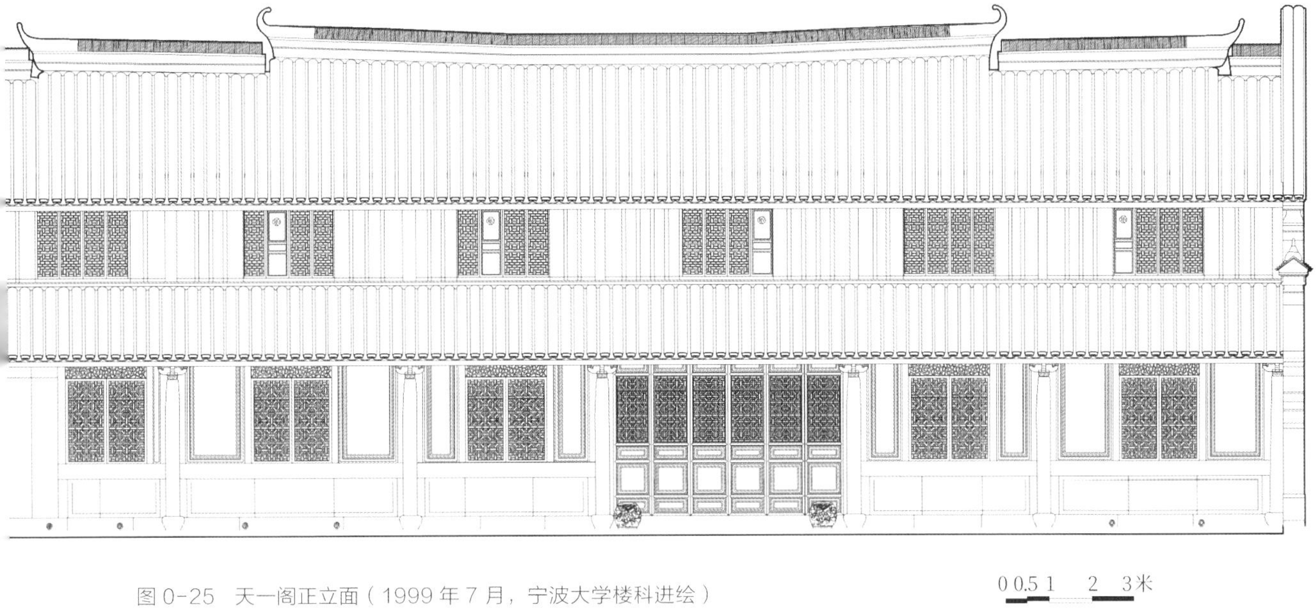

图 0-25　天一阁正立面（1999 年 7 月，宁波大学楼科进绘）

0.4.4　内化提炼组群特征，并与后世写仿案例进行对比研究

研究对象作为一座完整独立的江南园林建筑，被赋予了一个时代和地区的标志属性。藏书楼建成的 200 年之后，又通过黄宗羲、清乾隆帝的推崇而享誉海内外，成为明清藏书文化传承的重要接续。在长期的实践中，天一阁藏书楼形成一套易于操作的“范式”做法，但因其本质为私家民居的建筑性质，经常在研究中被忽略。本书通过分析提炼，将范氏天一阁各方面特征直观地梳理出来，再与其他藏书楼案例、北方皇家藏书楼建筑进行对比分析，更完整地发现天一阁组群设计思想的独到之处。

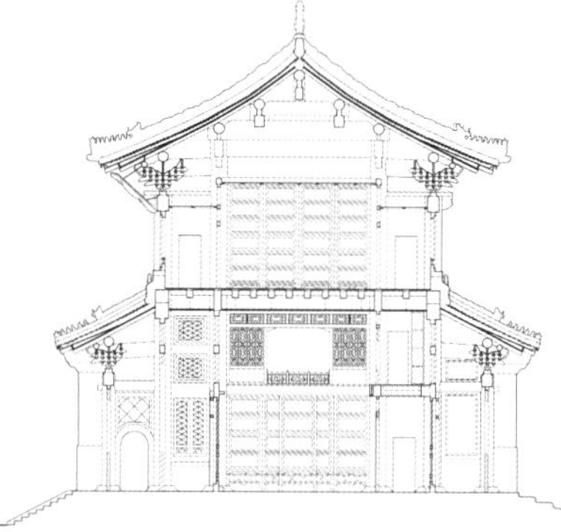

第1章

天一阁现状考察

天一阁组群由藏书楼和南北庭院组成，在司马第的整体礼仪秩序之外，形成一条独立的空间序列。虽然前后庭院的筑造年份与建筑时隔久远，但二者相辅相成，具备中国古代传统园林建筑设计的性质，在视觉听觉、使用性质等不同层面进行了专门配置。在这座小园之内，天一阁占据绝对核心的地位，外部环境处于为建筑服务的地位，具有观览、消防、交通、防护等实用价值。天一阁的营建工艺具有别具一格的地方特色，木作装修受地方自然环境的限制和文化习俗的影响，形成朴素简约而注重实用的建筑风格。建筑本身及园林的内外细节在长期的损耗与维修中发生了多次变动，现状基本保存良好。其历史变迁不仅代表了各个时代浙江地区的典型做法，还成为现代技术措施在古建筑保护方面的优秀实践范例。

1.1 天一阁组群现状

1.1.1 基本概况

关于天一阁组群的初始范围，《天一阁藏书史志》中记载："在天一阁后假山之北，'有平屋数间，系他姓租地建筑者，最后则有旷地一方，杂列浮厝'。"[1] 尊经阁移建位置即原民房处。马涯民先生的《天一阁记》也记载了组群范围："本至后假山北墙而止，墙外都是范姓民房，重修时候，方才扩展。"[2] 图 1-1 的这张民国时期老照片为整理完后山和花台后所摄，后方民房还未清理，其所属不再考证。在重修之前天一阁组群四周均为瓦砾矮墙，北侧与民房紧邻，清光绪年间《天一阁图》[3] 中显示后墙与假山有一定的距离，可能有东北隅曲池占地或其他间隙，且绘画与实际空间状态的出入无法确定。所以本章即以此墙靠北，现明州碑林南墙一线大致定位明清时期天一阁组群北边界：院落宽约 28 米，长约 57 米，总面积约为 1639.4 平方米，阁前院面积约为 497.6 平方米，后院约为 800.8 平方米。现在组群整体连同近代移建的尊经阁和明州碑林，形成一个单独封闭的院落（图 1-2）。

图 1-1 民国时期后院假山老照片

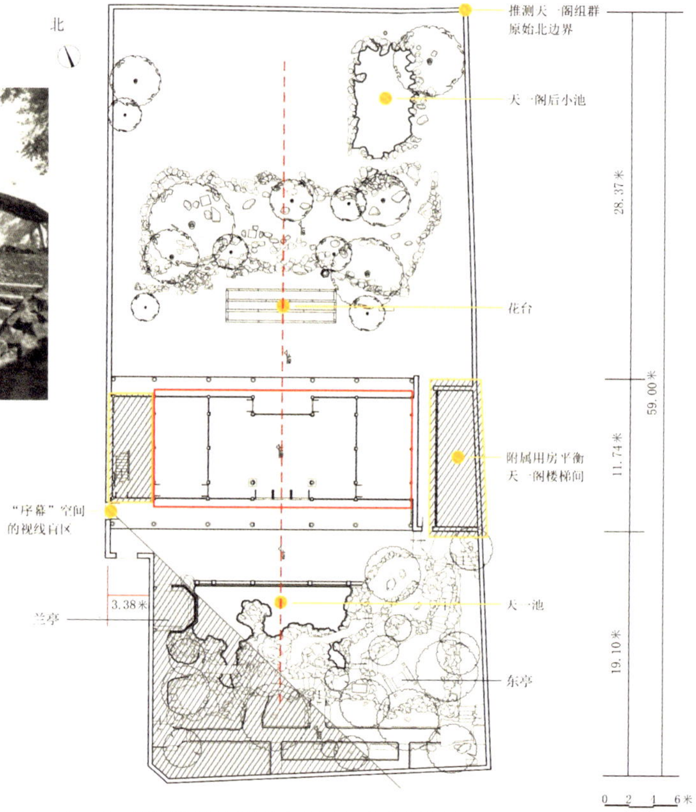

图 1-2 天一阁组群原始范围推测及细节分析示意

1 骆兆平：《天一阁藏书史志》，上海古籍出版社，2005，第 7 页。

2 同上书，第 370 页。

3 见绪论图 0-7。

天一阁第二层是原始组群中最高处，站立的视线高度与书橱柜高度基本一致：从南侧向外，视线可以跨越围墙，形成一定程度的内外视线渗透；最近则可以观赏至天一池中部；从北侧向外，可以越过后山看到庭院尽头，最近可以看到花台二层的区域。而在兰亭和后山的位置上，则可以完全看到天一阁檐下的门窗，形成前后院落的景观渗透，且视线基本相交于室内中点（图 1-3）。

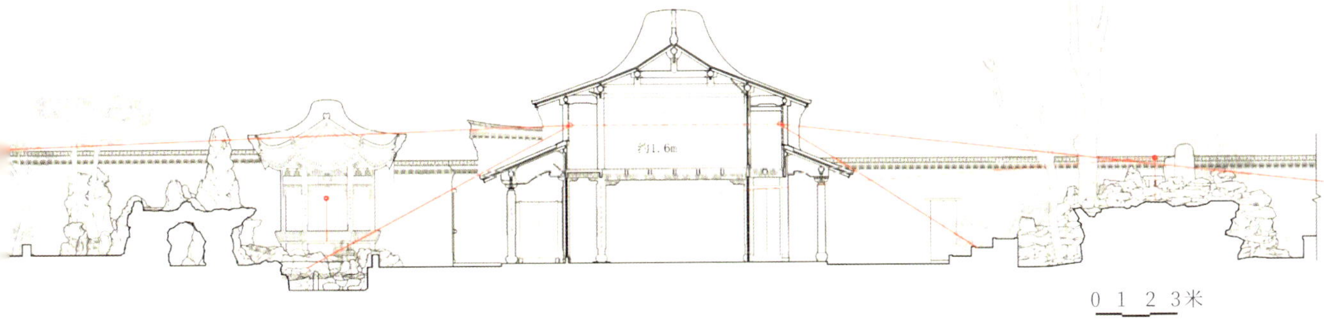

图 1-3　天一阁组群总剖图视线高度示意

1.1.2　阁前庭院

西墙向东缩进约 3.38 米，大致与天一阁西尽间相对，南墙、东墙将庭院与外部隔绝。露明水面面积约为 40.3 平方米，《月湖支河图》[1]（图 1-4）显示，池有暗渠通月湖，现代水文技术探测也证实了其为活水水池。假山（不计外围道路）面积 174.3 平方米。假山亭池自水边栏杆至组群南侧围墙的平均进深约 14.5 米，阁前平台面积 81.4 平方米左右，净深 4 米左右。假山亭池与平台面积之比约为 5.8 ∶ 1，站在阁前可以以扇形视角总览园林。现池中“天一池”三字出自唐玄宗《纪太山铭》摩崖碑，于民国大修时镌刻于假山之上。[2]

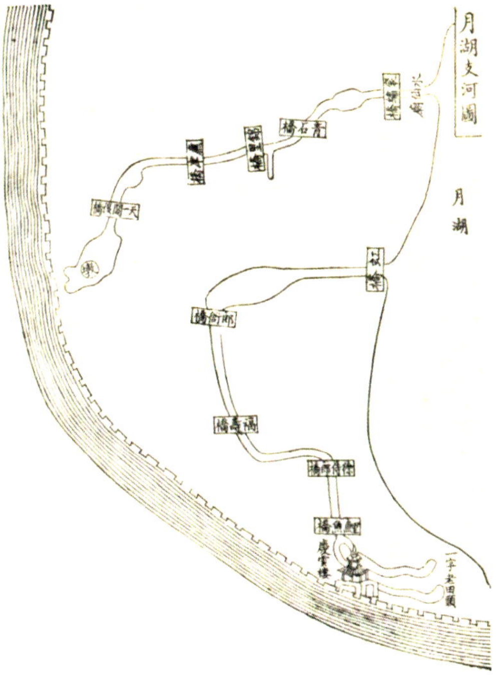

图 1-4　《宁郡城河丈尺图志 · 卷二　月湖支河图》

1　清光绪《宁郡城河丈尺图志》卷二，引自《名城宁波历史图典》第 168 页。

2　骆兆平：《天一阁杂识》，上海古籍出版社，2016，第 4 页。

藏书楼核心五间以明间中心一线为轴，与天一池、花台、后假山的中轴对应。可见在规划场地时，刻意将藏书楼西尽间作为附属结构排除在轴线布局之外，前院西南近 1/3 的位置上无法完全观测到西尽间的面阔，且此间被遮挡在西墙拐角的阴影之下，也更容易被观赏视线所忽略。范光文建园林时又进行了巧妙的处理，假山与东、西墙间距基本相等，形状规则且对称的花台再次强调了中心轴线，加上阁东的附属房屋平衡了藏书楼的不对称性，削弱了西尽间的突兀之感，既达到了“均衡”的目的，又符合中国合院式布局强调轴线的传统。

计成[1]在《园冶·立基》中讲道：“书房之基，立于园林者，无拘内外，择偏僻处，随便通园，令游人莫知有此。内构斋、馆、房、室，借外景，自然幽雅，深得山林之趣。”范氏天一阁即为“立于园林”之“书房”，其园位置满足“偏僻处”，自成一体；有单独出入口，既私密，又便于出入，符合独立使用的条件。造园有“旷”与“奥”之原则：“柳宗元把风景分为‘旷’与‘奥’，使之产生对比变化。”旷，开阔；奥，幽深。出自唐·柳宗元《永州龙兴寺东丘记》：“游之适，大率有二：旷如也，奥如也，如斯而已。其地之凌阻峭，出幽郁，寥廓悠长，则于旷宜；抵丘垤，伏灌莽，迫遽回合，则于奥宜。”[2]天一阁院落虽小，但具备了水、石、花木、亭榭等造景要素，[3]布局巧妙，收分得当，所以并不显得局促。入园的路径也有精心布置：首先穿越狭窄闭塞的巷道，两侧均为青砖高墙（图 1-5）；再左转入园，即为西尽间前的一段过渡空间，檐下的环境昏暗又狭小（图 1-6）；最后游览者在还无心理准备之时，已然进入庭院之中，面对扇面画卷，豁然开朗（图 1-7）。历史学家陈登原先生也曾描述过天一阁园林入门时的迂回状态：“久之，始从墙丛中得一小门，鸟道迂回，屈折而入，始得见所谓天一阁者。”[4]

高低错落的假山和满布的植物模糊了围墙边界，并形成外扩之势，从视觉上拓宽庭院，给人以庭院深深、无穷无尽的感受；藏书楼檐廊与开阔的平台、水池相接，扩大了水平方向的景观范围，疏密有致的石景分布柔化了景观与建筑相交的边界，不会对平台空间造成压迫；天一阁假山间遍植罗汉松、香樟、木槿、山茶等花木，以点状分布，既能保证光线的充裕，又能实现均匀的日照。树木和石笋从纵向延展了庭院的景深，引观者目光向上，借天光之势让庭院中呈现光影变化。一系列精巧的处理在这个小院落中造就了开阔之感，使这座微型山水成为天一阁园林组群中颇受赞誉的部分。

1 计成（1582—1642），字无否，号否道人，明代著名造园家。

2 潘谷西：《江南理景艺术》，东南大学出版社，2001，第 45 页。

3 潘谷西：《江南理景艺术》，东南大学出版社，2001，第 1 页。“庭院理景的题材，无非是水、石、花木、亭榭四者。”书中第 129 页有一套较为完整的天一阁组群平立剖图示。

4 陈登原：《天一阁藏书考自序》，载骆兆平《天一阁藏书史志》，上海古籍出版社，2005，第 404 页。

图 1-5　山墙外巷道

图 1-6　阁前檐下环境（从东向西）

图 1-7　天一阁前部庭院

园中非常注重观景台的设置，天一阁、东亭与兰亭各为观景之台，又自成一景。东亭的位置远而高，仿佛丛林中的隐匿之所，设计者有意将东亭顺时针扭转 58°，面向藏书楼的明间，与其取得视线上的联系，相互呼应。兰亭的位置较近而与藏书楼平视，作为观测点提供了驻足的空间，覆盖了南园全部角度的景观画面，使得园林的自然风景特性中融合了人的参与感，成为“自然与人工交融”的场所。从兰亭向外望去可以获得五个方向的框景画面，主要取景框为东侧三间，画面完整且带有重点，分别是天一阁藏书楼明间、天一池（以部分假山为背景）、假山石景（以天一池和东亭作为配景）；石龟和“寿”字石[1]的连线基本正对明间，为明间的向外视野提供了一个视线焦点。在天一阁首层室内观景，环顾院落，二亭相连形成了扇形的视野区域，主要景点分布于扇形一线周边，景色完整而丰富，犹如一幅长画卷铺展于眼前（图 1-8 ~ 图 1-11）。

图 1-8　从方亭观赏庭院

图 1-9　从兰亭观赏庭院

1 《中国文化史迹》老照片（绪论图 0-13）显示，“寿”字石旁边还有一石，高度更胜“寿”字石，此石现在的去向已不得而知。但明间正对假山体积最大最高的部分应该是无误的。

图 1-10 从藏书楼首层观赏庭院

图 1-11 从藏书楼二层俯视庭院

三座建筑物形成互为观赏场所的格局，疏与密，大与小，远与近，综合构成了平衡的景观布局（图 1-12）。假山虽浑然一体，但又可细分为三山，似有一岛三山之意；水池虽小，但仍架桥[1]两座分隔水面，为水景增添了层次，行走于桥面之上，一面仰山，一面临水，有飞虹栈道之意象；山石伸入水中，山涧渗入石隙，模糊了边缘。这些常见的景观元素，在巧妙的收放对比之下产生了优美的动态视觉效果。

假山上有两条主要路线（图 1-13），起终点相同。一条沿围墙从后方环绕假山，完整的路径全面展示了假山的外貌，高大的山石和壁立的围墙形成了一条平坦幽静的小径，与院内的视线通道被假山隔绝。这条路径采取的是“平铺直叙”的体验方式，两侧植被茂盛，是一个绝佳的私密空间。另一条位于假山之间，穿过象石，拾级而上可达东亭，俯览全园之景，前方山道层层蜿蜒向下，经过水上石桥，可于近处俯瞰池塘。行至“寿”字峰之下，仿佛偶至桃源入口，穿越洞穴，忽然柳暗花明，通向山后道路，形成流动的、具有明显的高差变化整体路径。由于假山景观设置为南高北低，因此这条路径几乎完全展示在院落视线之内，景观是人所处的环境本身，人同时成了景观的一部分，形成入画之境。

假山立面具有四个最为醒目的视觉焦点，由东至西分别为：象石、东亭、“寿”字峰、兰亭。可以看到天一阁前庭院假山的布置规律：从密集程度看，假山重心位于东南侧，层层退台产生了立体的阴影效果，海礁石的纹理性质使得阴影更为复杂，加强了“积形造势”之态，向内围护之势将庭院与司马第外围隔绝。虽用石碎小，但整体体量较大，视觉感受密集，化零为整；景观愈向西侧虽愈稀疏，但单体石景的体积愈加突出，叠石方式也更为复杂精致。从实虚程度看，象石乍看为实体，却通透可行；东亭为虚，体积较小，形式简单，却放置于最高、最远处，并有高台、石林和植被的衬托，取得平衡；“寿”字峰为实，从体量和高度上统领布局，并位于水面上最醒目之处；至兰亭，地势已与阁前平台相齐，临水靠墙，体积较大，形式也更为复杂华丽，亭顶具有较强的重量感，且位置邻近院落入口和藏书楼，均衡了环境布局，实现虚实结合（图 1-14）。

1 民国时期替换过原有石桥。

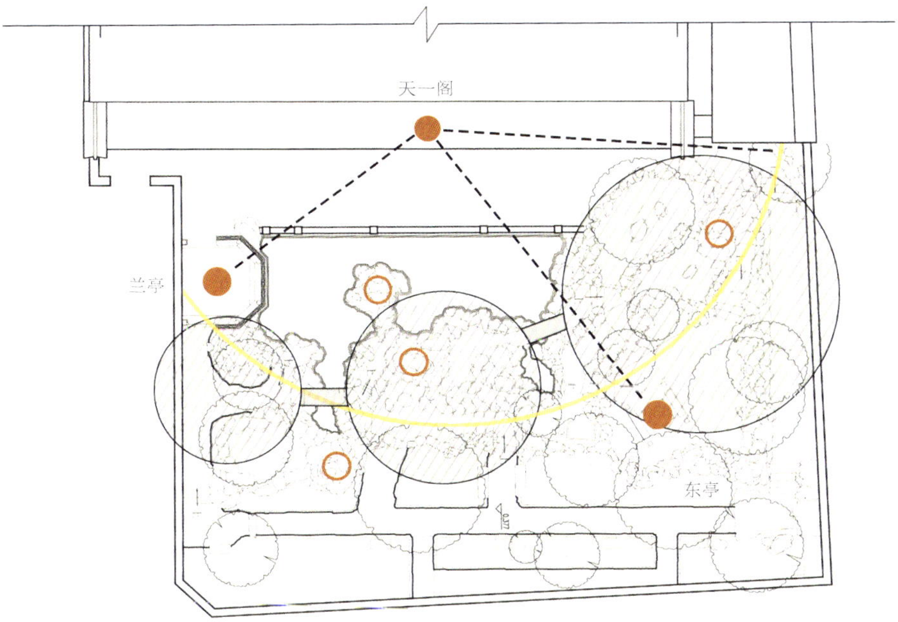

图 1-12　阁前庭院景观布局示意[1]

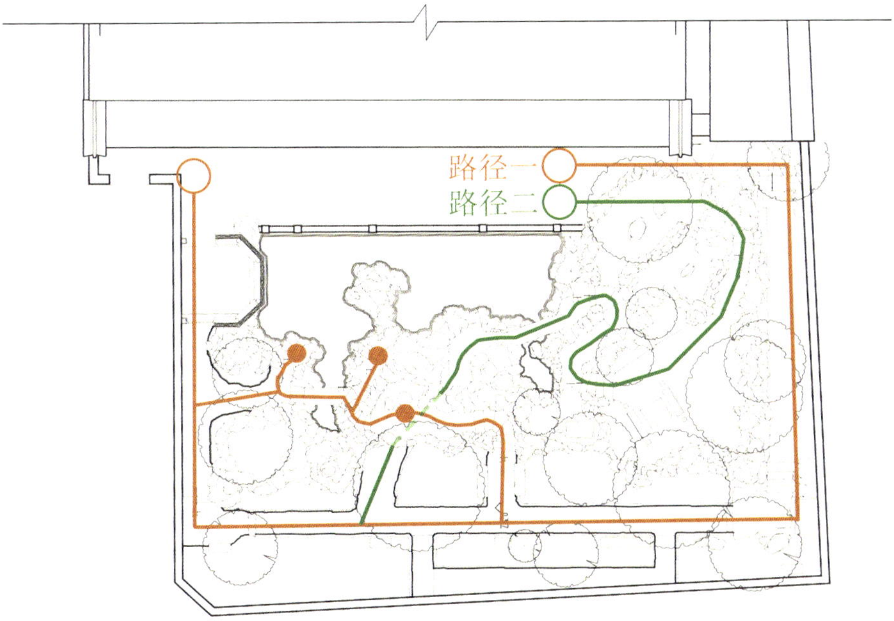

图 1-13　阁前庭院路径示意

1　潘谷西：《江南理景艺术》，东南大学出版社，2001，第 6 页。

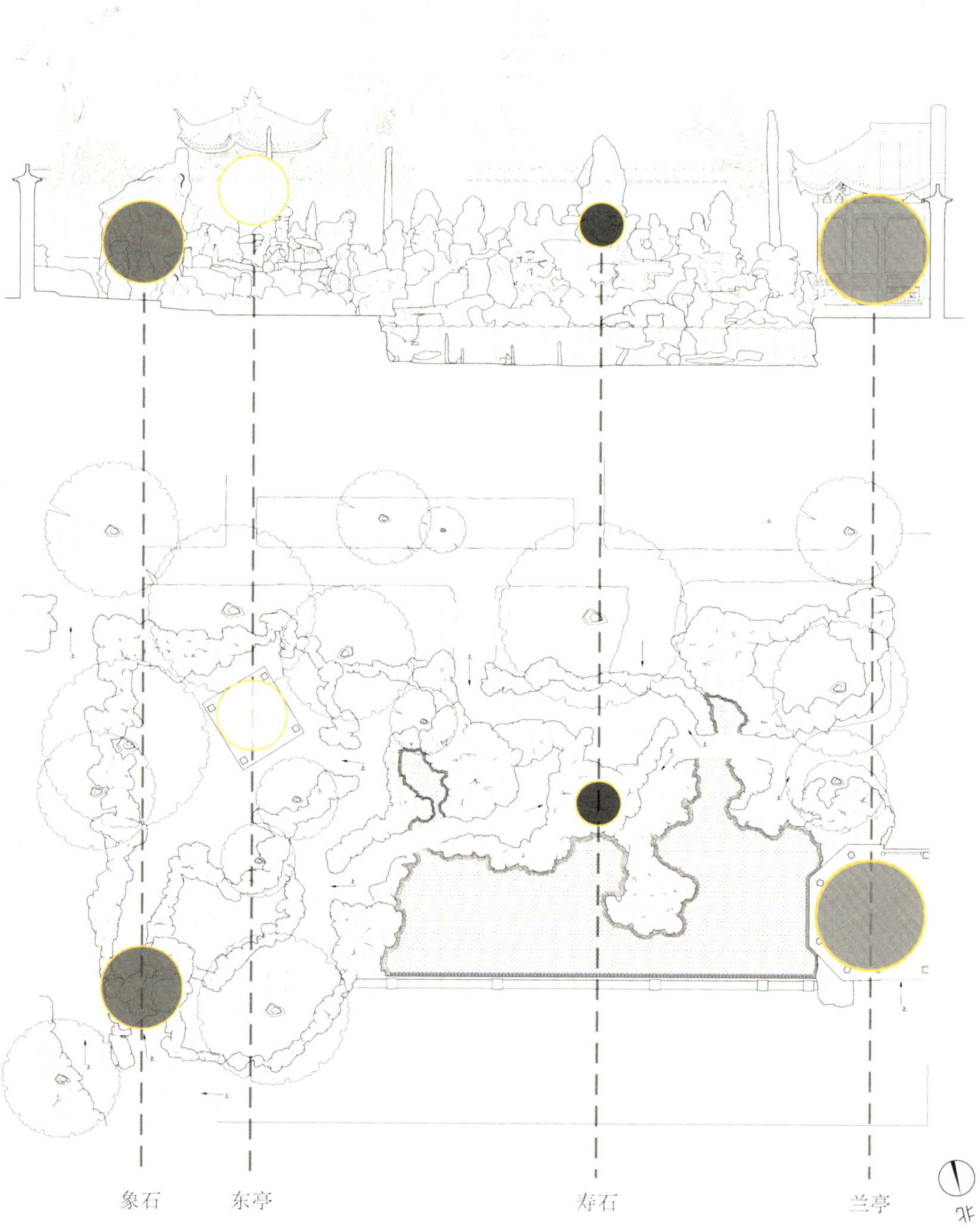

图 1-14 天一阁前庭院立面与平面的视觉重点示意

假山间的东亭与兰亭原名分别为“揽胜”和“漱润”。[1]东亭为一座四角攒尖亭，立柱为石质（图1-15），立柱上有对联：开径望三益，高谭玩四时。[2]纵203厘米，横17厘米。对联为行书，石质、黑字、无落款。亭高约4米，亭基边长约2米，木枋架于石柱之上，做镂空卷草纹插角[3]衔接，作装饰使用，四角处出昂。柱头斗栱承托椽条之下的梁枋，两层构架间做一斗二升补间铺作，栱中央装饰蝙蝠纹样，间做卷草蝙蝠纹镂空栱眼壁。亭内设彩绘八边形天花遮挡构架（图1-16），翼角随椽条升起而起翘，亭顶铺筒板瓦，攒尖安置方座，顶尖装饰宝珠，均为石作。

兰亭为六角半亭，民国时期加建，原为一座茅亭，因在右壁嵌丰坊临兰亭刻石，故改造后更名“兰亭”（图1-17）。临池四柱为多边形木质，其他四根为方柱。临水做吴王靠（北方称鹅颈椅），纹样为《营造法原》中“一根藤”式样，枋下做镂空藤茎挂落装饰（图1-18、图1-19）。亭边临假山一间做门栏，纹样同样为“一根藤”式样，但从上至下分为四段，其中有实板纹样装饰。亭顶内设天花，在拼接板上进行彩绘（图1-20），纹样为《营造法式》所载“五彩平棊第六”图样，与天一阁首层天花中的一例相似。亭顶向外三间攒尖，再与靠墙两间相接，相接处做鱼嘴，形成一道屋脊，脊面用筒瓦做铜钱纹样，两端雕刻云纹。翼角既随檐椽和飞椽升起，又用水泥抬高角脊，使得亭角观感轻盈如飞。

图1-15　东亭（又名“方亭”“揽胜”）

图1-16　亭顶天花

1　1955年7月3日，宁波市文物讨论会曾提到冯贞群先生的建议：“阁前两亭，据范邦□（原碑文已模糊，无法辨认）《天一阁七引》，西亭原名‘漱润’（今改名‘兰亭’），东亭原名‘揽胜’，宜恢复旧名，以存古迹。”（骆兆平《天一阁杂识》第12页）

2　此对联属于集古诗句格式。上联句出晋陶渊明《归田园居》：“‘素心正如此，开径望三益。’……天一阁对外向来严闭，明清以来外姓登楼观书者寥寥无几，想来正是践履“开径”的本意……下联句出南北朝江淹杂体诗《张黄门协苦雨》：‘高谈玩四时，索居慕俦侣。’”（龚烈沸《书城木石香——天一阁博物馆匾联释读》第74页）

3　《图解〈营造法原〉做法》第181页：“与挂落具有相同装饰功能的构件是插角，插角又称挂芽、花牙子。”

图 1-17　兰亭正立面

图 1-18　挂落装饰

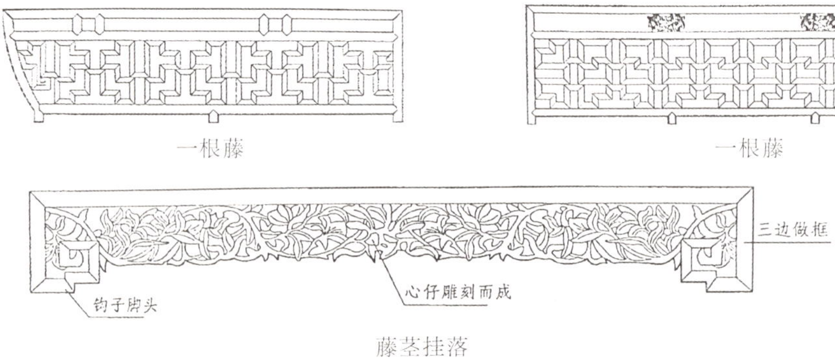

图 1-19　《营造法原》中吴王靠、挂落与栏杆式样

图 1-20　亭顶天花图

天一阁堆山使用的是当地出产的海礁石，在自然海水的冲刷下具备较佳的质感、纹理和形态，堆成了著名的“九狮一象”之景，仿“狮”“象”的具体动物形象，有学者认为其取“思”“想”谐音，呼应天一阁藏书楼的建筑职能。[1]“象”通音“祥”，在传统文化中常用于寓意“吉祥”，此象形堆山作为登山入口的标志，也有“入吉祥之门”的美好祈愿（图 1-21）。“九狮”与“一象”相对，并非确切的九座狮像，常在桥口、路端、平台等位置出现，远看神似，憨态可掬，近看却又隐于群石，难以发现（图 1-22）。池中央堆石成“龟”，形成半岛，并将池面进行划分，更显灵动丰富（图 1-23）。传说玄武为北方神灵，即为龟蛇状，北方属水，色为黑，明嘉靖帝就供奉玄武守护紫禁城的建筑免遭火

1　刘虹、刘帆：《天一阁藏书建筑研究》，《四川建筑科学研究》第 42 卷，第 1 期。

灾。天一池石龟虽为清代早期产物，但也与“天一生水”“玄武镇火”的意象相吻合。“龟岛”上驮“寿”字峰，用石板挑出拼接，再用大石块堆叠成高大的石峰，是宁波当地的做法；石峰形似观音坐像，又形成“海龟朝观音”之意象。[1]“福禄寿”是天一阁假山上的组合式景点(图1-24、图1-25)，樟树、东亭与前方的瓜子黄杨组成“福”字，石笋与沙朴组成“寿”字，上部假山与下部南天竹和石头组成“禄”字。

图 1-21 象石

图 1-22 狮峰

图 1-23 龟岛

图 1-24 照片和速写：“福”字石景

图 1-25 照片和速写：“寿”“禄”字石景

1 《天一遗型源长垂远——天一阁建筑与环境文化遗产的价值认识与保护实践》（资料），天一阁博物院提供。

作为对比的是宁波中山公园西北侧的独秀山（图 1-26），这座假山普遍认为与天一阁假山时代相近，虽然历经整修，仍然保留着古朴自然的风貌。现存假山上建有一亭，数棵大树从假山中长出，周围拱桥横卧、廊亭相连，一步一景，是明清浙东地区叠山的重要代表。

图 1-26　宁波中山公园中的假山“独秀山”

1.1.3 阁后庭院

在藏书楼建成的第一个百年当中，只有南侧小院可供曝书，但范氏藏书卷帙浩繁，带书出园会增加遗散风险，这可能是范光文决定开辟北侧院落的原因之一：增加可供曝书的室外面积，方便子孙们的集聚。将原本地位对等的建筑和园林变为前后院夹建筑的形式，强化了藏书楼的中心地位；将其前后均围入封闭院落当中，也更易于进行全面的集中管理。但在增设园林的时间上，范光文在《来青吟》诗序中提到，“……予（家）亦有天一阁，为曾大父司马公藏书所，今增构池亭，与衷献互分竹林之兴。乙未灯宵，同林用圭妹丈卜征舣舟郭外……”。[1]乙未即清顺治十二年（1655），在2011年校补《天一阁大事记》时，编者据此将范光文“增构池亭”的时间提早，定于1655年或稍前的年份。

天一阁前后庭院风格相异，后院布局较南侧工整，由花台、假山和小池组成。假山占地面积约为184.6平方米，通长23.1米，均高2米，堆土成台，四周由大小不一的石块贴叠而成，被大量植物覆盖。还有一些除礁石以外的组成材料，如废弃的石板构件、砍削去半的柱础等，附在较为明显的外层，可能假山状貌在不同的时期均有所增补（图1-27）。山体表面比较平整，山上只有一条平整的石子路，小径由东到西延伸，路边放置棋盘石桌，乱石为凳（图1-28）。如果说在前院假山间行走仿佛在山间穿梭，那么后院假山之上就是平坦的林间小路（图1-29），环境怡人，行走其间虽无跌宕错落、崇山峻岭之险，但胜在宁静平和之境。不足之处在于土面露明位置较多，山径周边堆石分散凌乱，略显荒凉。山下开有石洞（图1-30），洞内路径贯穿南北和东西，不仅在夏季凉风习习，清凉通透，是个避暑的好去处，还打破后院假山过于整体的重量感，增添了灵动之气。

假山之前置三层石质花台（图1-31、图1-32），总长8.41米，每层台内宽约0.66米，槛宽约0.15米，总高约0.91米，背山面阁，位置端正，中心与天一阁明间中轴线重合，强调了组群整体的序列感。花台占地较大，直线形的边缘与天一阁北檐口限定了后院规整的方形布局，如屏风般展开的假山更加增强了这一环境体验。天一池北的直线边界也有相似的限定作用，但前院假山的体量感远大于池边栏杆，其作用更多的是作为方形平台和不规则山水的衔接，而非决定庭院的布局形态。

1 骆兆平：《天一阁杂识》，上海古籍出版社，2016，第12页。

图 1-27　北院假山局部

图 1-28　从尊经阁二层俯视假山

图 1-29　假山与花台间小径

图 1-30　石洞

图 1-31　花台与假山

图 1-32　俯视花台

假山的东北角也有水池（图 1-33 ~ 图 1-35），较天一池小，露明面积约为 33.75 平方米。边岸有不规则石堆，水池整体形状较为规整；水面开阔无物，与假山联系性较小，只在相近的位置架石桥，连通东面道路与尊经阁后小径，并分隔收束水面，水流延伸至假山之下，不知其深远，处理手法与天一池相似。清代官员寅著在调查中曾询问范家开凿这方“曲池”的始末，但未有结果，清乾隆三十九年（1774）的《宫中档奏折》记载：“（天一阁）后面围墙东北隅又为曲池，询称年久不知取义，即于阁东引前池之水灌注其内。”可知池塘早在 1774 年之前就已出现，且未有之前天一阁的大修记录，基本可以认为是在百年前范光文“增构”时开凿。虽然在清代中期就已“不知取义”，但可以分析猜测设置这个池塘的目的：在实用价值上，为了实现更全面的消防安全作用；在环境配置上，前后均具备山、水的景观元素，较为均衡。据载，池水来源是“引前池之水”，所以必然会有一条引流，但记录中未言明是露明水道，还是地下暗渠。

图 1-33　水池与尊经阁相接边缘

图 1-34　池面

图 1-35　水池与假山间石桥

根据馆内工作人员所述，水池中原有石龟驮着一尊明嘉靖年间的石碑，为近代移入，从碑文可判断是宁波府学的原物。20世纪60年代，构件被破坏，当时的天一阁博物馆将石龟和碑刻移入东园重新保护了起来。工作人员于2020年11月趁为提升水质抽干池水之际，观察到了池底的状态，发现了民国时期的驳岸和松木桩，可见当时已进行过较大的改动，推测池塘的形状已经与清代原貌不同（图1-36）。《浙江民居》中也提及了宁波天一阁后院水池，但图示与现状完全不同，具体情况目前不得而知（图1-37）[1]。

图1-36　曲池池底照片（天一阁博物院提供）

图1-37　天一阁后院水池（约1960年—1963年）

1　中国建筑技术研究中心建筑历史研究所：《浙江民居》，中国建筑工业出版社，2018，第133页，图288。

1.2 天一阁建筑调查

1.2.1 基本概况

天一阁藏书楼面阔进深各6间，东西端柱距22.88米，南北端柱距11.14米，平面长宽比大约2 ∶ 1。南北面留外廊，前廊宽2.33米，对外连通，出檐3米；后廊宽1.49米，出檐2.4米，小于有遮阳需求的南侧。建筑南北立面均采用轻盈的木质材料装修，设置灵活通透、易于拆卸的棂窗。藏书楼室内进深四间，明间撤去中柱，与东西次间没有隔挡，三间通为一整间中厅，地面与室外台基齐平。

建筑总高度约9米，由15厘米厚的台基抬起，台基与室内地面标高一致。立面宽高比大约2.63 ∶ 1，大致可分为高度相等的三段（图1-38、图1-39）：地坪至首层檐下、两层檐下之间与二层屋盖，各段比例较为均衡。建筑立面呈横向平稳的长方形，与两侧山墙组合能够更好地抵挡台风。明间面阔最大，宽约4.53米，南面向内开三组六扇木门，北侧向室内退一步，做八扇屏门，东西面开两个小门用以连通后部庭院。西尽间面阔最小，宽约3.2米，单独隔为一间。剩余五间大致以明间为中轴对称，东、西次间约宽3.4米，西梢间与东尽间宽约4.2米，面阔大于次间，是较特殊的开间排布。

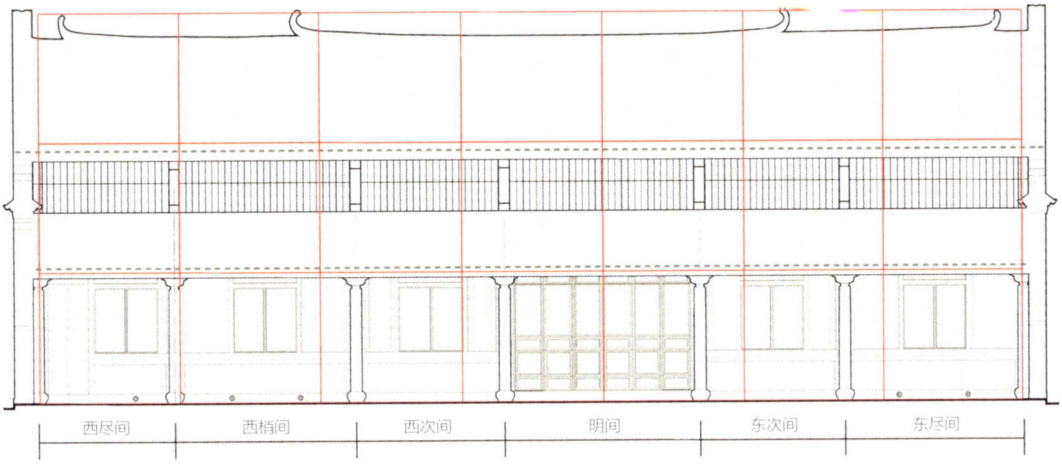

图1-38　天一阁藏书楼南立面比例示意及分间名称（网格横向约3.1米/格，纵向约3米/格）

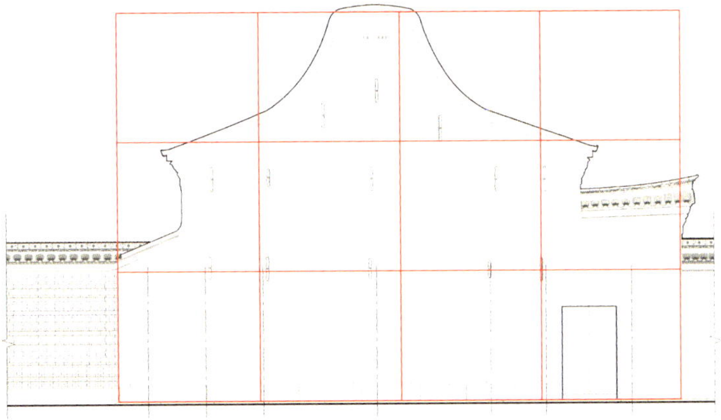
图1-39　天一阁藏书楼西立面比例示意（网格横向约3.1米/格，纵向约3米/格）

火患是威胁建筑和藏书的最大风险因素，所以天一阁的营建在建筑材料的选择上也做出了相应处理：主体由砖木组成，山面使用了青砖封火墙[1]。厚重的山墙在东西立面方向保护木构不露明，有效隔绝火源；在其他材料的处理上，屋面覆盖青瓦，下铺一层望砖，防风防雨，保护梁架，是明代江南建筑典型的防火办法；阁前后廊道铺以条石，一楼地面铺设浸过桐油的砖料，[2]则地面和房顶也隔绝了来自外部的火患。

清代《鸿雪因缘图记》中所示的清道光年间的天一阁形象（图1-40），与现状形式样貌有很大的区别。图中屋顶歇山，东侧做廊，与门屋相连，官员由东向西进入院落，开间宽度与门窗构件也与实物有出入。而《文汇读书》一图则比较准确地记录了天一阁实景（图1-41）。产生这样差别的原因，推测是有的画师并未亲入天一阁，只能通过其他建筑案例想象天一阁的形象；或某一时期，东侧围墙曾单独开设了进出口，便于学者来访，以进行更翔实的描绘。

图1-40 《天一观书》图

图1-41 《文汇读书》图

1 1503年由明代徽州知州何歆发明。李俊：《天一阁——一脉相承徽派建筑的防火理念》，《安徽消防》2002年第1期。
2 邢文芳：《天一阁藏书楼建筑研究综述》，《中国索引》2014年第3期。

1.2.2 建筑内部现状

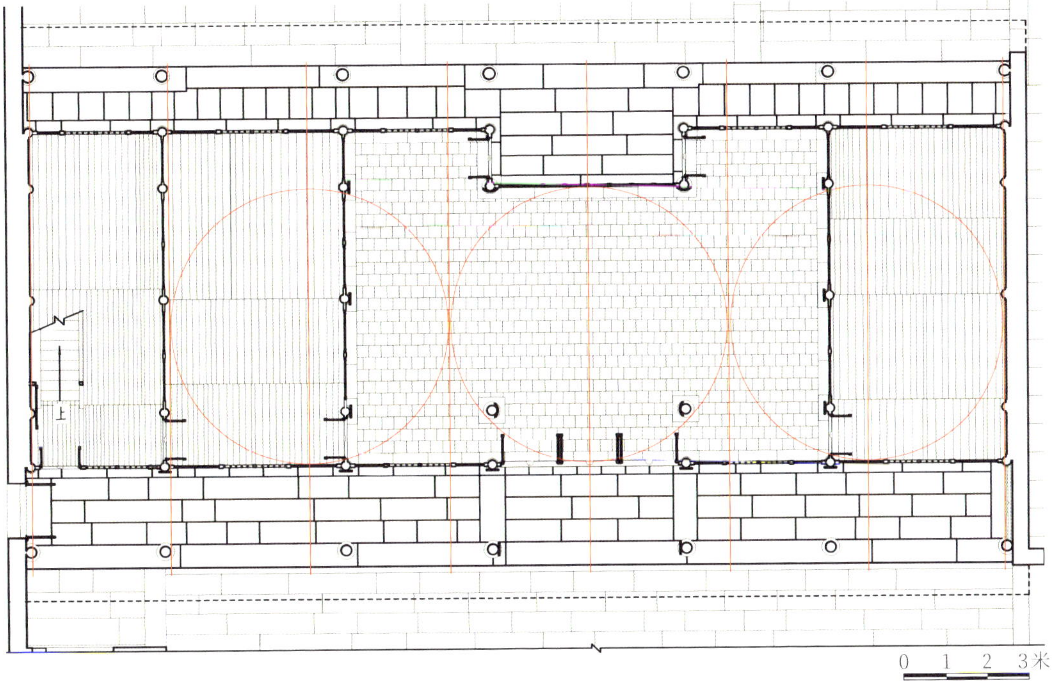

图 1-42 天一阁首层平面布局及比例示意（网格横向约 3.1 米 / 格）

图 1-43 天一阁三维模型剖透视

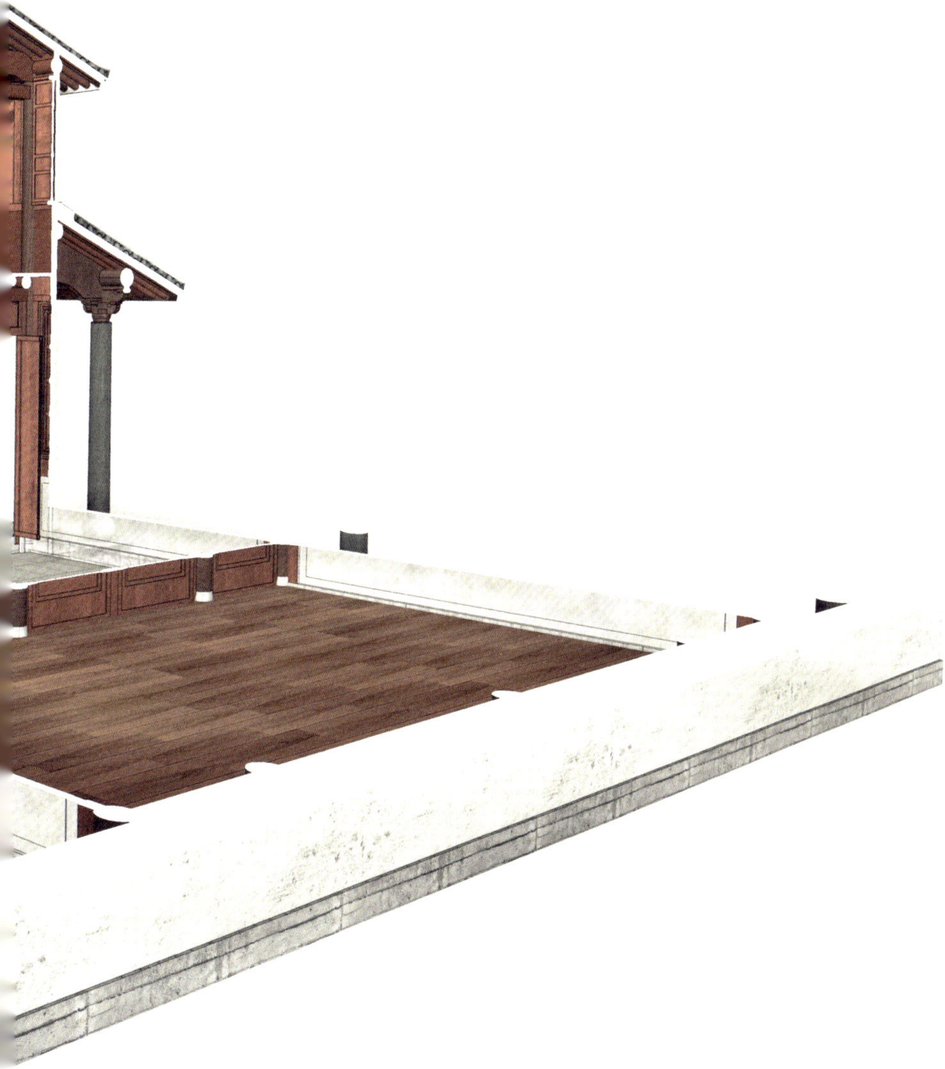

天一阁首层中厅三间，两侧南端设双扇小门，限定公共和私密两种区域，分流使用人员。灵活可装拆的槅扇门窗划分室内和室外，能够随季节控制空间的开合，夏季可做完全的敞厅形式，直接将自然风引入室内并带走高热的空气，起到了天然空调的作用，冬季则可以封闭门窗。中厅三间用方石板铺地，其余三间铺设木质地板，并抬高地坪17厘米左右。宁波地区常于礼仪空间使用石板地面，而木质地面常用于日常起居活动，也证明了天一阁初始的“民居功能”。现状东尽间木板地面较为完好，支撑力正常，放置展览柜（图1-44）；西梢间地板腐朽，已出现多处破损，可以隐约看到地垄（图1-45）；东尽间、西梢间墙体状态良好，顶部采用一列东西向圆梁（图1-46、图1-47）。

图1-44　东尽间现状

图1-45　西梢间现状

图1-46　东尽间构架现状

图1-47　西梢间构架现状

楼梯间向次间开两扇小门（图 1-48），但日常关闭，有门直接开向南院，方便管理。重要节日之时，子孙齐聚于庭院开启藏书楼，更具有仪式感；同时简化了曝书时的搬运路线，能在紧急情况下迅速将藏品移回原位或撤离建筑，类似于现代建筑设计中疏散楼梯的作用。楼梯宽约 1.2 米，分 16 步，每步高约 0.2 米，并再设一道单独的门墙进行防护，较为陡立昏暗（图 1-49）；楼梯门前悬挂“烟酒切忌登楼”牌匾（图 1-50），时刻提醒登楼者关注自身行为，保护藏书楼安全。

邬向东先生提出原天一阁的楼梯不是固定的，在需要时才架起来使用，民国时大修才进行了固定。陈登原先生也在 1930 年登阁后记录“所藏书尽在阁上，置梯处平日去梯，盖以防人之私登”。[1]较为复杂的程序可以防止人员随便登楼，在有登楼需求时，也需要召集族人共同行动，有利于保护藏书的安全，增强家族凝聚力。但这也可能是藏书在 1914 年被窃而不为范氏所知的原因：盗贼由屋顶而入，藏书楼虽设栅栏但无法防护屋顶，加之范氏族人无法时常登阁检查，从而发生了这一事件。

图 1-48　西梢间内小门

图 1-49　楼梯（从二层俯视）

图 1-50　楼梯间首层禁牌

1　陈登原：《天一阁藏书考自序》，载骆兆平《天一阁藏书史志》，上海古籍出版社，2005，第 404 页。

阁中悬挂着更为详尽的范氏禁牌，为清道光九年（1829）制定的管理细则，位于上楼梯后的最醒目处（图 1-51）。二层进深四间，无室外檐廊，但室内留有南北通廊；铺设木质楼板，原本通为一整间，目前两端设有隔墙和门，将尽间分隔出来，中间四间为主要藏书位置，以书橱分隔空间；现状橱下仍放置英石（图 1-52），橱顶盖金属板（图 1-53）。室内空间高大，脊桁下空间高度可达 4 米，彻上明造，拔高的空间有助于空气流动，降低室内的湿度和热度。线脚装饰极少，既符合地域文化简练朴素的建筑风格，也更符合藏书活动的实际使用要求。中堂现存曾安置清乾隆帝御赐《古今图书集成》的双龙纹书橱，前方放置几案，背靠可以开合的木质屏风，上悬的“宝书楼”牌匾为明代原物（图 1-54）。20 世纪 50 年代的记录为“明间前、后檐下金檩枋悬有清道光二十年阮元题‘天一阁书藏’（图 1-55）、明隆庆五年王原相题‘宝书楼’匾额各一块”。[1] 现状阁楼中已不贮书，只余封锁的空柜，东尽间靠墙边放置木架，悬挂宣纸，用于检测环境的湿度（图 1-56）。

图 1-51　范氏禁牌

图 1-52　橱下英石

图 1-53　橱顶金属盖板

图 1-54　“宝书楼”牌匾

图 1-55　“天一阁书藏”匾

图 1-56　东尽间空橱与木架上的宣纸

1　纪思：《浙江宁波天一阁》，载骆兆平《天一阁藏书史志》，上海古籍出版社，2005，第 383 页。

阁内二层高度高于首层1米有余，这种特别的布局方式称为“楼上厅”[1]（图1-57）。这类建筑二层用于读书、会客、休息，首层反而低矮朴素，主要出现于明末清初时期，天一阁就是一例。建阁的最初目的就是延续东明草堂（系天一阁建成之前范钦的藏书处）的藏书楼性质，并进行综合性活动，几乎达到宅邸正厅的重要地位，也证明了在范钦所处时期，藏书是交游宴饮的活动之一，藏书楼二层是作为常用开放空间使用的。首层东西两隔间可能作为阅读习作、授业子孙的场所，并附带有餐饮小憩等日常功能。后期发展又增加了刻书、印刷等功能，20世纪五六十年代的记录为“东部五间是藏书籍、书版的地方”[2]，研究人员曾在二层东侧尽间发现大量保存完好的明清刻版，有25种共计500多片，其中很多与范大冲印刷的《范氏奇书》内容吻合。范钦之后的数代人仍然在不断地填补收藏，留下了40多名抄刻工人的姓名，可见此项工作有相当的规模，是天一阁内进行的重要日常活动。

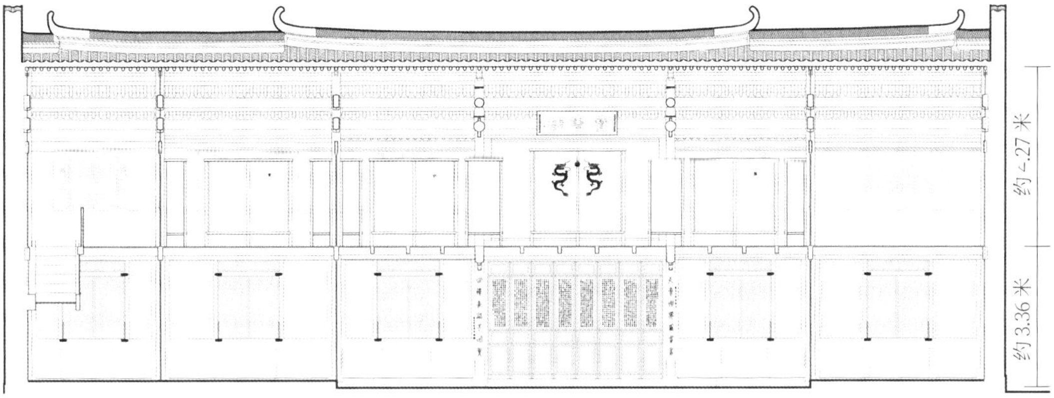

图1-57　天一阁横剖面图

1　张力智：《“楼上厅”与“燕堂”——一种建筑的形式、源流与象征意义研究》，《建筑学报》2016年第9期。
2　纪思：《浙江宁波天一阁》，载骆兆平《天一阁藏书史志》，上海古籍出版社，2005，第383页。

1.3 木作

天一阁主体书楼采用七架四柱抬梁式与穿斗式相结合的构架形式（图 1-58），虽有更替，但依然保持了明末风格。屋盖荷载经由梁架向下传递至立柱，再到基础。墙体的承重作用比较有限，主要用于稳固构架，围合保护建筑内部，并且隔绝外部环境的影响。

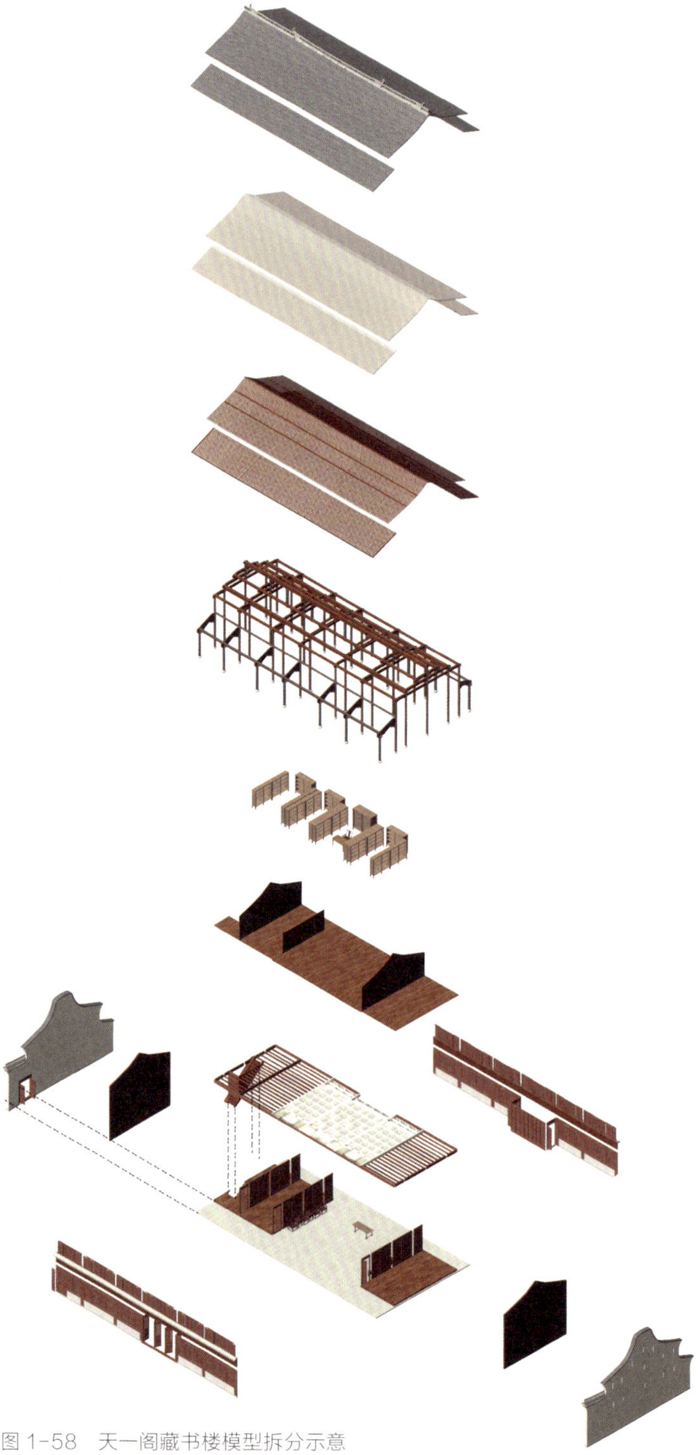

图 1-58　天一阁藏书楼模型拆分示意

地方私人建筑并无严格的做法要求，工匠具有区域性传承的特点：宁波地方民居的施工方式是提前在地基上打出定位十字线，确定房屋的开间进深；梁架柱斗每榀成一组，进行编号记录，在地面上组装好后，根据定位线利用绳子竖起来，再装上额枋檩[1]条等具有横向拉结作用的构件，使承重构架成为一个稳固的整体（图1-59）。

1.3.1 木作结构

（1）檐廊结构

天一阁首层南北檐口下高度及屋顶坡度基本相同，南侧遮阳需求大，檐廊较北侧更为深远，檐柱截面浑圆，下粗上细，南侧檐柱高约2.38米，直径25.5厘米，北侧檐柱高约2.46米，直径27.5厘米，顶部做覆盘状卷杀，上皮与坐斗下皮相接。整体收分卷杀均不明显，柱头科斗栱直接坐于柱顶，柱间不做额枋构件，也无平身科，檐下具有较强的纵向连续性。视觉上的最细衔接处，将结构的严肃稳重与构件的轻盈灵活融于一体。檐柱作为建筑最外列的承重构件，柱径在藏书楼所有的柱子当中是最大的，既增强了结构作用，又在外立面上给人以稳重坚固的感受，与藏书楼的建筑性格相呼应（图1-60）。

图1-59　慈城古建工地现场

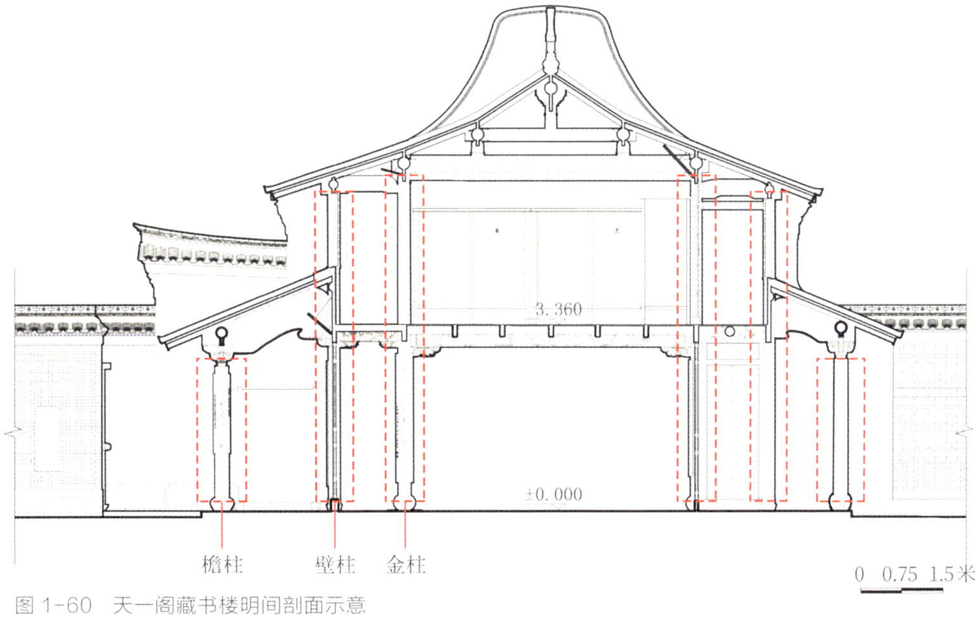

图1-60　天一阁藏书楼明间剖面示意

1　即“桁”。

南侧檐下做斗六升十字柱头栱（图1-61），为简单的三踩[1]，二层十字栱内侧出踩被拔亥[2]代替。坐斗为圆台，斗底直径160毫米，斗顶直径185毫米，总高142毫米，稍大于五七式尺寸[3]；分为高度相近的三段，斗底与下斗腰高度相同，上斗腰略高。下斗腰缠藤6圈，为宁波地方做法，可以避免木料的腐坏开裂。升宽92毫米，为坐斗斗顶直径的一半；总高42毫米，与斗底高度相同，符合升底与升腰高度1∶1.5的比例定式。栱背做高，最厚处与升槽底（上升腰底）相平，增加了栱的荷重能力[4]。上下级栱均高约140毫米，厚为73毫米。斗三升栱面长42厘米，斗六升栱面长68.5厘米，挖出曲边孔洞，但在十字栱的孔洞中填补了木块，并未透空。栱两端侧面做弧线削去5折半圆形折角，折角最下方点距升或斗边约1寸（约3.33厘米）（图1-62）。

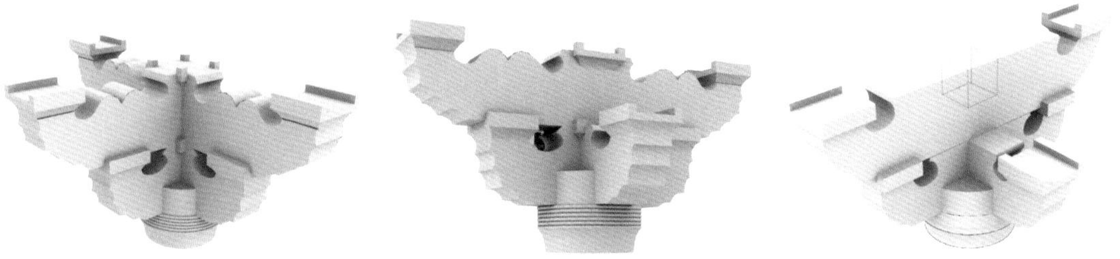

南侧檐下斗栱外侧　　南侧檐下斗栱内侧　　北侧檐下斗栱

图1-61　斗栱组件模型

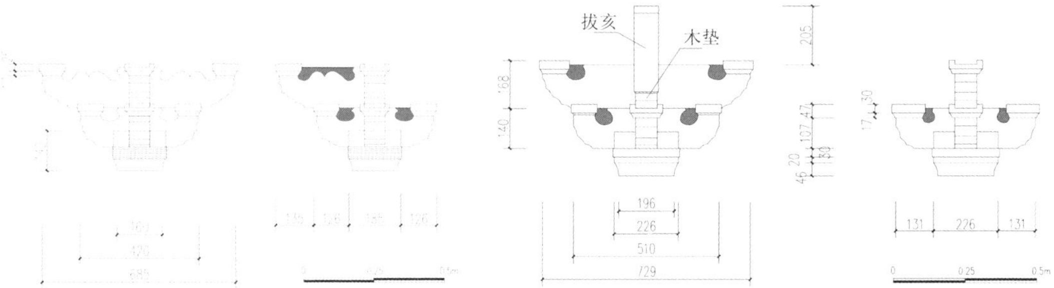

南侧斗栱正立面　　南侧斗栱侧立面　　北侧斗栱正立面　　北侧斗栱侧立面

图1-62　斗栱立面尺寸示意（单位：毫米）

1 “牌科逐层挑出以承檐重，称为出参，即北方所谓之出跳。”（《图解〈营造法原〉做法》第27页，引自《营造法原》）清式名称为“出踩”。

2 出踩升上承木板，《图解〈营造法原〉做法》第53页中称这个木板构件为“拔亥”或“剥腮”。

3 “五七式牌科是应用最广泛的一种牌科……斗，又称大斗或坐斗，方形，其斗面宽为7寸（约23.33厘米），高为5寸（约16.67厘米），根据斗之高、宽，名五七式。”（《图解〈营造法原〉做法》第25～26页）

4 “栱有亮栱与实栱之分，栱若位于柱头或其他承重处，为增加栱的荷重能力，有时需将栱料加高，与下升腰相平，而于栱端锯出升位，以供升的安装，此类栱称为实栱。”（《图解〈营造法原〉做法》第35页）

北侧檐下斗栱尺寸比例更偏向于五七式，一层为十字科，构造做法与南侧基本相同，二层只做桁向栱，在与桁垂直方向做约 6.66 厘米高的长条木垫，边缘向内进行弧线砍削，上部则完全被檐梁构件代替；栱面所开孔洞较小，都以木块添堵，且上下栱面长之比小于南侧，整体斗栱形象较为敦实；栱侧边折角数量小于南侧，且边缘锋利。斗腰上不做藤条固定，只将圆台坐斗做出层次造型。由于南北檐下 12 组斗栱在长期的使用中已出现了很大变形，尺寸比例各有不同，所以只探讨保存最为完好的组别，通过前人记录进行对比，也证实檐下结构与 20 世纪五六十年代的形象基本相符。[1]

天一阁檐下月梁均用水平方向的木料拼接而成，外部刷统一色彩的漆料，现状红漆有所脱落，可以明显看到木料的拼接缝隙（图 1-63、图 1-64）。南侧檐梁前端做拔亥，与檐柱斗栱相接，尾部坐于壁柱蚂蚱头[2]，梁面沿屋面角度斜向上[3]。月梁尾部上端做平滑卷刹，下端回卷，因整体形态似蜷曲身体的猫，当地称之为“猫儿梁”或“猫趴梁”，起到横纵双向的承重作用，并从视觉上加强了檐廊空间的柔和亲切之感。正面明间壁柱两侧的柱子顶部与横向檩枋的相交处有木楔钉入，用以拉结构件，其他部位未发现此做法（图 1-65、图 1-66）。

图 1-63　南侧檐梁

图 1-64　北侧檐梁

图 1-65　天一阁壁柱顶部木楔

图 1-66　木楔（慈城古建修复工地）

1 “底层进深六间前后为廊，廊用单步梁，梁亦硕大，五材拼高，下沿作草书如字形，上沿作斜面，与檐椽相接，蚂蚱头高二材，下材刻成翘状，尾端高四材，插入内檐柱”。（纪思《浙江宁波天一阁》，《天一阁藏书史志》第 383 页）

2 《图解〈营造法原〉做法》第 54 页作“蒲鞋头”：“有时为了增加梁端搁置的稳固，在梁垫之下，再安装栱状的垫木，谓之蒲鞋头。”

3 搭接在檐柱和壁柱上的平梁；也有斜向的，形似猫舒展身躯的猫拱背，形状像虾的虾梁，在日本称作“海老虹梁”，是日本佛殿“禅宗样”的做法，也称作“唐样”，因其模仿中国当时发达的宋王朝的建筑样式，又被称为“宋式”，是极具艺术性的地方梁架形状特征，且越到晚期类型越多，弧度越大。（《浙江民居》）

梁身呈扁片状，横截面两侧基本平行，无鼓肚，厚度不足4寸（约13.33厘米）。在调查中发现梁顶与拔亥顶部均略内凹，以容纳椽条；梁尾部与柱衔接处做吞肩[1]处理。梁底下皮弧线部分，沿斜线边缘向中间做圆势内收，两端平直面上雕有月牙形凹槽，称为指甲片。“蜂头以内雕成月牙形的凹槽，称指甲片。”[2]勾画“鱼鳃”，或称“云纹”（图1-67）。拔亥厚度约为3/5梁厚，最外侧与升外皮齐平，顶部同样依势成斜面以承接檐椽。檐桁为圆形断面，上承檐椽，下置矮枋，称为“连机木”[3]，断面为方形，外观高4.5寸（15厘米），厚约2.7寸（9厘米），下皮折角处削成两折圆角，直接坐于斗中，不做其他枋件；底部钉有用以悬挂物件的铁件（图1-68）。北侧檐梁形状稍有不同，梁尾直接做吞肩与壁柱相接，不做蚂蚱头，砍削角度更为锐利，不似南侧月梁曲线圆润，梁底也没有纹刻装饰（图1-69）；檐桁直径略大于南侧，连机木高度则不足2寸（约6.66厘米）。

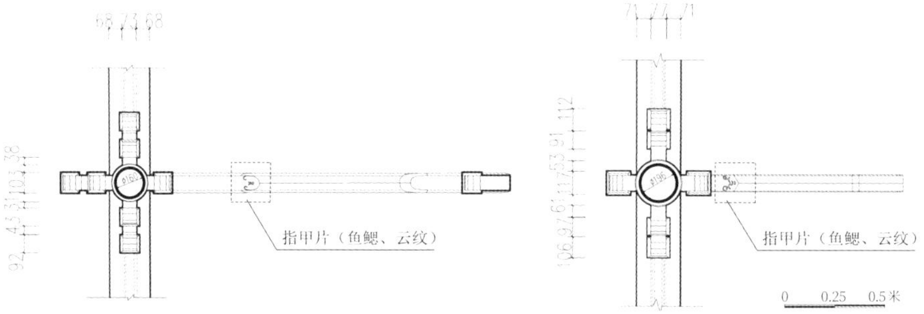

图1-67 南、北侧斗栱月梁底面

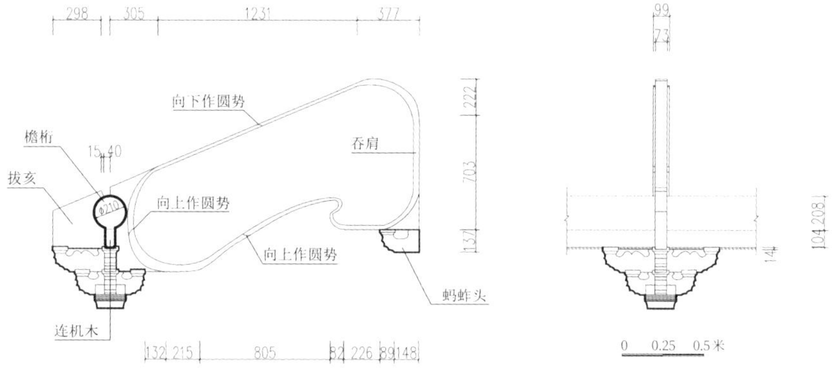

图1-68 南侧斗栱月梁侧立面与正立面

1 侯洪德、侯肖琪：《图解〈营造法原〉做法》，中国建筑工业出版社，2014，第59页。
2 “蜂头以内雕成月牙形的凹槽，称指甲片。”同上书，第39页。
3 “桁的下面所铺的通长的长方形木材称为连机，连机一般用于廊桁与步桁之下。”

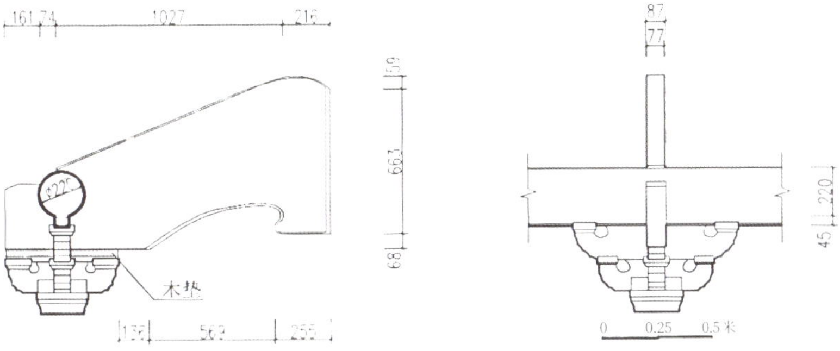

图 1-69　北侧斗栱月梁侧立面与正立面

（2）屋面基层

天一阁首层木椽为通长平直整椽，南北均坡 1/2.3（23°）左右，不做飞椽，无举折；坡度平缓，下皮平齐（南侧檐略低于北檐，约 3.6 寸，即 12 厘米），形象稳重朴实，在人的观赏视角下整齐划一，南北院落的衔接也更加具有连续性。

椽条排列间距基本相等，两椽间豁宽约 17 厘米，椽断面为圆形，直径约 8 厘米。出檐深约为廊宽一半，每榀月梁之顶都承接一界椽[1]；椽与桁的连接方式为直接搭接，不做闸椽或椽稳板，空隙部分直接透空[2]；上端安装于闸椽[3]，再与承椽木相接，承椽木外侧为圆柱形，内侧削平与二层窗下墙齐平[4]；下接走马板（也为二层窗下墙的一部分），板下即为门窗。出檐椽椽头钉扁平通长的封檐板，高度略大于椽径，以保护椽子不受风雨和灰尘侵蚀，也起到一些稳固拉结椽条的作用（图 1-70）。

图 1-70　首层南侧檐下现状照片

1 “在贴（榀架）的中心线处必须设椽，称界椽。”（《图解〈营造法原〉做法》第 8 页）

2 不利于防止风雨、灰尘的侵入。（《图解〈营造法原〉做法》第 9 页）

3 宁波当地称“椽花”，作为椽的安装口，稳固椽条与桁的连接。

4 《营造法原》称“半片桁条”。

椽上为平铺青灰色望砖的屋盖做法，具有不易腐朽、防风防尘的优点；但其材质重量较大，对椽子产生的负荷也较大，所以望砖层通常做得很薄，韧性较低。现状木质椽子已产生了较大的变形，望砖也部分发生了破裂损坏。望砖间以纸筋灰嵌缝，横向接缝露明，垂直于桁的纵长接缝掩于椽条上方，由椽承载望砖间拉结薄弱处，保持望砖层的整体稳固。在檐口处，出檐椽长于望砖，在此处空隙间钉宽约11寸（约33.66厘米）的眠檐（面沿）于椽上，厚度与望砖相同，起到衔接固定两层的作用，并保持望砖边缘的整齐平直。“眠檐（面沿）为扁方形通长木条，厚同望砖，钉于飞椽或出檐椽的下端，以防止望砖下滑……其功能并非仅为止滑，而且使所排望砖横向整齐划一，竖向所排望砖露明部分均为整块，不出现找接，以达到美观的效果。”[1] 为加速雨雪排出，现状在封檐板外增设横向金属排水沟一道，并与木作漆成同色。北侧屋面基层做法与南侧相同，尺寸略有变化（图1-71）。

二层屋面南侧出挑1米左右，北面出挑80厘米左右，比南侧略底1.6寸（约5.33厘米），无外廊，椽头做法与首层相同。由于出檐椽豁与望砖层之间的空隙较大，现在已出现了鸟类在檐下筑巢的现象，不利于木质构件的保护。

（3）室内梁架结构

天一阁首层减柱造，形成三间敞厅，楼阁二层储书，书籍和书柜的质量极大，而明间撤去中柱增大了梁架的承重压力。为此天一阁在构造方面采取了一定的措施：前后步柱的间距为5.25米，跨度受力本在承重范围内，再加高明间大梁。进深方向的天花梁高约14寸（约46.67厘米），截面呈倒梯形，上部厚7.75寸（约25.83厘米），下部厚2.27寸（约7.57厘米），

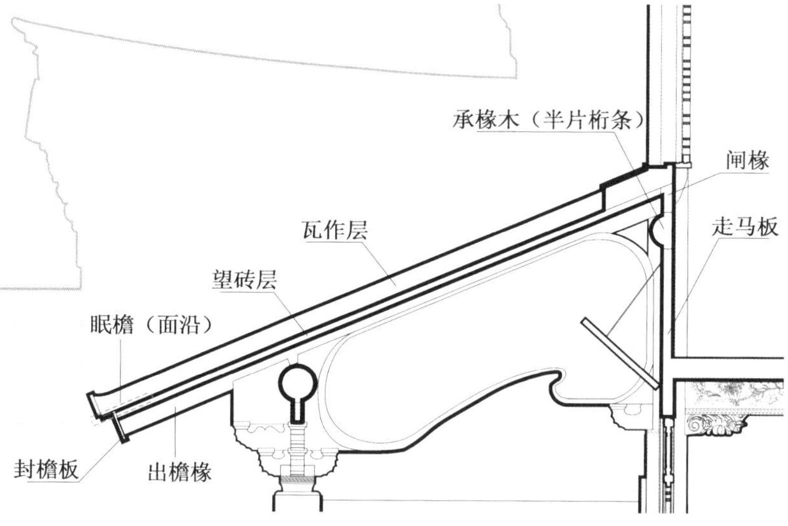

图1-71　首层南侧屋面基层大样图

1　侯洪德、侯肖琪：《图解〈营造法原〉做法》，中国建筑工业出版社，2014，第9页。

边缘向内缩 1 厘米，下皮砍成弧线，架于明间步柱之上。衔接处做藩草纹雀替，约高 6.25 寸（约 20.83 厘米）；利用中央横纵搁栅形成了较为稳固的“井字梁”，大大增强了楼板的稳固性。横纵搭接的木椽形成格网骨架，南北向 6 格，东西向 13 格，形成了 78 块平棊[1]天花，版心尺寸取平均值约为 76.33 厘米（纵）× 75.75 厘米（横），大致为正方形，东西方向枋通长搭于梁上，枋底宽 11.4 厘米，高 21 厘米；南北方向用短方椽搭于通长枋上，底宽 9.2 厘米，高 15 厘米；入口一进平棊做法不同，明间和两次间顶部为三块一间广的长方形天花，由细板条[2]分割成几块（图 1-72、图 1-73）。但近现代天一阁藏书大量增加，对楼板造成了更大的载重负担，骆兆平先生的《天一阁杂识》中记录了 20 世纪 80 年代的修缮工作中对楼板进行的加固措施。[3]其他三间顶部则用开间方向的搁栅承接楼板，截面为圆形，直径约为 6 寸（约 20 厘米），与立柱相接的搁栅端头削斜，便于插入卯口；楼板则沿进深方向铺设（图 1-74）。

图 1-72　天一阁首层顶部天花现状（从东到西）

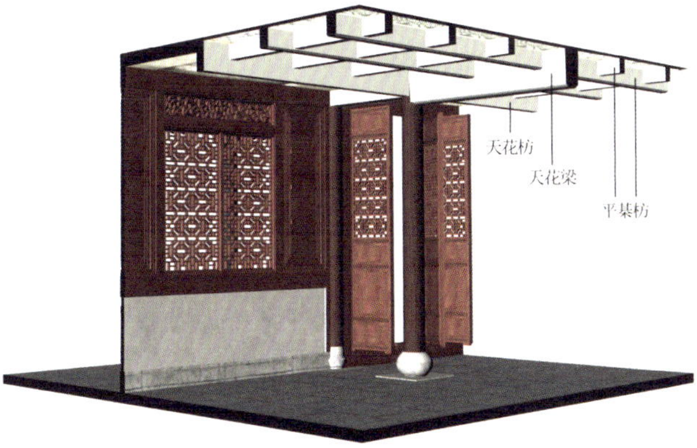

图 1-73　首层明间天花构造示意

图 1-74　尽间顶部构造示意

1 “天花有许多别称，如承尘、仰尘、平棋、平暗等，宋代按构造做法将天花分为平暗、平棋和海墁三种，明、清则分为井口天花、海墁天花两类。”（《中国古建筑木作营造技术》第 294 页）虽然“平棊”为宋式名称，但较清式名称“天花”更为常用，故本章使用“平棊”一名。天一阁首层天花做法似天津蓟州区独乐寺观音阁次间，以及五台山佛光寺大殿天花，梁思成先生称其为“平闇”，但边长“椽方约 10 厘米，档空约 20 厘米”，天一阁天花尺寸约为其三倍，不符合“小而细密”的形式，所以本章将其归为平棊。（参见《记五台山佛光寺的建筑》，载《梁思成全集（第四卷）》第 382 页，中国建筑工业出版社）

2 《营造法式》名“贴及难子”。

3 “1974 年 5 月起，对宝书楼进行了一次较长时间的维修，重点是翻修屋面，更换中厅西侧二根柱子。又在中厅两边房屋楼板下面添加了搁栅，初步解决因藏书增多带来的载重问题。”（《天一阁杂识》第 52 页）

二层正贴用抬梁式，立柱少有收分卷杀，木作均为红色大漆（图 1-75）。梁架形态古朴圆润，体量较大，明间梁截面为圆形，两端与桁相接之处做成平板状，背部凿半圆桁椀[1]，便于桁和连机木的安装，保证梁架在桁椀位置的控制下横平竖直。[2]屋内除脊桁外，各架桁木上均钉闸椽（椽花板），椽头与椽花板上的凹槽对应安装，使椽与桁稳定连接，平衡椽间距，并填补空隙。脊桁不与脊童柱直接相接，而是增设与椽方向一致的坐栱、一道脊机进行联系；栱上皮削斜，与头停椽角度相同，并做槽相接（图 1-76）。大梁（五架梁）之下做随梁矮枋，顶部再做一道枋条木，截面尺寸为 2.4 寸（8 厘米）×2.5 寸（约 8.33 厘米）（图 1-77）。在王之祥先生绘于 1965 年的测绘图中，能看到童柱（瓜柱）与梁的结合处形成“鹰嘴”（图 1-78），在尊经阁梁架构造中也有明显的同类做法（图 1-79）。现状为天一阁内童柱与梁为圆弧形交接，并多以藤条缠绕 5 ~ 6 圈加固。

明间山界梁和大梁为圆作[3]，前后廊构架则为扁作 ，其他开间做坐斗取代童柱，提升了天一阁的装修等级。[4]明间只在后廊做穿插枋，尽间前后内廊均不做随梁枋，其他三间川梁（抱头梁）下则均有这一构件。自次间边贴起用中柱，做穿斗式，双步梁下再做一层夹底（图 1-80）。

图 1-75　二层明间梁架现状

1-76　明间柱顶栱

1 “在梁头承桁处，应于梁背之上凿半圆槽，桁即架于半圆槽内。半圆槽的槽深依据机面线而定，大小依析径而定，该半圆槽称为桁椀。”（《图解〈营造法原〉做法》第 15 页）

2 “机面，指的是梁底至桁底的距离。析底之平线，是连机或短机之面，故称机面线……均须根据机面线来开刻架桁，从而达到大木结构横平竖直的效果。”（《图解〈营造法原〉做法》第 15 页）

3 “大木做法，有圆作、扁作之分。凡房屋的木架，其梁、双步、川等构件，如由圆料制作且加工成圆形，其做法即称圆作，反之若是采用扁方料制作且加工成扁方形，便称扁作。”（《图解〈营造法原〉做法》第 10 页）

4 “圆作做法较为简单，故应用较广，常用于一些体量不大的建筑，如普通厅堂、一般民宅沿街商铺及廊、亭、轩、榭等园林小品等。而扁作做法较为复杂，屋架中不设童柱，而以牌科代之，常用于一些装修豪华的厅堂以及殿庭等体量较大的建筑。”（《图解〈营造法原〉做法》第 10 页）

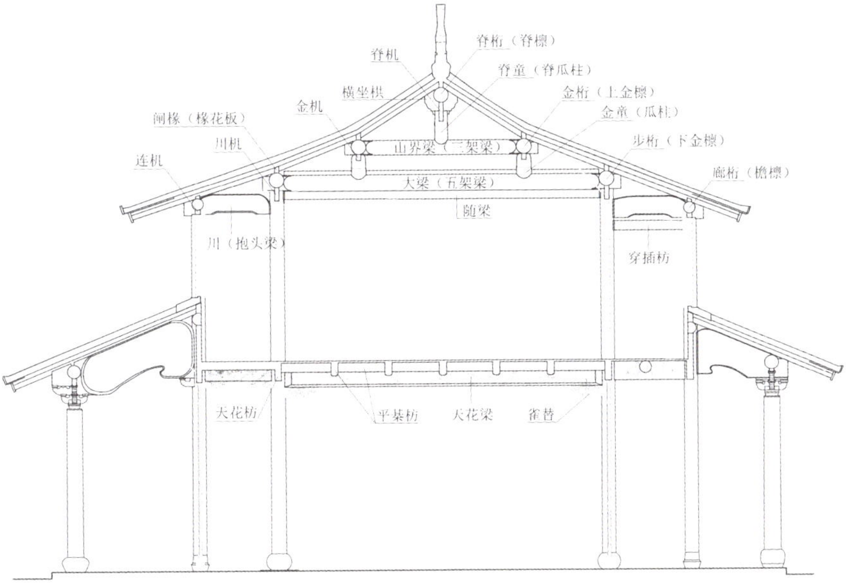

图 1-77 明间（正贴）梁架结构示意[1]

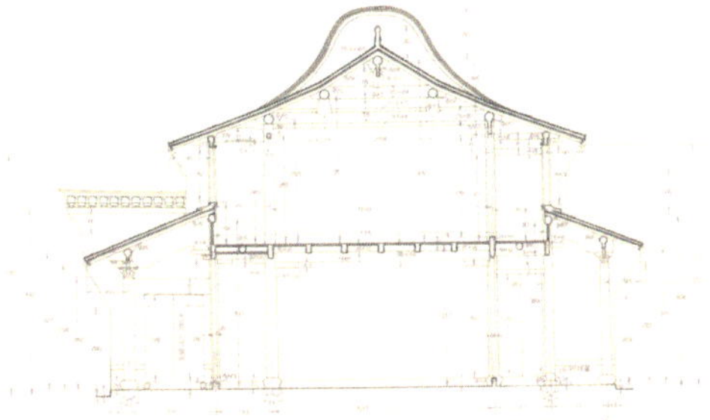

图 1-78 1965 年测绘图中天一阁“鹰嘴”构造

图 1-79 尊经阁“鹰嘴”构造

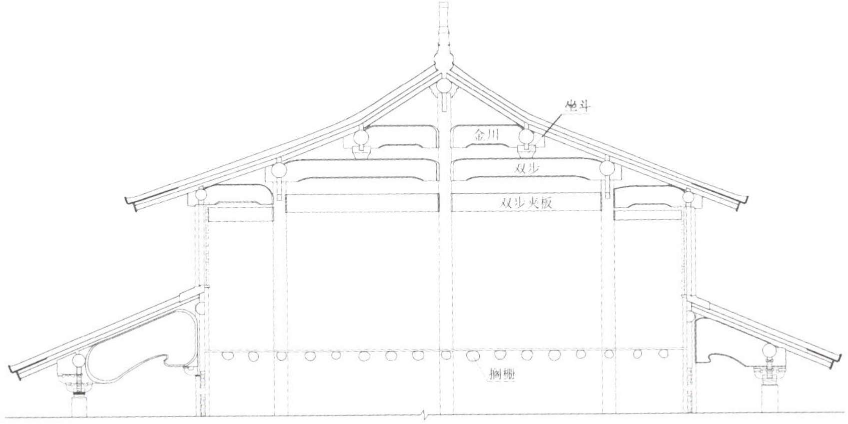

图 1-80 边贴梁架结构示意[2]

1 参照《图解〈营造法原〉做法》第 7 页。（括号内名称参照《中国古建筑木作营造技术》第 17 页）

2 参照《图解〈营造法原〉做法》第 69 页。

二层各桁基本按1.3米的水平间隔等距布置。脊桁直径220毫米，小于其他平桁，人站在二层楼板向上观望，最高最细的脊桁从视觉上产生近大远小的效果。越靠近屋脊，举折增大幅度越明显，多重作用下更突显了藏书空间的高远。廊桁直径只有180毫米，细长的木结构在视觉上产生强烈的水平延续感，与藏书楼二层整通一间的形式相互适应（图1-81）。

南侧出檐椽坡度1/2.61（18°），花架椽坡度1/2.65（22°），举折较为一致且比一层稍缓。升至头停椽时举折增大为1/1.58（32°），抬高了二楼层高的最大值，使内部视觉感受更显高远（图1-82）。拔高的中央空间与两立面都可打开的12组棂窗配合，加快风速并控制风的流动方向，增强了藏书空间的通风效果，达到降温祛湿的目的；在外部环境中，有利于加速屋盖上的雨雪排出。

图1-81 二层室内走廊（北侧由东向西）

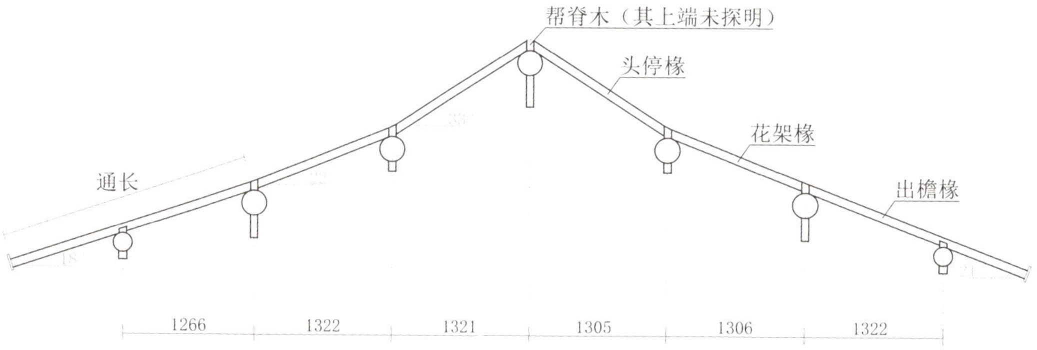

图1-82 二层屋盖举折角度示意（单位：毫米）[1]

1 名称引自《图解〈营造法原〉做法》第10页。

1.3.2 装修

天一阁外檐装修简洁，装饰很少，只在明间和楼梯间设门，其他开间做半窗，窗下做槛墙，无漏、窗挂落等构件，装修式样也为江南地区较为经典的简单做法。南立面明间设一排六扇六抹槅扇门，铲口[1]位于上下槛内侧，两扇门为一组向内开门，取传统文化中"开门纳气"之意；槛高22厘米，略出于抱柱1寸（约3.33厘米）余，部分包裹抱柱；门扇高2.8米，宽0.69米，宽高比约为1∶4.1，符合明清时槅扇做法比例；以中绦环的上抹头上皮为界，透空的窗格部分与下半部分的比例略小于一般六四分的比例[2]。绦环板及裙板只做几道直纹线脚，无格心花纹雕饰。上段棂条花窗部分分为上下五段，采用曲直相结合的锦纹，横纵对称，具有由中心向外发散的动态视觉效果和序列感，轻盈通透（图1-83～图1-86）。

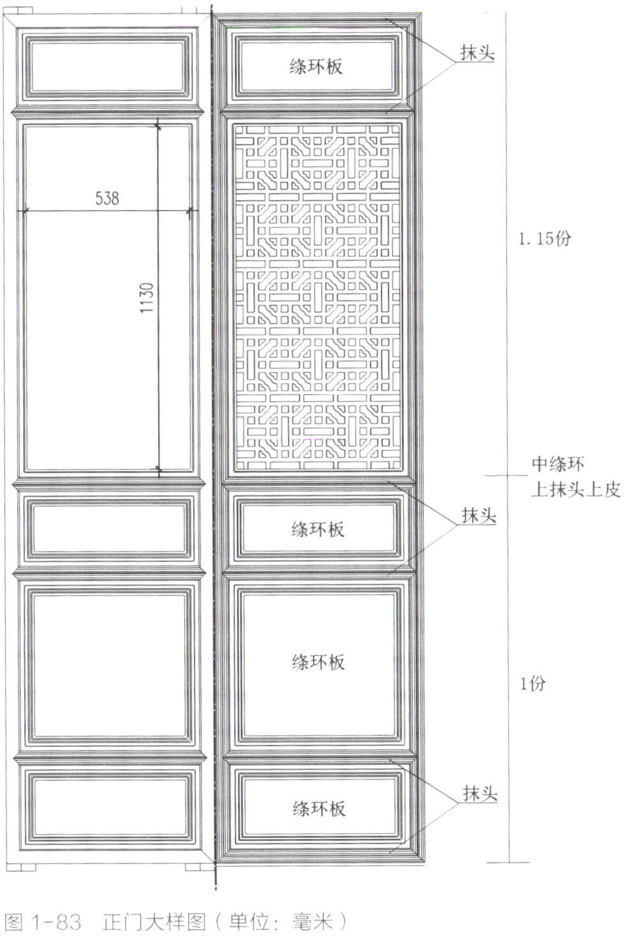

图1-83 正门大样图（单位：毫米）

图1-84 正门外观

图1-85 内立面

图1-86 下槛细部

1 "门窗框装门窗处须刨低半寸，称为铲口，转角处都起木角线。"（《图解〈营造法原〉做法》第159页）

2 "明清槅扇上段（棂条花心部分）与下段（裙板绦环部分）的比例，有六四分之说，即假定槅扇全高为10份，以中绦环的上抹头上皮为界，将槅扇全高分成两部分，其上占六份，其下占四份。这个规定，对统一各类槅扇的风格有重要作用。"（《中国古建筑木作营造技术》第277页）

北侧明间为八扇屏壁，现板门加于民国时期，距北外墙有一步距离，不做镂空棂格，内侧刻有民国二十三年（1934）钱罕所书全祖望《天一阁藏书记》，外侧刻有同年陈宝麟所书黄宗羲《天一阁藏书记》。门扇高 2.8 米，每扇宽 0.52 米，宽高比约为 1 ∶ 5.4，下槛高 18.5 厘米，铲口做在室外立面，开启方式为两两一组从中间向外打开，两边为单扇，抱柱一侧为可开启面；一般状态下呈关闭状态，人可从侧面绕向后方通行。下槛两端做“金刚腿”[1]，高约 19.3 厘米，出斜面与槛高之比约为 1 ∶ 8.4（图 1-87 ~ 图 1-89）。《图解〈营造法原〉做法》中的做法是较宽的金刚腿与柱础鼓磴直接相连，上承接抱柱，天一阁屏门抱柱则直接落地，侧面与“金刚腿”相接（图 1-90）。

图 1-87　北屏门大样图（单位：毫米）

图 1-88　北门内立面

图 1-89　北门外立面

图 1-90　金刚腿与抱柱

1 “下槛分三截，两端称金刚腿，连于石鼓磴、较抱柱稍出，做靴腿形斜面，其斜面宜在槛高的 1/10 ~ 2/10 之间，斜面起凸榫，中部门槛与金刚腿相连，可随时装卸。”（《图解〈营造法原〉做法》第 158 页）

屏门两侧做双扇木门，上下分横披和门板两部分。门扇总宽 0.95 米，向内开启；门下做石槛，槛高 20 厘米，材质与立面窗下墙下槛一致，上立门框，安装门板于其中；门面无任何装饰或透空窗格，只在中央装铜锁一把。楼梯间双扇板门与其尺寸、做法基本相同（图 1-91）。

首层窗装于走马板和半墙之间，窗扇总高约为 1.89 米，宽约 1.49 米，每间窗分三块，棂格窗居中向内开启，高约 1.51 米，上部加设有镂空冰裂纹的固定横披窗，高约 1 尺（约 33.33 厘米）（图 1-92）。

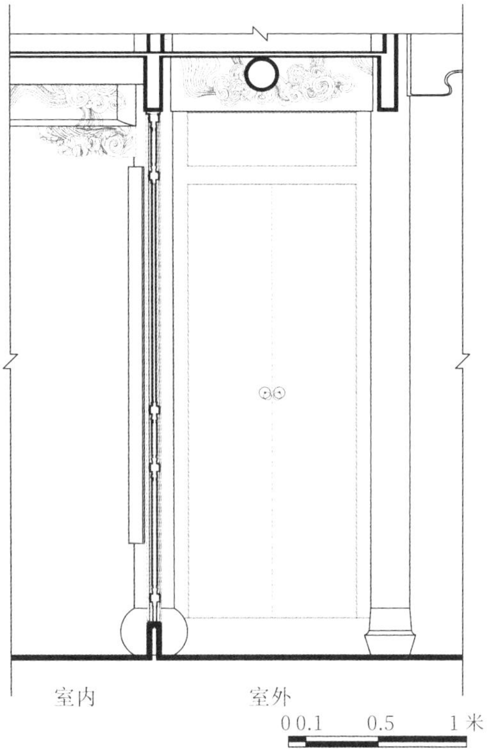

图 1-91 天一阁北侧小门大样图

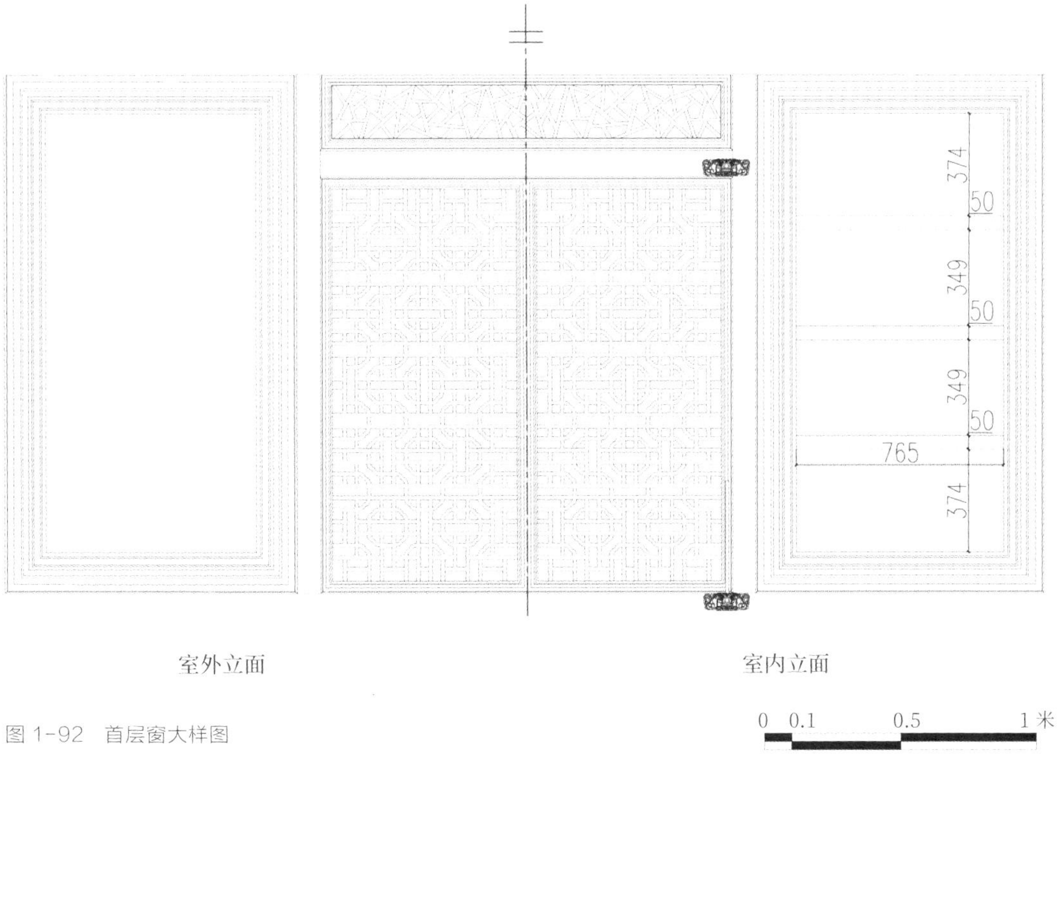

图 1-92 首层窗大样图

棂格窗纹样与门扇类型相同，但纹路走向和边缘分格稍有不同，既不显得单调乏味，又与槅扇门形成套组的整体感，在简练朴素的规矩体系之下，做了别出心裁的设计（图1-93）。两侧对称设板窗，不同开间板窗宽度有相应变化。板窗外层为整体，边框做层层线脚，板心不加装饰；内层有分格框，窗上下卜[1]连接转轴，控制窗的开合。在月湖范宅中有许多明代遗存的窗卜构件，宁波慈城冯俞宅中也留有以十二生肖为题材的窗卜，并仍在使用中，平窗外开，窗卜应用于室外（图1-94～图1-96）。

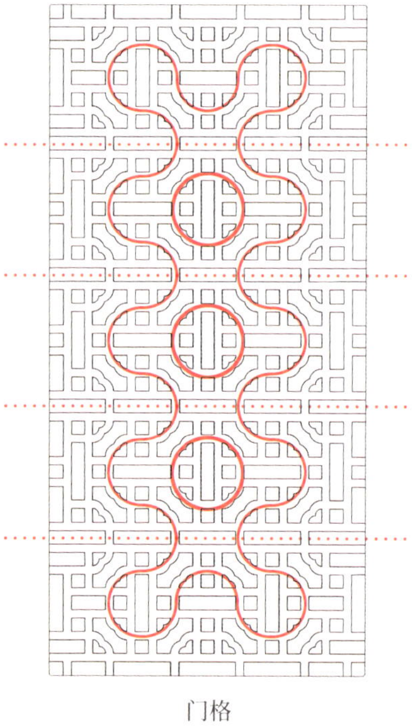

图1-93 纹路不同的门、窗格纹

图1-94 天一阁窗卜

图1-95 月湖范宅窗卜

图1-96 冯俞宅窗卜

1 也称“窗臼”。

二层藏书室作为主要功能空间，外围窗护采用实板窗、木板窗、格窗的三层组合，每间有活动板窗两扇、格窗四扇，体现“六”数，每间的格窗都完全相同。组合窗最外侧使用两端固定板窗，根据开间宽度有尺寸差异，可以增强防护作用和稳定性；中间层设置可以推拉滑动的木质板窗，上方带有铜钱纹通风孔；最内侧为四扇可滑动的格窗，与首层窗平开方式不同。窗的上下滑槽可控制每层窗户的位置，根据需要对室内进行采光或避光，控制室内的风热环境，并能有效防止灰尘蚊虫的入侵，与室内的使用性质密切联系（图1-97）。推拉窗的设计也节约了室内廊道的使用面积，现状外挂铁质栅栏，使得二层围护构件在任何开启状态下都具有视觉整体性，更体现了“天一生水”的寓意要求。

天一阁室内几乎没有装饰性构件，只做分隔空间所必要的木质隔墙和隔门，不做镂空雕刻，纹理线脚也极少；二层西一间与西二间隔墙做整面，木墙厚度只有1.8厘米左右（图1-98）；至于西二间与次间隔墙，则只做到梁枋之下，保证藏书空间上方的空气流动，保持书橱及构架的干燥。匾下屏风占据明间二柱，与隔墙、隔门均为相似做法：正面为整板，背面做格架框加固；从背面的插栓来看，屏风也为可以打开的门式构件（图1-99）。

图1-97　天一阁二层窗一组

图1-98　室内木质隔墙

图1-99　二层明间屏风背面

1.4 砖瓦作

1.4.1 墙体

（1）山墙

浙江地区民居建筑惯于将山墙中部向上做高，形成如山丘一般的弧线（图1-100），因为墙头形似观音菩萨形象中服装上的帽兜，所以得名“观音兜”，也有称元宝形。浙江地区临近海港，古时以渔业为主，建筑中的观音兜也有祈求风调雨顺、盼望丰收之意。山丘一般的弧线起伏剧烈，形成绵延连续而富有变化的感官效果，从月湖边望去，一系列直线墙檐、观音兜和阶梯状的马头墙的组合形成优美的天际线，并实现多层次的进深，令人无法预测宅第内的真实空间。

天一阁山墙顶部做法介于《营造法原》中的半观音兜与全观音兜之间（图1-101），自步桁起曲势，[1]顶部形态为曲率较小的凸起，并不做平，宽约5.4尺（约180厘米），较一般兜顶宽；顶部距脊底3.7尺（约123.33厘米），两垅青瓦覆盖墙头，保护墙体，在曲线下端与屋面瓦衔接成为整体（图1-102）。盖瓦之下，内外两侧均平嵌“二路飞砖”，外侧飞砖下10厘米的位置再嵌入一层砖，同样沿墙顶曲线布置（图1-103）。垛头上部挑出部分约占总高1.2/10～1.3/10，北侧墙身出柱约1.5尺（约50厘米），与首层屋面衔接处做平滑曲面，利于排水并防止雨水渗入（图1-104）；南侧墙身出柱约2.6尺（约86.67厘米），至垛头出挑部分下皮处，收进约1寸（约3.33厘米），并非垂直，可能有年久变形之故。下部勒脚出墙约2厘米（图1-105）。边柱部分封砌于山墙内，山墙外立面设置铁质墙襻，与木楔连接，木楔穿过墙面钉入室内，将木结构和墙体拉结成为整体，进一步增强建筑的稳定性。

图1-100　天一阁书画馆外墙体

1《营造法原》载半观音兜自金桁起曲势，墙顶距脊底3尺（约100厘米），上部宽3.5尺（约116.67厘米），全观音兜自廊桁或檐口以上起曲势，墙顶距脊底4尺（约133.33厘米），上部宽5尺（约166.67厘米）。

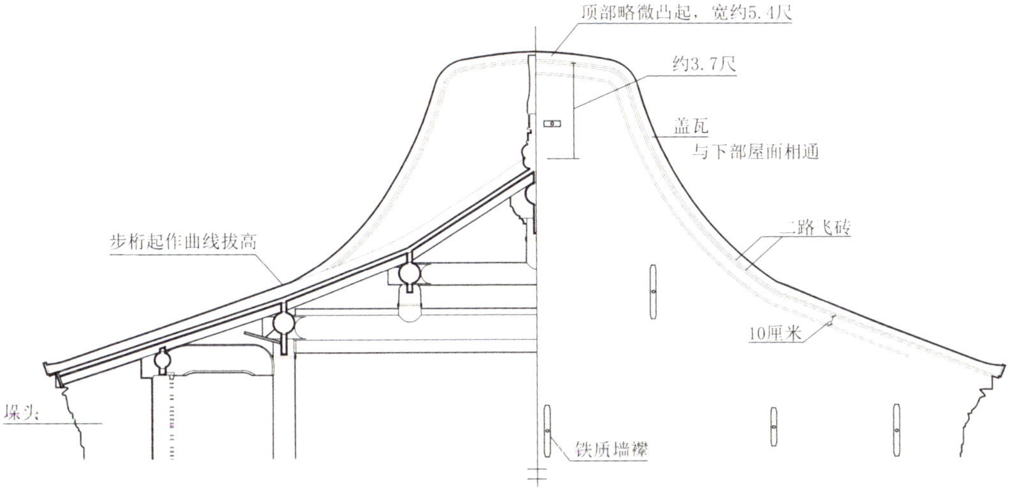

天一阁观音兜内侧立面　　天一阁观音兜外立面

图 1-101　山墙观音兜大样图

图 1-102　山墙与屋面衔接处

图 1-103　顶部盖瓦与飞砖

图 1-104　墙身与屋面相交处

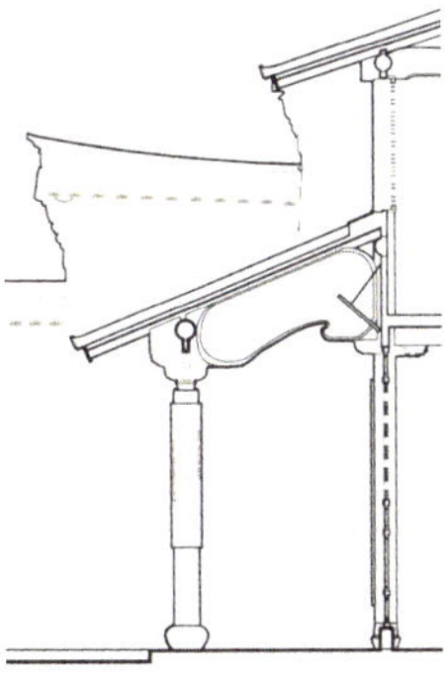

西南角墙体

东南角墙体

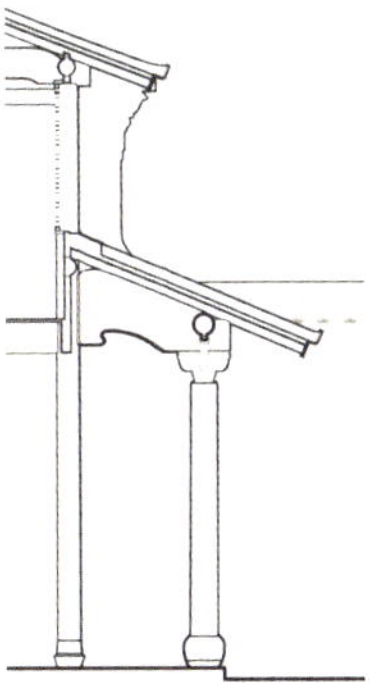

西北角墙体

东北角墙体

图 1-105　天一阁四角墙体示意

山墙南部垛头，高于一层屋面出挑一叠马头墙，因形似“马头”而得名，为建筑外部的形象添加了朝气和动感，提升了建筑外立面的层次感。“马”的意象常常与人生前途相联系，寓意一帆风顺、“马到成功”，也有“正直”“刚劲”等抽象的概念，民间常以马头墙表达对儿女未来能够衣锦还乡的期待。在天一阁等特定建筑类型中，则有对子孙勤学上进的激励，和对家族蓬勃兴旺的美好祈愿。马头墙又称“风（封）火墙”，同样有防火防风的寓意和实际功能作用。西马头墙自天一阁檐口下皮至墙顶点高约 8.4 尺（280 厘米），自山墙出挑位置向外逐渐升高，前后高差约为 1.2 尺（40 厘米），下端与围墙相连，高差约 5.4 尺（180 厘米）。向中心坡起，两侧铺设青瓦，不设滴水，上铺侧立瓦，用于排水，与顶部甘蔗脊相接。东马头墙与西侧相似，但出挑两次，直接落地，基本做法与《营造法原》所记一致（图 1-106）。[1] 立面出挑面上绘墨线万字纹、山石、花木果蔬等图案，山墙出垛内侧绘凤凰图（图 1-107）。

藏书楼山墙的厚重感与立面的通透感形成鲜明的对比，黑瓦与红柱、白粉墙组合形成淡雅简朴的视觉效果，置于树木环绕的环境之中，体现了中国传统理念中宁静祥和的文化氛围。

东南角马头墙　东北角马头墙　西南角马头墙

图 1-106　天一阁马头墙现状

图 1-107　山墙内侧和垛头上端纹样

1 “屏风墙檐口之上，沿墙厚方向，向两侧各出飞砖二皮，飞砖以上用砖砌出人字形坡度，其提栈为三至四算。檐口两侧分别置花边、滴水，上铺双落水瓦顶，顶部筑甘蔗段屋脊。”（《图解〈营造法原〉做法》第 194 页）

（2）半墙[1]

天一阁明间和西尽间设门，其他开间窗下做半墙，墙装于柱间，《营造法原》中称为“半窗内墙”（图 1-108）。总高约 3.2 尺（约 106.67 厘米），与窗下槛相接，厚约 2 寸（约 6.67 厘米），墙下槛高约 0.77 尺（约 25.67 厘米）。室内地板至地坪之间容易积聚从地下渗出的潮气，地垄墙设通风孔，用于排出木地板下方空间的湿气，促进空气流动，平衡气压，降低木板在长时间的阴暗潮湿环境中腐坏生虫的程度。石质孔洞风化程度各有不同。风孔形状有三种，中心均以圆形铜钱形状为基础进行变化，周围雕莲花瓣纹饰，边缘组成完整的圆形（图 1-109）。莲荷生自水中淤泥，是与水有关的象征性植物，与天一阁藏书楼的装饰氛围非常契合。用于天一阁藏书楼的立面装修中，不仅有“以水克火”、祈求书阁得上天庇佑的意象，也代表了希望后世子孙文泽源远流长之意。

上下槛与半墙的连接处均刨出圆口边沿，[2] 墙体及墙下槛由石板拼接而成，墙板向内略微收缩 1 寸（约 3.33 厘米），墙身周围一周线脚做简单装饰，围合的区域略向外凸。北立面明间缩进一步，西尽间只开窗不设门，半墙做法相同（图 1-110）。

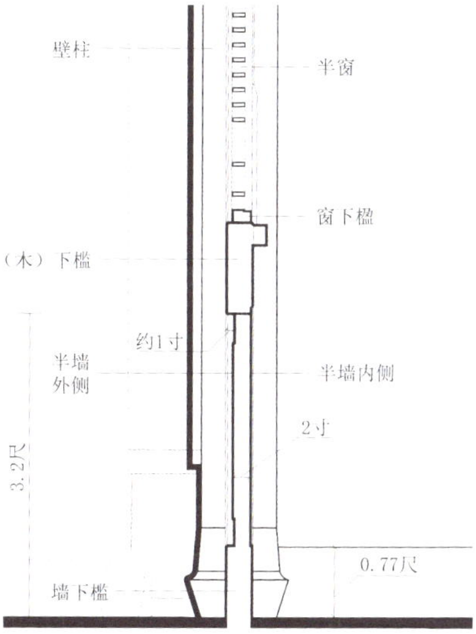

图 1-108　半窗内墙剖面大样图

图 1-109　墙下槛通风孔

图 1-110　南北半墙现状照片

1 “位于窗下的矮墙，称半墙。”（《图解〈营造法原〉做法》第 192 页）即槛墙。

2 做法参考《图解〈营造法原〉做法》第 200 页。

（3）围墙

不同时期分段的围墙高度不同（图1-111），但基本做法一致。兰亭背靠的围墙部分做观音兜，总高约21.7尺（约723.33厘米），尾部做精致的纹饰，其他做法与天一阁山墙相似。平脊围墙勒脚约高2.1尺（70厘米），墙基处至今还留有部分明代砖石；上部自出挑至脊顶高3尺（100厘米），墙身厚约1.5尺（50厘米）。建筑叠砖多采用空斗砌法（图1-112），外贴涂料，也做实砌或二者兼用，一般大面积墙体采用空斗，底部用大型条石做基础，上砌砖3～5皮，边沿和出挑位置采用扁砖实砌，以加固墙体；庭院围墙则多用丁顺平砌（图1-113）。

图1-111　围墙修缮后历史照片

图1-112　慈城古建筑修复工地现场的空斗叠砖演示

图 1-113　天一阁组群内墙体

1.4.2　瓦饰与脊饰

近代修缮对天一阁营建的部分细节进行了修改（图 1-114）。通过对重修天一阁老照片（1934 年）与王之祥先生测绘天一阁图纸（1965 年）的对比可知，至少从民国落架大修之前到 20 世纪 60 年代，屋脊形态为平直通长，带有纹饰砖隔断和元宝孔洞的"甘蔗脊"[1]（图 1-115）。现状为五段断脊，基本呈居中对称，中段最长，两端泥塑有向上弯曲的脊尾，旁边两段只在单边做卷脊尾，尽端为较短的平直段（图 1-116）。滚筒瓦条之上用砖瓦叠砌数层，其上置瓦片，直立排列组成脊身（图 1-117），《营造法原》中称之为"竹节瓦"[2]，上下用条砖封边，为"盖头灰"。

图 1-114　民国时大修前、后屋脊照片

1 "甘蔗脊的砌筑也始于脊端边楞中线处，先于该处用整瓦叠砌瓦墩，瓦墩高度同瓦高，将瓦竖立紧排于攀脊之上，称为筑脊。排瓦从两端向龙腰处会合，会合之处略施粉刷。脊之两端须刷回纹，作装饰，脊顶刷盖头灰，以防雨水。"（《图解〈营造法原〉做法》第 233 页）

2 《营造法原》第 211 页。

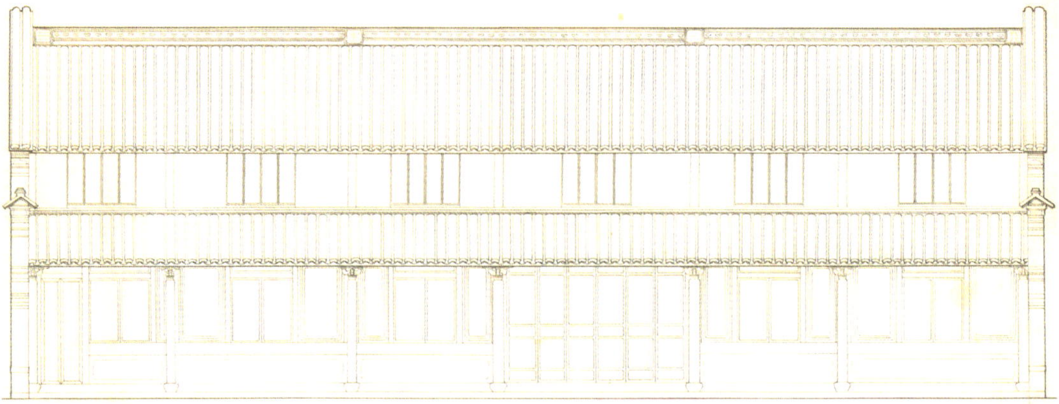

图 1-115　1965 年测绘屋脊

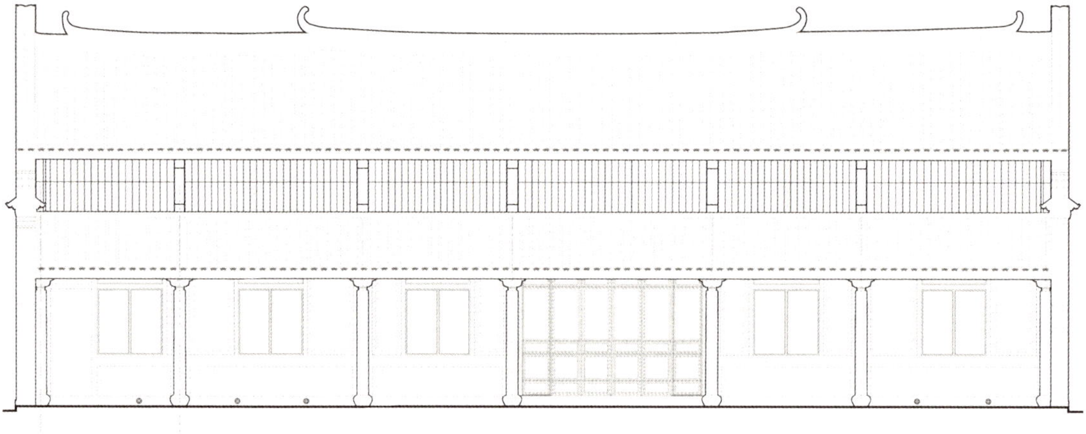

图 1-116　2018 年测绘屋脊

图 1-117　现状断脊

藏书楼屋盖部分使用泥土烧制的“灰板瓦”，当地工匠俗称为“小青瓦”，《营造法式》卷二十五“瓦作”载：“板瓦前大后小，有当勾瓦、线道瓦、条子瓦之制。”[1]天一阁屋盖瓦也做“前大后小”的梯形状，先以板瓦仰面朝上由檐至脊排列成垄，后一块瓦部分压在前一块上；两垄间留有一定的空隙，再以板瓦覆盖垄间缝隙，与两侧底瓦搭接，铺瓦一列称为一楞，两楞之间称为豁。[2]底瓦使用大瓦，盖瓦使用小瓦，屋面边瓦接高出屋顶的观音兜山墙，两侧边楞为底瓦。檐口覆瓦的顶端垂下一块扁弧形“唇瓦”，与瓦当作用相同，使雨雪顺瓦头排出至地面，防止水流沿板瓦沟槽或瓦间缝隙回流，损害屋盖。地方做法排列更密，与多雨多风的自然气候有关。天一阁马头墙及围墙屋顶均不设滴水，一些地方民居同样有不设滴水的习惯，是宁波当地的特色做法。材料规格选择较为统一，为调换和修理提供了方便（图1-118）。

图1-118 天一阁组群内瓦饰与脊饰细节照片

1 潘谷西、何建中：《营造法式解读》，东南大学出版社，2005，第158页。
2 侯洪德、侯肖琪：《图解〈营造法原〉做法》，中国建筑工业出版社，2014，第222页。

1.5 石作

1.5.1 铺地装修

天一阁室内青砖地面是近现代铺设的，据说是在桐油中浸泡过的金砖地面，每砖约 1 尺（约 33.33 厘米）见方，长边略长于宽边，排列形成交叉十字缝，至墙体下一周换做长条石衔接（图 1-119）。前后廊下铺条石地面，由内向外由窄条石、石板面和阶沿石三部分组成，石板尺寸没有固定比例；铺地略向外找坡，以利排水（图 1-120、图 1-121）。南侧廊道条石顺开间方向交错铺设，明间檐柱壁柱之间的两列纵向条石，分隔了开间方向的铺地，加强了明间位置的方向性；北侧廊道较窄，除了明间位置铺地与南侧檐廊一致，其他开间用方石板，长边相接，对应排列。室内外高差只有一级，不做台阶，阶沿石多用长条整石，基本与开间一一对应，兼做踏步。

图 1-119　中堂铺地

图 1-120　南侧檐下铺地

图 1-121　北侧檐下及庭院铺地

前后庭院石板铺地方式基本一致，单石板尺寸略大于廊道石板。北庭院花台两侧也出现了铺石换向的做法，强调了整体组群的轴线序列（图 1-122）。但研究人员也表明，本地块地面以下并无管网，缺乏排水系统，地表积水只能通过地板缝隙、依赖传统方式自然下渗，时常造成雨水倒灌建筑，使得基础构件受到浸泡冲刷。前院假山地面使用两种材料，山后道路铺 31 厘米见方的石板，与绿植草坪的衔接边沿用砖分隔（图 1-123），其他位置采用鹅卵石铺成同心圆图案（图 1-124）。后院假山道路也铺鹅卵石（图 1-125），采用一个大同心圆和两个小同心圆为一组的图案，边沿用横砖封边，砖的类型与前院封边砖不同。

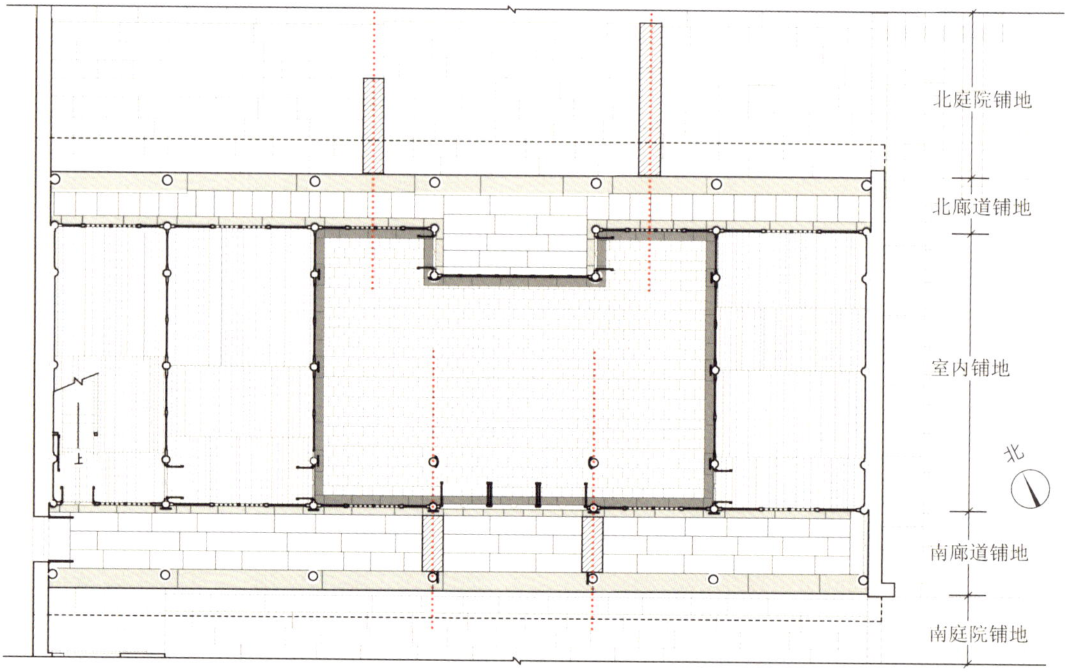

图 1-122 天一阁室内外地面铺装示意

图 1-123 前假山北侧道路

图 1-124 前假山东侧道路

图 1-125 后假山道路铺地（俯视）

1.5.2 柱础

原宁波市考古所在古籍库房建设前初步发掘中，发现了大量柱础，形状可分为鼓形、蘑菇形、覆盆形、圆柱形、方形五种。其中鼓形柱础根据其体积大小又可分为大鼓形、小鼓形两种。（图 1-126）根据现状调查，天一阁柱础石有三种，圆鼓形、覆钵形和几何拼接抹角台（蘑菇形），基本与遗址位置出土的建筑构件一致，均为典型的宁波地区柱础样式，也是清代早期的流行风格，[1] 造型简练，装饰纹样较少，基本只以简单的形体组合作为造型。

圆鼓形柱础只用于明间四柱，体积也是几种柱础中最大的，最宽处直径 40 厘米，表面光滑无纹饰，尽显藏书楼端庄稳重之感；下承边长 61 厘米的方形磉石，且磉石高出室内地面 1 厘米左右（北屏风两侧柱下磉石尺寸为 60 厘米 ×54 厘米）。檐柱之下用覆钵形柱础，南北两侧用石比例高度稍有不同，不做磉石，虽然最宽处直径与明间四柱础相近甚至数值更大，但腰线偏上，整体形态上宽下窄，显得较为灵巧；其他各柱础均为大小梯台抹角相接的造型，最大直径只有 22 厘米左右，下做与地面相平的磉石，尺寸为 60 厘米 ×54 厘米，位置都在外墙、隔墙、拐角之处，受力合理，既节省了空间，又与门板隔挡等装修风格相协调（图 1-127）。

图 1-126　遗址出土柱础（天一阁博物院提供）

圆鼓形　　覆钵形　　几何拼接形

图 1-127　天一阁采用柱础类型

1　参见《浙江民居》第 212 页，图 474。

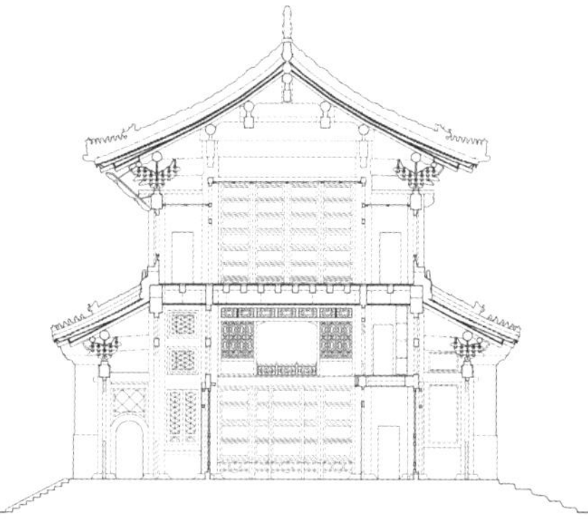

第2章

天一阁藏书排架状态考证及彩画作现状

在目前有关天一阁的研究成果中，书橱排架状态和彩画作很少被拿出来做专项研究，但这两点在不同时期的变化是天一阁藏书楼建筑修缮史中的重要部分。书橱的功能特征是整体空间构成的重要部分，不能被忽略或做抽离研究。首层天花彩绘是这座藏书楼用色最为丰富的位置。在近代大修中，将《营造法式》彩画图例直接复制，应用于室内装修，是古建筑彩画修缮中独特的一例，具有重要的经验和学术价值。

2.1 藏书排架状态考证

范氏藏书种类繁多，数量巨大，且在不同时期历经多次变化（详见附录 D），现将书橱排架状态分为四个时期探讨。

2.1.1 建设初期至清乾隆三十九年（1774）

天一阁在明代还只是私人藏书楼，也并未受到朝廷的关注，所以在这一时期，为体现更为完整的“天一生水”之说，二层明间的藏书排布方式可以推测为有序的一整列。到了清代范氏八世孙范懋柱进呈藏书数百种后，天一阁受到了清廷的关注，这也是天一阁藏书书目发生重大变化的第一个节点。乾隆三十九年（1774），当时的杭州织造寅著考察天一阁后，奏启载：“惟居中三间排列大橱十口，内六橱前后有门，两面贮书，亦为可以透风。后列中橱二口，小橱二口。又西一间，排列中橱十二口，总计大小书橱共二十六口”，御制《文源阁记》载“（范氏天一阁）至于今几二百一十余年，虽时修葺，而未曾改移”。所以将“二十六口”排架方式作为第一个阶段（图 2-1）。

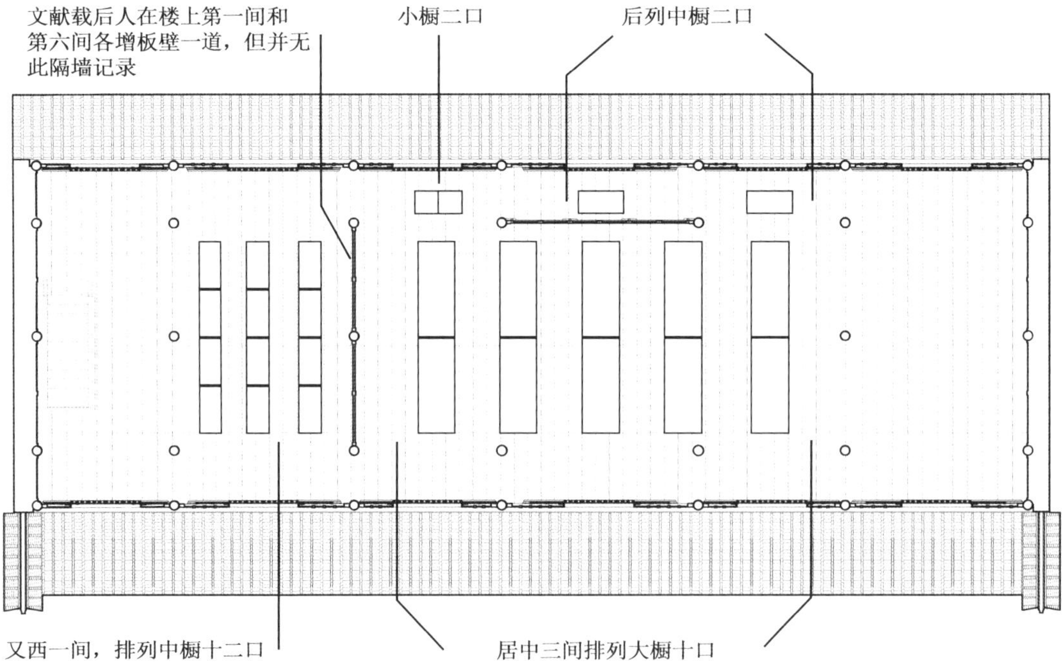

图 2-1　乾隆赐书之前天一阁二层书橱排列示意

2.1.2 清乾隆三十九年（1774）至嘉庆七年（1802）

范氏《四明天一阁藏书目录》编制于清嘉庆七年（1802 年）以前，[1] 载藏书楼二层布置三十二口大橱，编号出自《千字文》：“天、地、元（玄）、黄、宇、宙、洪、荒、日、月、盈、昃、辰、宿、列、张、寒、来、暑、往、秋、收、冬、藏、闰、余、成、岁、律、吕、调、阳”，“宇、寒、来、成、阳”存放《古今图书集成》。其中“玄”用“元”，避康熙“玄烨”名讳，[2] 但这一时期并没有双龙书橱的出现，且排列方式无法确定。范氏虽损失进书 638 种，但受赐万卷《古今图书集成》，藏书数量急剧增大，天一阁二层排架也重新进行了编号，且此编号至少用至嘉庆七年（图 2-2）。

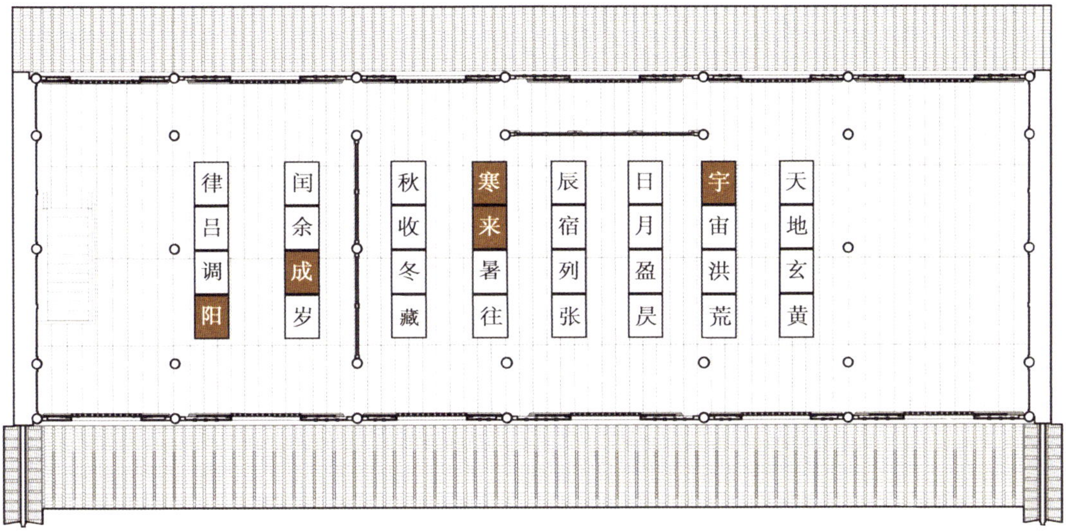

图 2-2　乾隆赐书之后天一阁二层书橱排列示意（色块代表存放《古今图书集成》书橱）

1 “劫后（指向朝廷进呈藏书之后），范氏后人对留存的藏书做了一次清点，编成《四明天一阁藏书目录》二册。此目不著编者，后刻入罗振玉《玉简斋丛书》（二集）。罗振玉所据的是一个传抄本，卷末记有‘嘉庆壬戌六月二十日客寓金阊录’一行。因书目中已载有《古今图书集成》，可知它是在乾隆三十九年赐书以后，嘉庆七年（壬戌）以前编制的。”（骆兆平《天一阁丛谈》第 39 页）

2 龚烈沸：《话说天一阁》，宁波出版社，2011，第 39 页。

2.1.3 清嘉庆七年（1802）至民国二十二年（1933）

清末民初经历了内乱外敌，天一阁藏书受到盗窃掠夺，[1]遗损甚多，三十二口大橱已有富余。清道光、同治年间记载了天一阁的两次大修，“千字文”编号有可能是在这两次修缮工作中被替换，至民国时，资料均记载为“日月星辰……”编号。

民国九年（1920），“南开之父”严修登阁，见书橱二十一口，编号为“日、月、星、辰、仁、义、礼、智、信、温、良、恭、俭、让、角、亢、氐、房、心、尾、箕”，[2]其中“角、亢、氐、房、心、尾、箕”是二十八星宿中的东方七宿，与现“宫、商、角、徵、羽”的音律的编号不同，且以编号字定书橱数目，未载书柜大小，也未载双龙橱。

民国十七年（1928），林集虚《目睹天一阁书录缘起》载，“阁中书橱凡二十有八”，[3]其所指应该包括置于尽间的书橱。两年后的民国十九年（1930），钱南扬[4]登天一阁后记载当时书橱有二十六口，西间编号“角、亢、氐、房、心、尾、箕”与严修说法相同。[5]北侧走廊上多了四口书橱，牌匾下放置椅案的空间同现状一致。这份1930年的记录与严修在1920年的记录有所不同，但与清乾隆年间的记录几乎完全一致，只增加了一口双龙橱。

赵万里先生在记于民国二十年（1931）的《重整范氏天一阁藏书纪略》中说：“那前清乾隆御赐的毛装的残本《图书集成》，放在正中间五个柜子里……此外，东西二间共有十个大柜。”[6]老照片中显示东边尽间也有放置木橱（图2-3），可能用于安置雕版工具，所以前人所述书橱不一定均用于藏书，并且可能根据需要进行过多次移动。

图2-3 民国大修前老照片中显示的东尽间木橱

1 上海六艺书局老板陈立炎趁典籍字画兴盛的市场时局，妄图低价收购范氏藏书牟利，遭到拒绝，便雇佣大盗薛继渭于1914年窃出书籍千余册。

2 龚烈沸：《话说天一阁》，宁波出版社，2011，第40页。

3 骆兆平：《天一阁藏书史志》，上海古籍出版社，2005，第39页。

4 钱南扬（1899—1987），名绍箕，字南扬，以字行，浙江平湖人，中国戏曲史家、教育家。文章《天一阁之现状》刊发于原《国立北平图书馆馆刊》第一卷第一号。

5 “第六至第十橱以‘温良恭俭让’编号，所藏大部为各地方志。第十一至第十五橱以‘仁义礼智信’编号，前四厨所藏各类书兼有，其中‘信’字号空。其余第十六至二十二厨，以‘角亢氐房心尾箕’编号。”（《话说天一阁》第40页）

6 骆兆平：《天一阁藏书史志》，上海古籍出版社，2005，第54页。

综上描述，民国大修前，二层当心三间的排架布置应与现状相似，西间编号的书橱有七口，有些见闻中不包括其他未编号书橱，有的则是记录书橱的全部数目；因为前后开门的大橱为双面编号，所以有的是以编号计数，有些是以书橱口数计数（图 2-4）。

骆兆平先生在《卢址与抱经楼》一文中提到“楼上贮书，以书橱分间，据清末抱经楼藏书排架草图，可知东西两边靠墙处，各放单面大橱两只，当中是五排十只大橱，前后可开门，朝南空隙的地方分别放置十只小橱”。建于 1777 年的卢氏抱经楼，其藏书中留有一份《清末抱经楼藏书排架草图》，而抱经楼完全仿制天一阁制式。但可惜目前天一阁馆内也未能找到该资料。若日后能得以确认，也能作为天一阁在乾隆时期排架式样的参考案例之一。

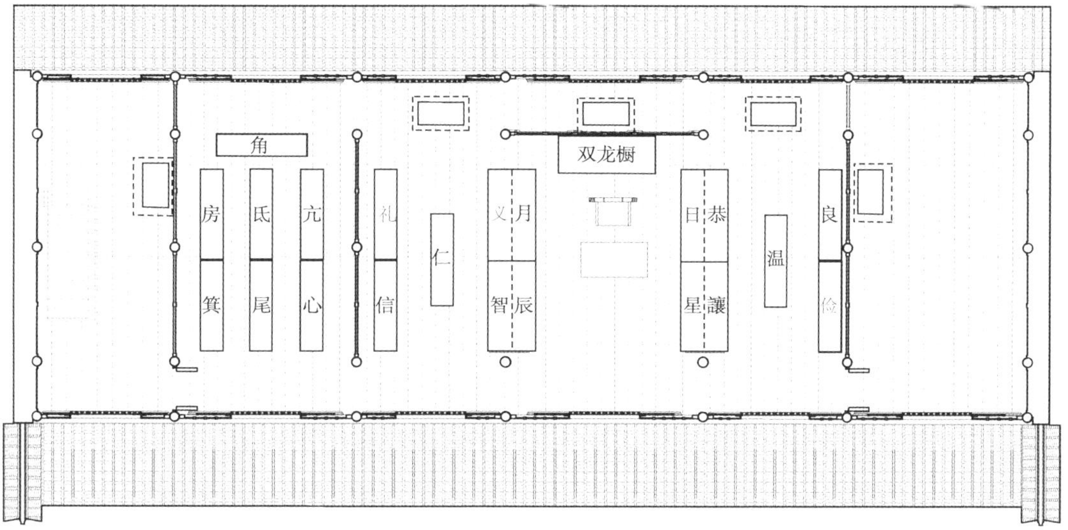

图 2-4　民国大修前天一阁二层书橱排列示意

2.1.4　民国二十二年（1933）至今

马涯民先生的《天一阁记》载：“现在仅有书橱十六口，中间三间，排列前后有门的四口，单面有门的六口，西首一间，排列单面有门的五口。但中间正中一间完全藏《图书集成》，左右二间所藏的才是天一阁原书。西首五口所藏的都不是天一阁原书了。”《浙江宁波天一阁》[1]载：“明、二次、西稍四间，各间两侧纵陈书柜二座，北面横陈一座，柜内上下分四格，藏珍本书籍”。这些 20 世纪 50 年代的记录证明当时书橱的排列与现状一致，未有改动。[2]

1　《天一阁藏书史志》第 383 页，转引自《文物》1959 年第 11 期。

2　《天一阁藏书史志》第 362 页的《天一阁藏书展览》（录自民国三十六年三月《甬潮》第十一期）一文中记作“二十口”，应是误认中央前后均可开门的单口大橱为二橱背靠背放置。

东二间编号为“温、良、恭、俭、让”，出自《论语》：“夫子温、良、恭、俭、让以得之。”“宝书楼”匾下置金漆双龙书橱一口，较其他书橱格外高大，尺寸面宽2.23米，高2.32米，深0.87米，在乾隆御赐《古今图书集成》之后放置于明间正中。普通书柜有常规和通宽两种，常规书柜深54厘米，通宽书柜深90厘米，立面一致，均为面宽2.12米，高2.09米。“日月星辰”众捧龙纹，显示了皇家的集权威严，也反映了清廷对南方士族文人的笼络与控制。五口大橱中央设一椅一案。西三间编号为“仁、义、礼、智、信”，是中国文人奉行的基本行为准则。西二间编号为“宫、商、角、徵、羽”，为构成中国古代音乐的五个声调。“义、智”与“月、辰”、“日、星”与“恭、让”分列大橱两面，此四口是藏书楼二层仅存的前后开门的大书橱，其他书橱是什么时间从“两面贮书，亦为可以透风”换成单面开门的书橱，目前未能考证（图2-5）。天一阁贮书四间内现只置常规和通宽尺寸两种书橱，走廊空旷无物。[1]

关于梁架与书柜高度空间关系，五架梁随梁枋下皮高度距楼板约2.59米，中央四间的梁枋位置均不设隔墙，顶部通风顺畅；一般书橱高约2.09米，距梁下半米余。现状书橱顶部放置保护盖板，此半米的空间就有利于进行书橱顶部和梁架的清洁，以及维护和更替构件，同时在更低的高度上保持空间和光线的通透，也便于人的拿取书籍和阅读环境的优化。黄家鼎[2]《抱经楼藏书颠末记》中记载，卢址的抱经楼的书橱比较高，人若想取最上一层图书，需要利用梯架。[3]卢址建设藏书楼一直向天一阁看齐，而抱经楼书柜较天一阁高大，这可能也是卢址较为骄傲的一点，所以后人在记载中专门提出。就现状来看，天一阁书橱高度一般在2米左右，拿取不需要架梯，应该更符合随时取阅的要求。

书橱不仅规律地排列，还起到围合并分隔空间的作用。明间与次间敞为一间，无柱无墙，但以书橱分缝，隔开明间与两次间，虚化了“整体感”，又形成了以明间为中心的对称的排架布局；西二间设置了梁下隔墙，设置的时间、目的没有明确的记录，但在清代寅著的记载中，就将“中三间”作为一个整体的位置概念，而将“又西一间”作为一个单独的空间提出。可见虽有四间藏书，但西面一间与中央三间的书橱排架一直有所区分，常放置较小的、数量较多的书橱类型，符合中国传统轴线设计中的向心性原则，以“中三间”为基准，将西二间与东尽间分离出来，维持了除楼梯间的另五间外的相对对称的空间状态，并与首层空间分隔方式达成一致；或者此隔墙与东西尽间隔墙一样，也是后人设立，专门为分出中央三间，以突出御赐藏书的地位；抑或是两种考量兼有。

从实用角度来想，天一阁二层若每间均设置隔墙，再靠墙放置书橱，橱与墙间的缝隙容易积累污垢，滋生蠹虫鼠蚁，且

1 笔者多次登楼勘察，古籍中出现的“小书橱”曾在楼梯间首层和二层东尽间出现，可以根据需求移动。

2 黄家鼎，字骏孙，浙江鄞县人。

3 “惟橱稍高，若取最上层，须驾短梯。”（虞浩旭《历代名人与天一阁》第145页）

不易清理，日久易损伤木质构件，也不利于藏书的保存；通过减少固定的隔墙，直接用架高一定距离的书橱分隔空间，更有利于清洁排污；根据需求通过书橱的移动进行灵活的空间变换，也是形式与概念的统一。

目前，天一阁已经拥有藏书 30 万卷，其中善本书 5 万余卷，并且仍在增加，被誉为“中国第二个敦煌石窟”[1]。营建的新书库的建筑性质相较天一阁以往发生了很大的转变，古籍庋藏是藏书楼的原始功能，但北书库将藏品置于玻璃墙后，向参观者开放，在保护的同时将其展示出来（图 2-6），获得准许的学者还可以查阅文献或对古籍本身进行研究调查。近些年来，古籍的数字化工作一直在紧锣密鼓地进行当中，很多文献已经成了比较容易获得的电子资料，实现了书籍的使用价值，并为原始版本的古籍保护提供条件。

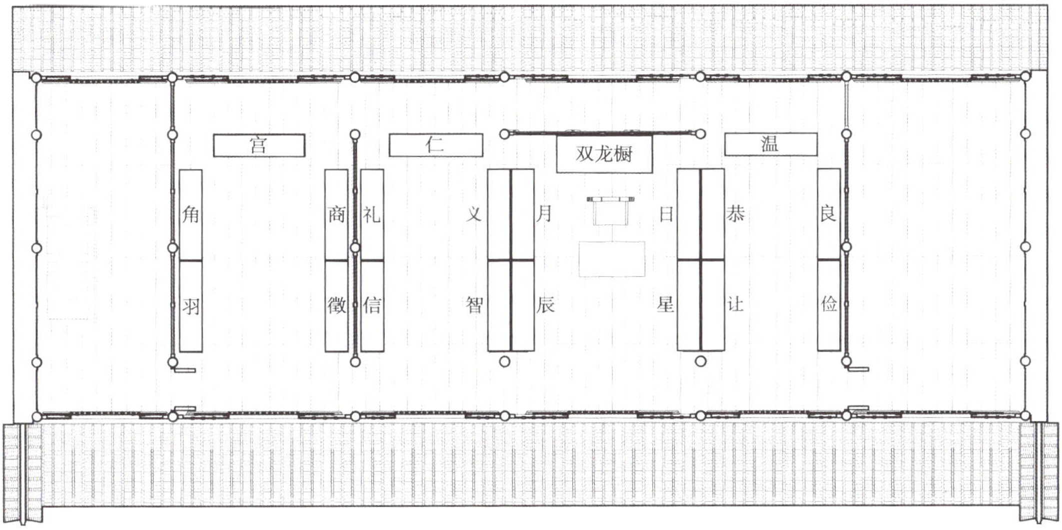

图 2-5　书橱现状排列示意

图 2-6　北书库藏书实景

1　出自天一阁博物院“天一阁创始人范钦生平特展”。

2.2 彩画作

清中期，寅著勘察天一阁后，在回禀奏折中写道“至今几三百年并未改造”，表明至少到清乾隆时期，天一阁首层仍是井格天花构造；自范钦曾孙光文、光燮整修天一阁后，关于范氏修缮藏书楼的记载已至清道光九年（1829），[1]且记录中未发现有改做藏书楼天花的记录，基本可以认为明代天一阁首层房顶的构造做法从明末一直沿袭至现代。清代曾有记录“阁下顶格画有水纹”，并无其他信息。民国二十二年（1933）末进行大修，画师袁建人先生依宋《营造法式》，对天一阁首层梁枋天花进行彩漆绘制。[2]马涯民先生的《天一阁记》载：“竭力不使失掉原状，就是阁板下面所画的藻井，也都仿造宋人李诫的《营造法式》仔细绘制。”1959年，有记录“上设天花，下铺方砖，天花画青绿二色锦文，承重柁画云带，支条画红地青白木纹，枋子画人物、飞天、飞禽、走兽等，彩画虽然仿宋，但未脱尽近代风格”[3]。

从民国时期的老照片可以隐约分辨（图2-7），室内大梁额端绘三段式彩画，如意头纹样形似“两瓣如意头”或“三瓣如意头”，枋心绘山水画作，能看到亭台楼阁的形象，与“苏式彩画”相似，其他部分还出现锦纹、云纹。民国修缮时改为了琐文图案，但照片中清晰反映了井格做法，与现状（图2-8）相同；天花中的原始图样没有直接证据显示是否存在，也无法判断是否和现状有关联。

老照片为黑白记录，邬向东先生在20世纪90年代清代卢址的抱经楼被拆除时，看到过墨色的天花板和檐椽纹样；骆兆平在《关于卢氏抱经楼》一文中说：“（抱经楼）其特征主要是一列六间，楼上统而为一，楼下中厅上面彩绘水波纹。”[4]而抱经楼的建造明确表明完全按天一阁形制，又有“彩绘水波纹”。所以目前无法确定天一阁的原始天花色彩，墨色符合黑色属水的意象要求，亦或是彩绘涂料受到长期的风化褪色。据老照片纹样也可猜测袁建人先生采用《营造法式》的式样的原因：天一阁原始天花纹样应用了部分《营造法式》的式样，或清代修缮沿袭了相似图例。

1 当年禁牌条例之一：“书阁建造历有年所，虽时经修理，总恐日久难支。今春会同子姓筹费鸠工，需用繁多，工程浩大，后人因修理之维艰，益思创建之非易，宜各恪遵勿替。”

2 《修建天一阁初步工程记》载：“阁下藻井，特请画师袁建人先生手绘，其彩色图案仿宋李明仲《营造法式》，为海内绝无而仅见者。”（骆兆平《天一阁藏书史志》第7页）

3 纪思：《浙江宁波天一阁》，载骆兆平《天一阁藏书史志》，上海古籍出版社，2005，第383页。

4 骆兆平：《天一阁杂识》，上海古籍出版社，2016，第81页。

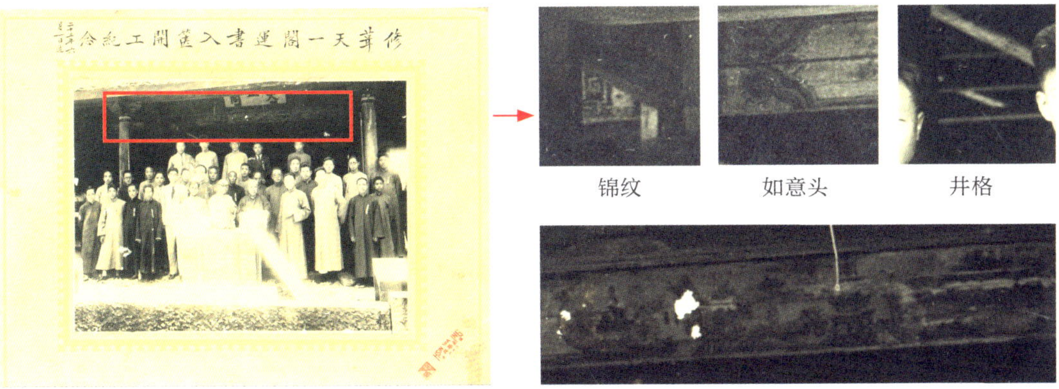

图 2-7　民国二十三年（1934）老照片《修葺天一阁运书入箧开工纪念》

图 2-8　天一阁天花现状照片（同一位置）

这一次的天一阁大修是文人藏书家主导的活动，他们更重视的是藏书的实用“场所”修复，并不重视建筑原貌的维护。加之现实条件限制，需得追求速度和节省成本，修缮具有一定的随意性，因此彩画纹样虽仿陶本《营造法式》却并不严格遵守用色，做法也比较简单：绘样用颜料上色在薄板上，贴于井格下。20 世纪 60 年代，部分彩绘被刷石灰水破坏，后来经过清理就形成现在看到的残损状态，但某些石灰水和颜料产生反应的位置无法再恢复，所幸大部分彩画仍清晰的保留至今。

根据图样比较，可以确定现状天一阁绘系仿清末民国时期藏书家陶湘[1]所整理的《营造法式》[2]第三十三卷彩画作制度图样。此版本被后世称为陶本，是在对多种版本进行校勘后完成的，聘请老工匠吕茂林、贾瑞龄在宋本颜色标注的基础上对彩画两卷（卷三十三、卷三十四）进行上色，[3]并于 1925 年刻板刊行，在学界产生了重大的影响。1929 年，陶本原版转上海商务印书馆印售，可惜在战火中损毁。但缩印本得以流传，1934 年即用于了天一阁彩画的绘制。

1　陶湘（1871—1940），民国著名藏书家、刻书家。

2　本节中插图出自北京中国书店 2006 年《营造法式》陶本影印本。

3　成丽、王其亨：《中国建筑史学史丛书：宋〈营造法式〉研究史》，中国建筑工业出版社，2017，第 22 页。

天一阁彩画按施用位置和内容（图2-9）可以分为天花彩绘、梁枋图样、飞仙及飞走、山水人物画四种类型，其中山水人物画出自清代《芥子园画谱》，并非《营造法式》。

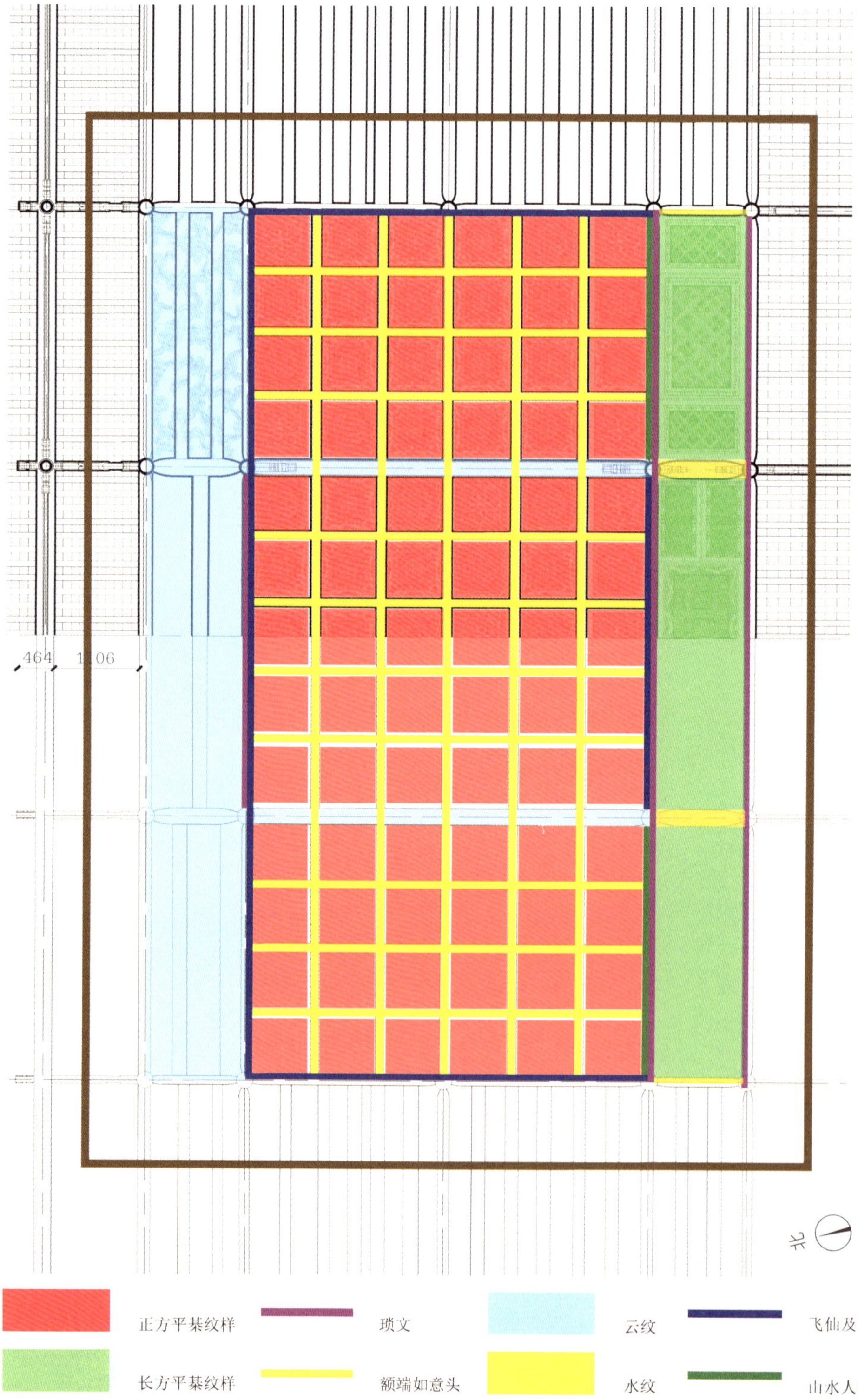

图2-9 天花纹样位置总体示意

2.2.1 天花彩绘

仿陶本《营造法式》“五彩平棊第六”“碾玉平棊第十”中的图样将天花施以彩绘。正方形井格中，《营造法式》所载四种平棊图样均有出现，前两种属于级别较高的五彩装造，暖色调色彩鲜明，以红、绿、紫三色为主，或进行调和，用明黄色进行点缀，色块感明显；后两种属碾玉装造，图样布局方式与五彩装图样基本一致，纹样细节稍有不同，用色以青绿为主，对比度低，色泽淡雅端庄，线条感明显。实物用色基本与《营造法式》相符，但由于手绘的不确定性以及其他因素影响，每格的图样稍有不同，仅以区别较大的部分进行列举。

（1）正方形平棊

五彩装图样1：陶本五彩装图例之一采用方套八边形的基本构图，内有图案四组（形态相近为一组），规律排布呈中心对称，并有旋转之势，华子[1]纹样为植物藤蔓；与内框四角相接的空白处各置向心华子一枚，形似花朵草叶或飞翔的昆虫。内方框外套方环，顺次排列四叶状的图案，描边选色均为对称布置。边饰三个一组，与边界平行，具有视觉秩序性和稳定性。绘样华文与原图基本一致，边饰绘制稍显简略且未勾勒边界。纹饰尺度略小，不似原构图紧凑，留白部分面积大，没有了勒边的线条感，但也减少了局促压迫之感。绘样色彩饱和度不高，不排除因年代久远产生褪色现象（图2-10）。

图2-10　五彩装图样1

1　华子：平棊、藻井背版上的华文。引自陈明达：《〈营造法式〉辞解》，天津大学出版社，2010，第293页。

五彩装图样 2：图例之二为方圆基本构图，正六边形内有图案四组，均为三瓣叶形状，纹样为花草、果实、祥云、藤蔓，分组交错叠放，几何规律鲜明；与圆环交界空白处绘祥云。版心方框外套白底方环，用色产生强烈对比；边饰较图例一更少，朱红紫框集中于边界中部和两端，与深绿底色对比强烈，对角咬合于方框，从图面中心向外发散绘制，具有动态的视觉向心性。绘样 1 用色更符合陶本复原色，色彩更为浓重，色调偏暖；绘样 2 色调偏青偏冷，但整体配色原则一致（图 2-11）。

图 2-11　五彩装图样 2

碾玉装图样 1：碾玉装图样 1 以八瓣草叶为中心，八个条状图案成放射状布置，内容为草叶藤蔓；八个四瓣图案相间隔形成两组，每组图样相同；在外围一周华子，形态完全相同，不再分组。其他部分布局基本与五彩装图样 1 相同。除八边形内两种华子进行底色晕墨之外，均施白底；或仅用线条勾勒图案，不施色彩，使得线条占比远大于色块占比，图面通透严谨，与五彩装图样展示的华美浓烈氛围截然不同。绘样 1 花蕊指向外（图 2-12 内红框圈出），绘样 2 花蕊指向内。

碾玉装图样 2：碾玉装图样 2 版心布局与五彩装图样 2 相同，但圆盘顺（逆）时针旋转了 30°，同样是整体向心的动态构图方式。颜色用青绿、墨色、紫色，多用线条，大多只着素底。版心方框华子基本分为五种：五瓣花两翼单层藤蔓、五瓣花两翼双层藤蔓、八瓣花两翼单层藤蔓、八瓣花两翼双层藤蔓以及三瓣叶组合带草心。边框有正三片叶和扁三片叶两种，均以等边三角形的位置规律排列，八瓣单藤和三瓣叶多用青绿叠晕，其他几样多用墨色。绘样版心华子不分用色，均用绿色勾边，（墨）绿向内晕染，绘样 1 勾勒外圈，绘样 2 勾勒内圈，在其他井格中还有内外勾勒混用的实例，不再赘述（图 2-13）。

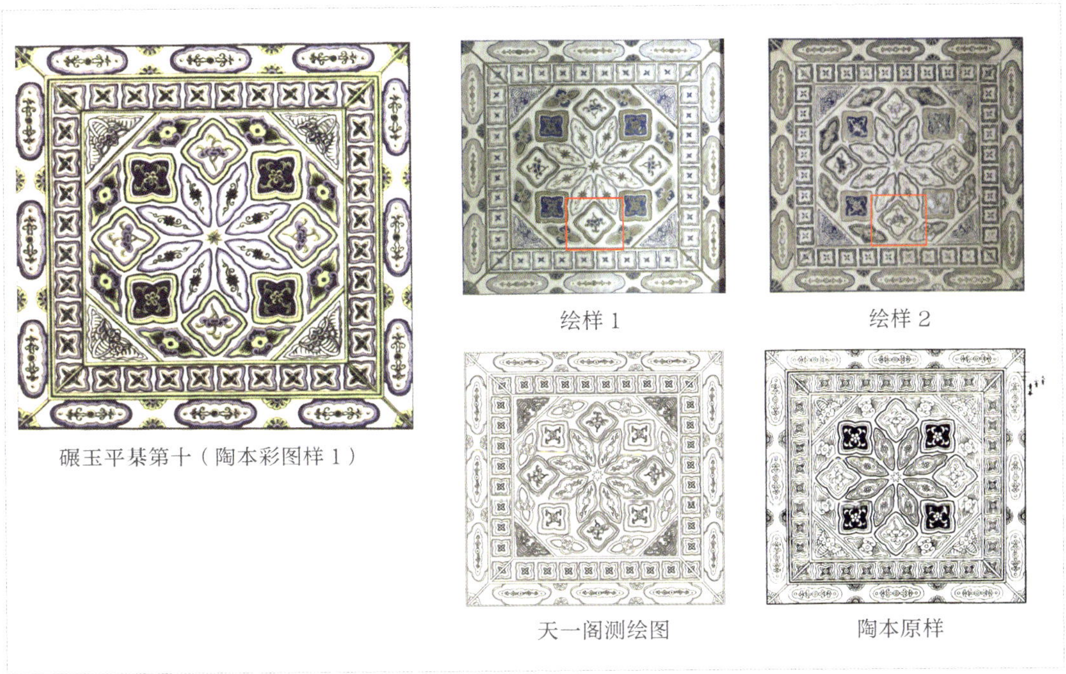

图 2-12　碾玉装图样 1

图 2-13　碾玉装图样 2

（2）长方形平綦

天一阁绘长方形平綦图样15块，明间和两次间各5块，采用了《营造法式》载“五彩平綦第六”中的两种图样，图样1使用11块，图样2使用4块。实际绘制中，建筑天花尺寸限制了图样的完整性，画师则以安排舒展合理为原则，对图样边界进行了截取。现状明间天花只余红色线条清晰可见，但也可以隐约分辨绿色底的边框（图2-14），次间留存色彩依然比较鲜明（图2-15）。

图2-14　平綦实物排列示意（明间，上为北）

图2-15　平綦实物排列示意（两次间，上为北）

图样 1：图样 1 以八边形为基本形，进行套叠处理，形成可无限扩展的几何图案。相邻八边形以 90° 的角度形成正方形，内置四枚四瓣叶带花心的图案，并进行固定颜色组合的勒边，墨、绿、红成组，墨、紫、红、黄成组，对角纹样一致。正方形四周排布两个一组的图案，华子为两种带花叶的植物。其余几何图形相交位置均布置了单个或成组的图案，呈完全对称布局，无底色。边框以深绿色为底，牡丹纹样华丽精美，交叠排布，靠近内框的一列边缘勾紫色。

图样 1 在天一阁中的绘样与《营造法式》稍有不同。《营造法式》图样中，长度方向两个一组的华子植物花样不同，宽度方向两个一组的华子花纹一致。但明间中央的绘样中，两个一组的华子内容相同，单个华子的纹样选取也有各自的规律，四瓣叶形状和花心红点的细节也不一致。次间绘样中横纵均有两个不一样的华子为一组（图 2-16）。

①

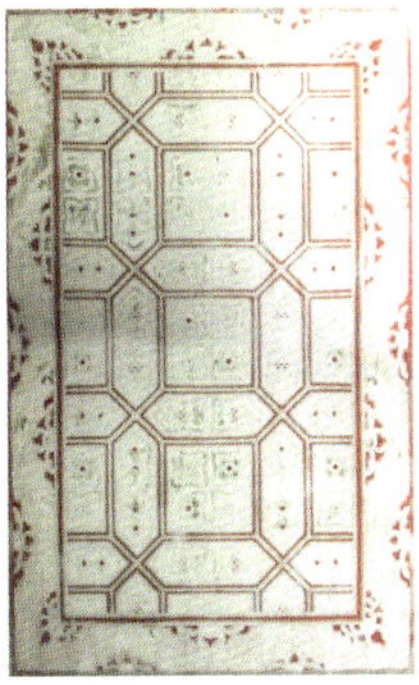

② 明间绘样 1

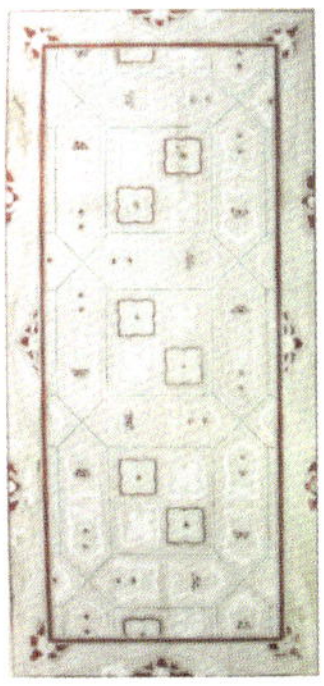

③ 明间绘样 2

④ 次间绘样

⑤ 天一阁测绘

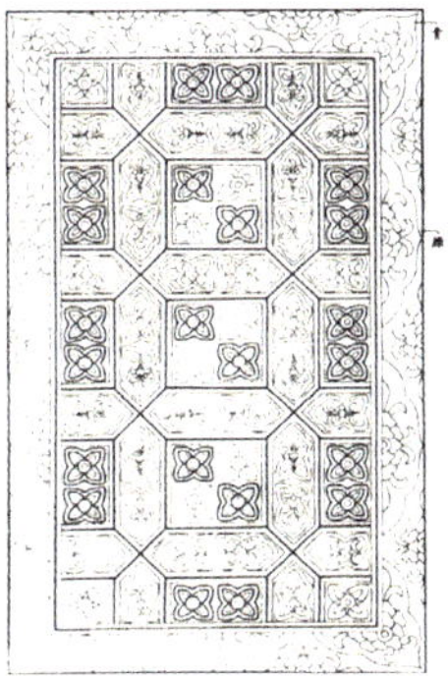

⑥ 陶本原样

图 2-16 ①～⑥ 长方形平棊图样 1

图样 2：图样 2 以菱形为基本形，同样做重复扩展的几何图案。形成的四边形空间放置四枚华子，图案是有规律的组合；三角形空间内置一枚完整的华子和两个一半的半华子，以纵轴线对称。图案均为四瓣，华子有铜钱、花叶、宝珠等几种类型，每种之间也有细节差别；边界的半枚华子有祥云图案。边饰由宝珠和花朵纹样串联而成，红、黄、蓝叠晕，绿色为底。

陶本原样中做扁菱形，绘样在实际条件限制下对边界纹样进行取舍，改基本形为正方菱形，比如明间绘样由于空间细长，排布了四个完整的大菱形，次间中央版面较宽，只绘有两个完整的大菱形，更契合天花面积比例。华子的组合不遵循《营造法式》，但遵循横纵对称的原则，色彩使用也进行了简化，加上严重的褪色问题，已不好分辨原貌。明间绘样简化了边饰，只绘大小不一的连珠（图 2-17）。

①

② 次间绘样

③ 明间绘样

④ 天一阁测绘

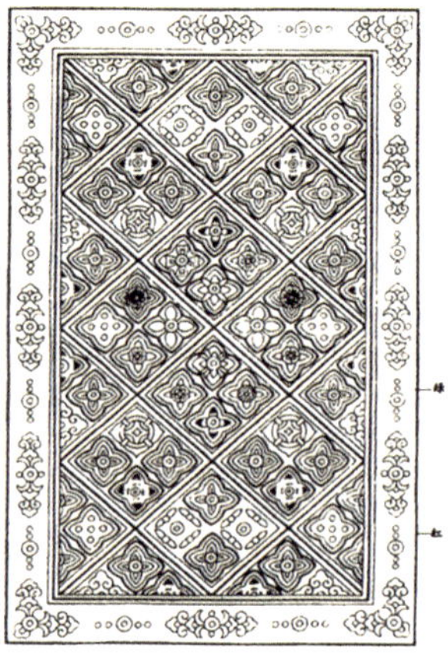
⑤ 陶本原样

图 2-17 ①～⑤ 长方形平棊图样 2

2.2.2 梁枋图样

（1）琐文

枋上琐文图案四种，出自《营造法式》陶本卷三十三“五彩琐文第二”。“彩画作制度”卷中“五彩遍装”载琐文六品，绘样前三种属“琐子”，第四种属“罗地龟文”。[1]

联环：“联环”琐文图样中，红色线条和绿色闭合圈交叠穿过圆环，拉结成网，三道红线的相交之处为紫色大环，红绿线条相交处绘红色小环；红线通过圆环中心处绘重色圆点突出焦点。图案边缘都进行了两层色彩叠晕，深色在内，浅色在外，红线中央还加绘黑色线条以强调，整体画面前后关系鲜明，具有立体的视觉效果。实物面幅较窄，只取原图一半稍加拉宽绘制。现状红色线条和圆环中心点色彩较为突出，节点绘法较为简约，线与环编织的前后关系与原图样并不完全相同（图 2-18）。

① 五彩琐文第二（联环）

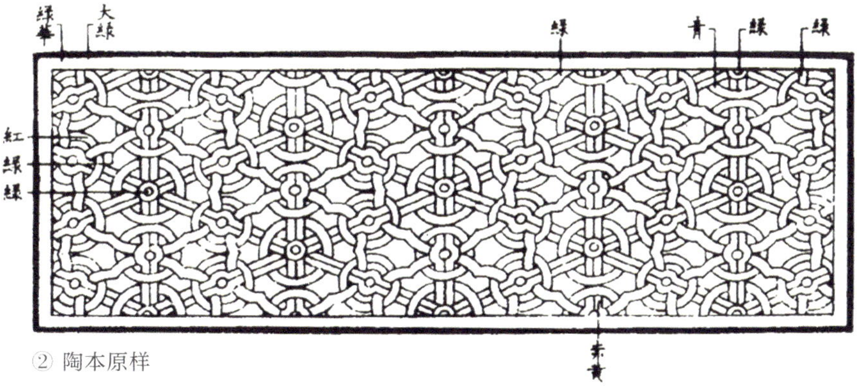

② 陶本原样

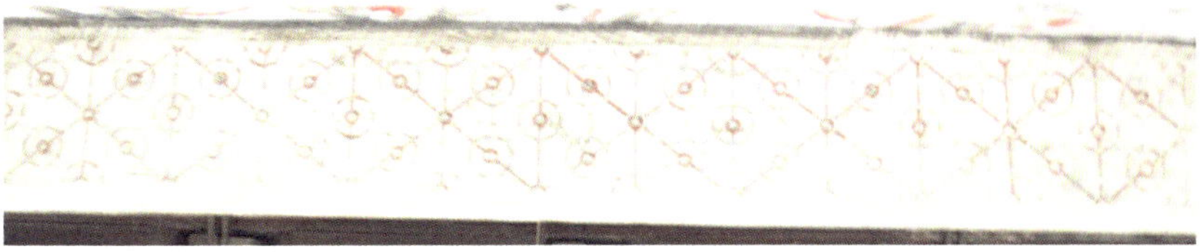

③ 天一阁实物照片

图 2-18 ①~③ 琐文之联环

1 “一曰琐子；联环琐、玛瑙琐、叠环之类同……三曰罗地龟文；六出龟文、交脚龟文之类同……以上宜于（以）橑檐方、槫柱头及枓内。”［李诫撰《营造法式》（修订本），邹其昌点校，人民出版社，2011，第 108 页］

密环：“密环”由三条闭合曲线构成的环相互套叠而成，碾玉琐文中称为“玛瑙”。环的样式单一，用色简单，只有青紫、墨色两种，进行重复组合，几何关系非常直观。每个环中心绘花纹一朵，有八片绿叶，红黄晕圆心，明亮的色彩既点缀图面，形成增强秩序感的元素之一，又突显了深色环网的立体感。实物绘样省略了环中心的花纹，增强了白底的视觉比重；色彩使用不同，套叠了三种颜色的环，紫色环、青色环和红色双线环，既配合了其他枋面简约舒展的彩画风格，又不失色彩的丰富度（图 2-19）。

密環

① 五彩琐文第二（密环）

② 陶本原样

③ 天一阁实物照片

图 2-19 ①~③ 琐文之密环

叠环：“叠环”琐文中，多段梭形曲线闭合环交叠，绿环在前，间隙下放置小紫环；红、紫环在后，间隙下放置大绿环。梭形环横向交替布置，无穿插关系；赤黄直线穿插于圆环将两种形状的环锁扣在一起，空白之处做宝珠装饰。实物绘样有两种，用色、布局有细微差别。绘样 1 位于平棊枋面，面向正门，能分辨出三种梭形环的颜色，图形位置关系与《营造法式》基本一致；环间装饰只用红色加勒边，与原图用色不同。绘样 2 位于北门室外一侧的枋面上，梭形环只有两种颜色，且大小不同，交替放置（图 2-20）。

① 五彩琐文第二（叠环）

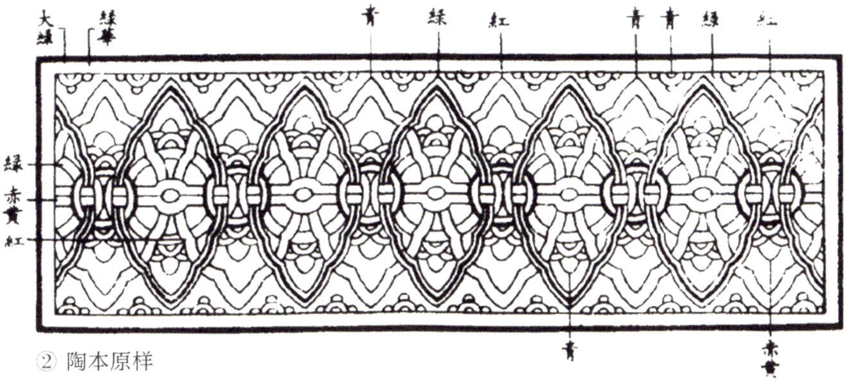

② 陶本原样

③ 天一阁实物绘样 1

④ 天一阁实物绘样 2

图 2-20 ①～④ 琐文之叠环

罗地龟文：“罗地龟文”图案基本形为六边形连杆和圆环。红、绿、紫三色连杆叠搭，红色在下，紫色居中，绿色在上；三色圆环锁扣连杆，红、绿色连杆相交处用紫色圆环，红、紫色相交处用绿色圆环，以此类推。间隙处用黑色底色，饰两种花朵纹样。由于实际条件限制，绘样并不完整，且改变了用色，连杆和圆环都只用一种配色，花朵配饰改为一种，且间隙不施底色，图面更类似于碾玉装；杆环间的穿插对应关系也与图样稍有不同（图2-21）。

① 五彩琐文第二（罗地龟纹）

② 陶本原样

③ 天一阁实物绘样

图2-21 ①~③ 琐文之罗地龟文

（2）如意头

枋间彩画还有一类，位于明次三间的长方形平棊枋枋面，面向东、西方向，出自“五彩额柱第五”，额端做如意头，内间绘缠枝卷华叶。《营造法式》卷十四载：“檐额或大额及由额两头近柱处，作三瓣或两瓣如意头角叶，长加广之半。如身内红地，即以青地作碾玉，或亦用五彩装。或随两边缘道作分脚如意头。”天一阁绘的三种图样中，“合蝉燕尾”额端轮廓为两瓣如意头“单卷如意头”“牙脚”额端轮廓为分脚如意头。

合蝉燕尾：额身为白底，不施红底或青底；如意头用五彩装，进行多道外缘勾勒；额边饰和身内华叶都用绿、紫配色的碾玉装，黑色、青黄色进行深浅叠加。绘样构图与原样吻合，藤蔓舒展优美（图2-22）。

① 合蝉燕尾

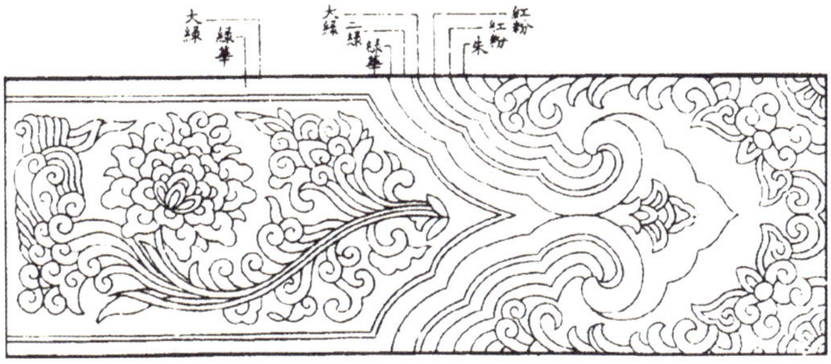

② 陶本原样

③ 天一阁实物绘样 1

④ 天一阁实物绘样 2

图 2-22 ①～④ 如意头之合蝉燕尾

单卷如意头：单卷如意头额端尖头动势向身内，同样只在如意头和边棱缘道施五彩装，其他位置颜色素净。绘样简化了如意头，将尖端画钝，外端两旋子内卷相交之处直接接在了花叶尾端（图 2-23）。

① 单卷如意头

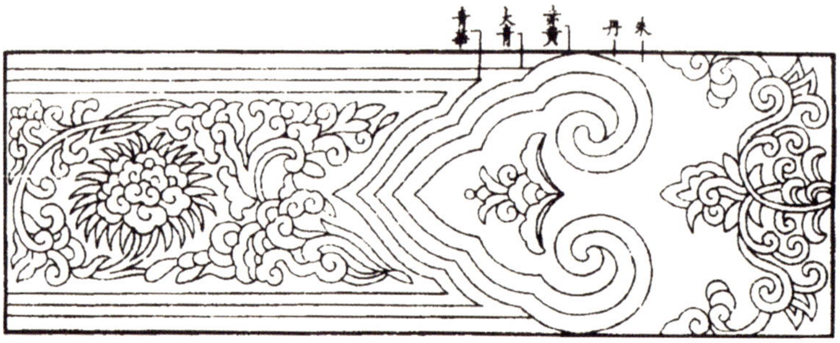

② 陶本原样

③ 天一阁实物绘样 1

④ 天一阁实物绘样 2

图 2-23 ①～④ 如意头之单卷如意头

牙脚：牙脚图样较以上两种更为简单，施色方式和部位一致，但如意头内也不填底色，只用彩线叠画外缘形状和额枋边缘，“分脚”的形式更为直观。绘样钝化尖端，在实际尺寸限制下无法绘全原图，并且将身内华叶拉展绘制（图 2-24）。

① 牙脚

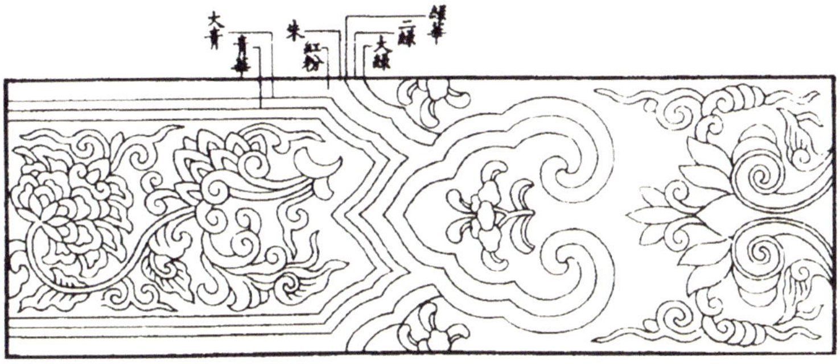

② 陶本原样

③ 天一阁实物绘样 1

④ 天一阁实物绘样 2

图 2-24 ①～④ 如意头之牙脚

（3）云纹

其他空白梁枋满布“云文”[1]，天一阁北侧室内第一进的天花也绘流云纹，所以在此与梁枋一并讨论。《文物》1959 年第 11 期《浙江宁波天一阁》一文对首层彩画有如下记载：“上设天花，下铺方砖，天花画青绿二色锦文，承重柁画云带，支条画红地青白木纹，枋子画人物、飞天、飞禽、走兽等，彩画虽然仿宋，但未脱尽近代风格。”云纹按红色、白色、蓝色、青绿的次序多道晕染，深浅不一，产生缭绕于天花之间的氤氲效果；云朵浅色在外，深色在内，在统一性的前提下，形态各不相同。天花部分纹样色彩偏青黄，云朵与云纹交织相连；梁枋部分蓝色比重较大，云朵数量为三到五朵不等（图 2-25）。

正方平棊与长方平棊之间的枋底横列祥云如意头，明次间的梁底延续云纹；方椽也有纹样，直接以朱漆原色为底，可隐约分辨出白、蓝色水波纹（图 2-26）。

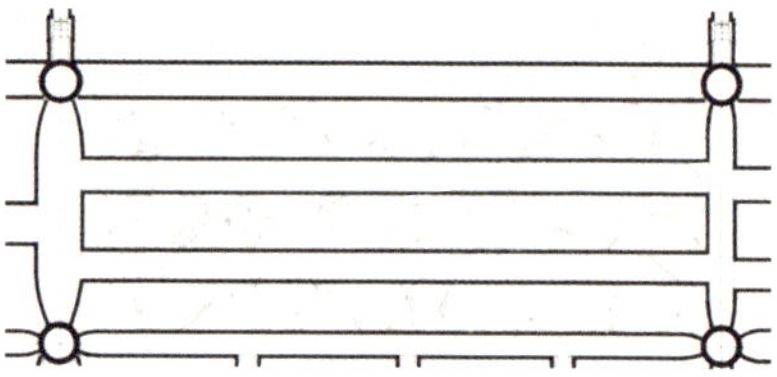

天一阁测绘图

天花云纹

梁枋云纹

图 2-25　天花、梁枋云纹 1

1 “云文有二品：一曰吴云，二曰曹云。蕙草云、蛮云之类同。”（《营造法式》卷十四）

图 2-26　天花、梁枋云纹 2

（4）其他

彩画纹样衔接之处也各有做法。次间隔墙柱顶晕白，与两侧飞禽走兽的白底相连，形成连续的彩画带；转角处柱顶晕白后还要再绘植物纹样彩画。平棊方椽与东西边枋相接之处，围绕搁栅外缘形状做倒垂如意头，用青黄、蓝二色，间隙晕白道，分隔限定画面，并起到丰富画带的作用；与南北梁枋相接之处填满青蓝色，形状规则，与人物飞仙画框相适应（图 2-27）。

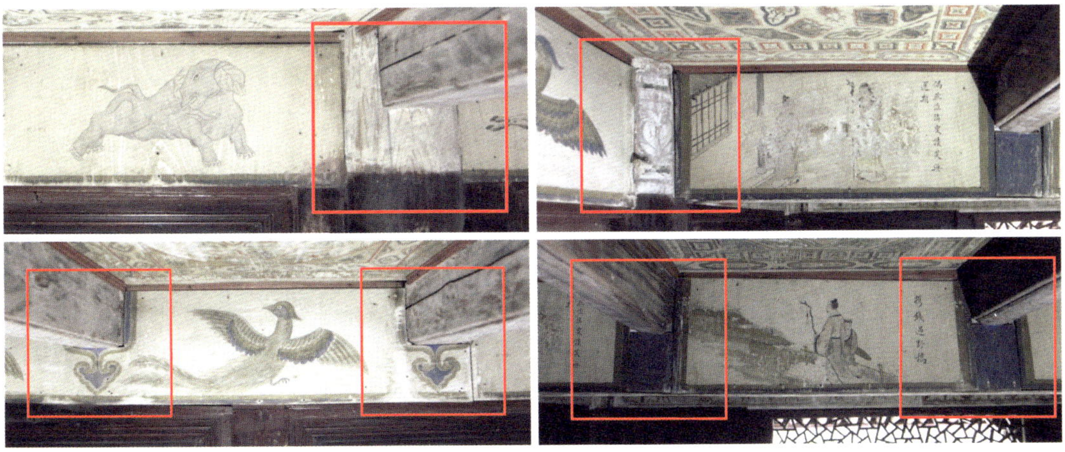

图 2-27　彩画纹样衔接节点

2.2.3 飞仙及飞走

四周平棊枋，为“承托平棊或平闇的方子”，[1]绘仙人和飞禽走兽，整体呈对称布置，形象栩栩如生。图案以细线勾勒边缘，用色大胆，采用艳丽的冷暖对比色，叠晕色阶减少冲突，视觉效果鲜明而灵动。《营造法式》中没有将纹样划分三六九等，也没有关于纹样高低和方位的规定，而是融合了佛、道、民俗的多种文化意象。[2]卷十四载五彩遍装“飞仙之类有二品”[3]，卷三十三中“飞仙及飞走等第三”载图样六幅三组：飞仙、嫔伽[4]和共命鸟各两种；“飞禽之类有三品”[5]，载图样十二种，天一阁采其九种，除凤凰、鸾、孔雀外悉数绘制；骑跨飞禽的人物绘金童玉女，坐骑分别为仙鹤和孔雀，在《营造法式》中列为“骑跨仙真”，特点为手持礼器，带有坐骑；“走兽之类有四品”[6]，天一阁取后三品，而一品师子、麒麟、狻猊、獬豸等图样等级较高，与民间私家藏书楼内敛稳重的建筑性质不符，选择弃用，绘天马、仙鹿、熊、象、羚羊、山羊六种图样。彩画制度并未具体规定各品类的用色，袁建人先生则以陶本彩色图样为参考，以现实生活中动植物的一般样貌为准，对没有现实范例的部分，比如人物衣带色彩、装饰物、背景山石、植物类型等进行合理地创作发挥。

（1）飞仙

天一阁采用飞仙图题材四副，位于北槅扇门上方平棊枋面，每幅各占一格，朝向南，中央一格为“金童玉女”。“金童玉女”为骑跨仙真，本属于飞禽大类之下，但与飞仙类构图相近，在天一阁所绘位置为同一枋面，故划为一类说明。

天一阁除一幅手持仙草的飞仙图色泽鲜艳、保存完好外，其他图均有不同程度的损坏。东端一幅划损严重，几乎无法辨识内容，但左上角存有依稀可辨青色的莲叶图案，应为手持莲叶的嫔伽图样。该图案排布有规律可循：飞仙图样相邻成组出现于“金童玉女”之西，人物面向东方；“金童玉女”之东是嫔伽图之一，人物面向西，与西侧飞仙图形成对应，只是做了镜像处理，也可印证东端为嫔伽图之二。中央“金童玉女”同样将“玉女”图案镜像绘制，强调彩绘内容的对称性。（见附录E：表E-1）

（2）飞禽

鹦鹉、山鹧、练鹊、山鸡四幅小飞禽图样均为相邻成对出现，但间隔枋条，置于两次间隔墙上枋面前后两端，各占一格，朝向东西。此四种鸟雀色泽鲜艳，形态较为一致，均为可以飞翔的小型灵巧鸟类，

1 《〈营造法式〉辞解》第120页。

2 李路珂：《〈营造法式〉彩画研究》，东南大学出版社，2011，第346页。

3 “一曰飞仙；二曰频（嫔）伽。共命鸟之类同。”（《营造法式》卷十四）

4 《辞解》第438页标注音jiā。

5 “一曰凤凰（皇）；鸾、孔雀、鹤之类同。二曰鹦鹉；山鹧、练鹊、锦鸡之类同。三曰鸳鸯，溪鵣、鹅、鸭之类同。”（《营造法式》卷十四）

6 “一曰师子；麒麟、狻猊、獬豸之类同。二曰天马；海马、仙鹿之类同。三曰羦（羚）羊；山羊、华羊之类同。四曰白象；驯犀、黑熊之类同。”（《营造法式》卷十四）

分布于正厅两侧，形成均衡的色彩视觉效果。（见附录 E：表 E-2）

华鸭、溪鶒、仙鹤、鸳鸯、鹅五幅大飞禽图样位于明间南端平棊枋，面朝北成组绘制，每组占一格，仙鹤规格最高，占据中央，其他四种分列两边。此四种鸟类色泽沉稳，均为生活在水域的鸟类，甚少飞翔。猜测袁建人先生选取图样时考虑压胜之意，希望入门处以水生动物克制火患，在艺术创作中朝着“以水制火”的精神意象靠拢。（见附录 E：表 E-3）

（3）走兽

走兽位置分布同样遵循成组对称出现的原则，但将同一组绘样分绘于东西两侧。羚羊、象位于隔墙上枋面，与飞禽彩画 1 组在同一面上；天马、仙鹿、熊、山羊位于平棊北边界的枋面上，与飞仙画组同。（见附录 E：表 E-4）

2.2.4 山水人物画

山水人物画位于入门处天花枋内立面，场景出自《芥子园画谱 · 初集》卷三“人物屋宇谱”中“点景人物”一节。《芥子园画谱》又称《芥子园画传》，是一部清康熙年间的著名画谱，由王氏兄弟等人编著。清康熙十八年（1679 年），画谱初集套印刊行，距今已有 340 余年历史，至今仍是国画经典教材之一。

《芥子园画谱》载：“今将行立坐卧观听侍从诸式各举一二并各标唐宋诗句于上”，图样配字大多有原诗句印证。天一阁采用了“偶然值邻叟，谈笑无还期”（对谈式）、“拂石待煎茶”（坐石式）、“坐开桑落酒，来把菊花枝”（赏菊式）、“携钱过野桥”（抱琴式）、“倚杖听鸣泉”（倚杖式）、“闲看入竹路，自有向山心”（赏画式）、“今日天气佳，清吹与弹琴”（应属于对谈式）、“二人对酌山花开”（对酌式）八幅，绘制于次间枋面之北，基本构图完全一致。但《芥子园画谱》只为展示绘制人物形态的技法，寥寥几笔便勾画出人物灵动的动作趋势，人物在图中的作用仅为“点景”，谱中也强调“不可太工”。而用于天一阁中的枋上画，人物则成了表现的重点。天一阁人物画作技法与《芥子园画谱》有直观的差异，比如细描勾勒边界；人物头部比例较画谱更大，更为注重五官的刻画和面部表情的处理；增添了一些细节表现，比如更改了部分人物的衣着形制，并进行上色，增加了发冠、竹笛等配饰；《芥子园画谱》原作多以展示人物形态为主，天一阁画将诗句主题中的场景也一并描绘出来，比如“野桥”“鸣泉”“竹”“山”等，使得画面更加完整，更具有故事性。选取的主题均出尘脱世，富有乡间野趣，不带市井之气，较为符合私家藏书楼的建筑特性。（见附录 E：表 E-5）

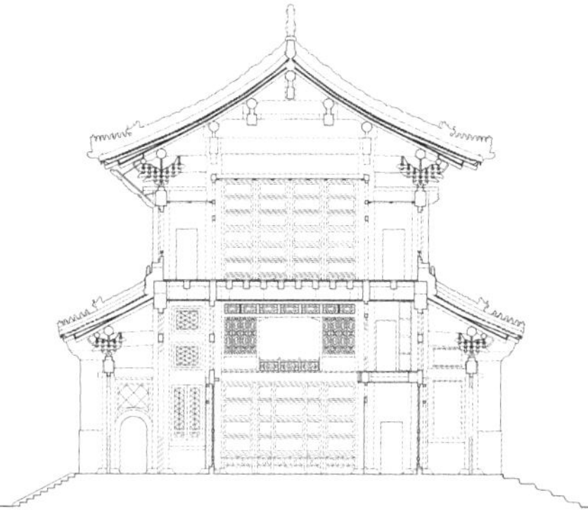

第3章

天一阁藏书楼历史及司马第原状探索

天一阁始建于明代末期，流传至今经历了数个历史时代，从私家藏书楼逐步成长为社会所认可的标志性建筑。从微观来说，天一阁的发展就是其建设者范氏家族的发展史，范钦将一生的经历和智慧凝结在了天一阁的营建当中；从宏观来说，这一过程与文化发展乃至国家政权交替息息相关。天一阁藏书历经多年收集或捐赠，至今已近三十万卷，是名副其实的“南国书城”、古籍宝库，具有重要的学术价值，而作为载体的藏书楼建筑则成了在研究文化传承中不可忽略的重要部分。天一阁地处历史文化底蕴丰厚的月湖地区，是明代范氏司马第世家宅院的重要组成部分。在城市历史变迁中，天一阁在社会各界的保护下完成蜕变，扩展成为宁波市天一阁博物院，并成为周边文化区域的代名词。对司马第的复原探索能更好地为天一阁研究提供可靠的环境依托。

3.1 天一阁院落组织发展

天一阁整体组群的建设发展可大致分为三个时期（详见附录F）。第一时期是明末建阁伊始，只在阁前凿一池，命名为“天一池”。主人范钦进行了初步的园林建设。建筑构件虽时有调换，但整体形制未有太大的变化。根据明嘉靖时期的情况推测，天一阁园林环境的从简规划应该是受到了当时范钦政治境遇的限制：范钦仕途受挫回籍，简化私园建设既为避嫌，也是他表达自己清正廉洁、无愧做人的信念，遵从明朝“祖训”之意。[1]天一池的命名方式，体现了文人对古代文化遗迹的崇拜。池水有美化环境、蓄水防火的实际作用，还类似于古代学宫前的半圆形泮池，是儒家思想“世泽流长”的象征。[2]

屠隆[3]在游天一阁后留下一首《范司马公园》诗：“秀木扶疏众草齐，开残红药半香泥。鸟窥青嶂平湖入，人倚朱楼落日低。曲窦暗通花径外，垂杨横过石阑西。坐来麋鹿深深见，不是桃源路已迷。”诗中描述了夕阳西下的天一阁美景，足以证明早期天一阁已是一座具有完整规划、环境优美的私家园林了。[4]范钦时期的天一阁庭院人工痕迹较少，一花一木皆可入园，融合了自然生态条件和造园者的哲学观念，体现了园主在喧闹的城市之中求取清幽宁静的“桃源”生活的愿望。

第二时期是百年之后的清代康乾时期，范钦曾孙范光文在藏书楼前后堆叠假山，进行了较为精致的园林建设（图3-1）。天一阁组群原始构成基本完成，园林风貌保存完整，并遗存至今。

这一时期的江南园林建设已接近顶峰，愈加繁复精致，多用山石元素，叠就具体动植物形象，不追求对原始自然的模仿，而是布置出自己心目中的“人工自然”，并擅长在方寸之地做出一番山水景致。[6]

图3-1 天一阁南亭樾图[5]（天一阁博物院提供）

1 明初朱元璋有“祖训”：凡诸王宫室，并不许有离宫别殿及台榭游玩去处……功臣宅舍……更不许于宅前后左右多占地构亭馆，开池塘，以资游眺。（《江南理景艺术》第123页）

2 丁俊清、杨新平：《浙江民居》，中国建筑工业出版社，2009，第109页。

3 屠隆（1543—1605），字长卿，一字纬真，号赤水、鸿苞居士，浙江鄞县（今宁波）人，明代文学家、戏曲家。书画造诣颇深，与胡应麟等并称“明末五子”。

4 张亮：《天一阁历史环境还原推测和演变研究》，北斗错落长庚明——四库七阁与天一阁藏书楼研讨会发言，宁波，2020，第1页。

5 清同治、光绪年间湖北祝永清绘制，1935年刻。

6 “明清两代……各种艺术的审美取向趋于繁缛、密致，园林风格也较唐宋更为细腻、精致，小中见大，以少胜多，种种手法都日趋成熟……烦琐、堆砌和庸俗的造园风气，也日渐在江南园林中蔓延。以叠石象征狮、猿、牛等动物可作为这种风气的典型代表。”（《江南理景艺术》第134页）

第三个时期是民国以来，历届政府均非常重视天一阁的学术、历史价值，曾多次拨款，贯彻“维护原状，保持现状”的原则，对天一阁组群进行修整，但修缮资料并不详尽。因“阁东墙圮，池台湫隘，亭馆荒凉”，民国二十二年（1933）至二十六年（1937），政府与民间共同组织维修天一阁群组，是近现代最大规模的一次修缮。对比资料可以看到1965年时的梁架基本与民国时期一致，现状已有了较大的变化：原立面实墙部分改为木质板窗；檐下一排木栅栏拆除；二层窗外的木栅改做铁栅；首层天花重新贴上了木板彩绘；中华人民共和国成立后，又进行了数次局部修缮，大致结构没有改动（图3-2 ~ 图3-8）。

图 3-2　1933 年大修前东面山墙

图 3-3　1933 年大修前南面外观

图 3-4　1933 年大修前南院假山

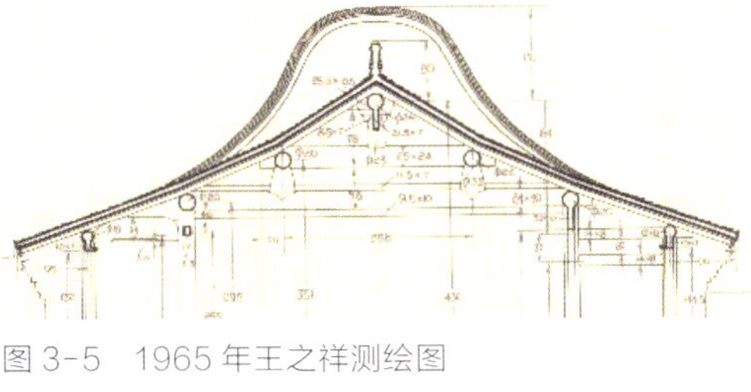

图 3-5　1965 年王之祥测绘图

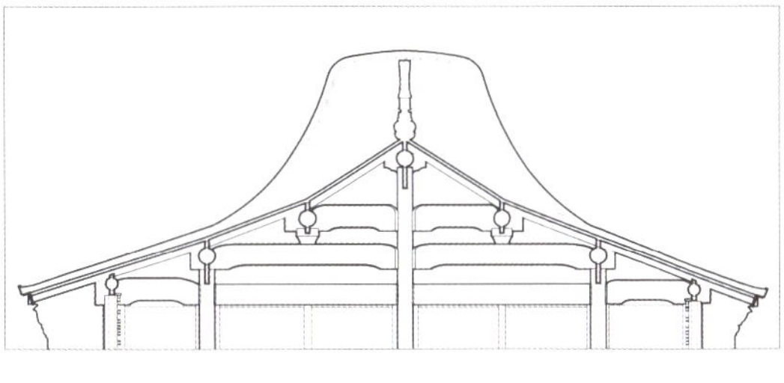

图 3-6　现状天一阁尽间梁架

图 3-7　现状天一阁立面点云图像（天津大学建筑学院课题组 2018 年扫描）

图 3-8　现状天一阁前假山立面点云图像（天津大学建筑学院课题组 2018 年扫描）

这次大修也为组群带来了新的发展。天一阁北院假山之后原本是一片空旷的场地，在民国时期被纳入规划，进行整治，并移入了府学尊经阁和古代石碑群（详见附录 G），现院落总面积达 2000 余平方米（图 3-9）。

天一阁所处的地区现状是明清建筑保护控制地带的核心，至 20 世纪 90 年代末已形成了 2.6 万平方米的规模，现今已扩充成了大型园林文化展示空间（详见附录 H），面积 3 万平方米，成为了宁波市地标之一，具有重要的城市地位。博物院具备了优越的地理位置（图 3-10），距离宁波城市中心的月湖景区仅有 300 余米的直线距离；南临马衙漕，池水通过马衙河直通月湖；距离宁波火车站也仅需步行 10 分钟，西门前的长春路也是城市中的主要道路；周边商业设施、文化设施配套齐全，为天一阁的长期持续发展提供了条件。

图 3-9　天一阁现状轴测点云图像（天津大学建筑学院课题组 2018 年扫描）

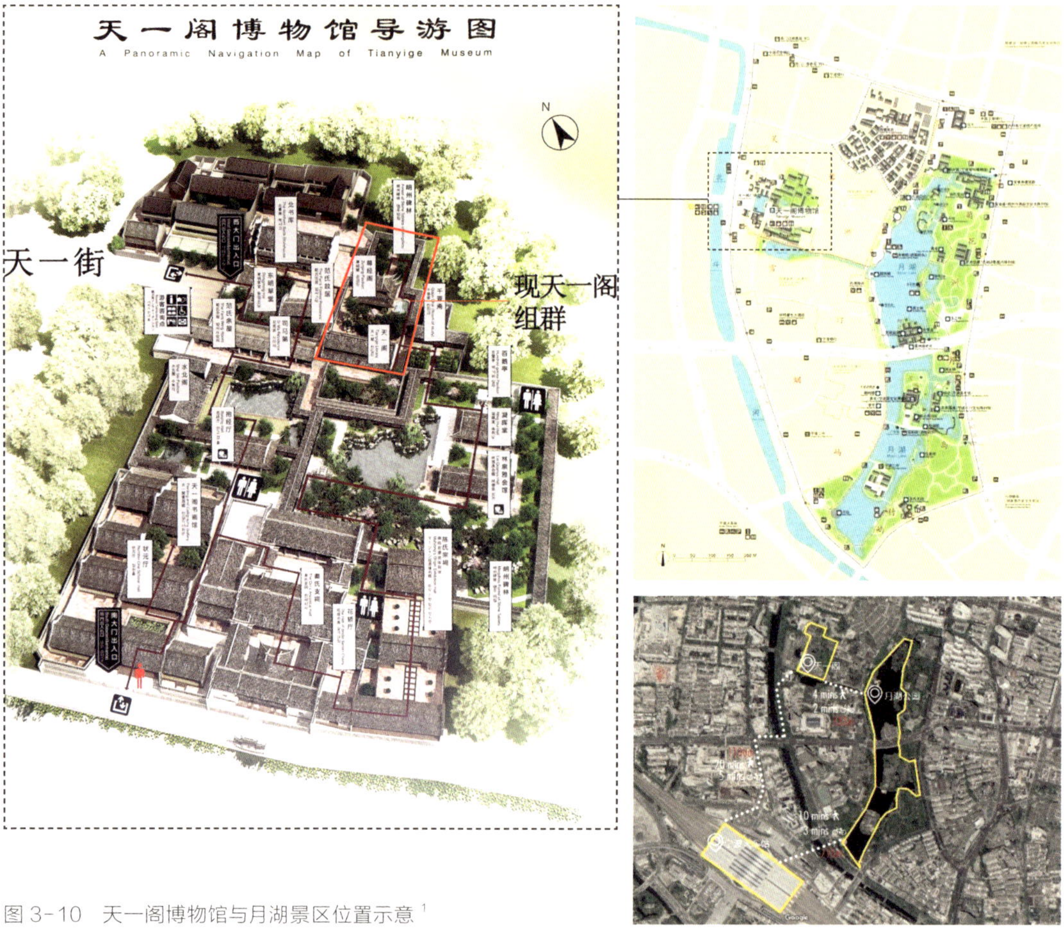

图 3-10　天一阁博物馆与月湖景区位置示意[1]

1　根据百度地图及 https://zj.zjol.com.cn/news.html?id=1061997 改绘。

3.2 天一阁藏书楼的营建

3.2.1 营建背景

天一阁的建设者范钦（图 3-11）出生于明正德元年（1506），字尧卿，又字安卿，号东明，宁波鄞县生人，[1]是明代著名的藏书家，后在月湖之西另起宅院，史称范氏司马第。范钦在仕途受挫，罢官回到家乡后即选取宅东南隅之地，着手藏书楼的建造。

彼时世家大族几乎都有私家藏书楼，比如张时彻有茂屿山庄、武陵庄、月湖精舍等近十处，屠大山有遂初堂，范钦与他们交往密切，经常受邀拜访。士大夫间流行以文会友，可以说藏书楼是文人彰显自身社会地位的要素之一。范钦选择了迎合这种风雅之气，也为彰显范氏“四明望族”[2]的社会地位，他凭借质量高、种类丰富的藏书重归大众视野，建楼藏书成了其退后成就自身的一条途径。

范家最开始的读书处是东明草堂（图 3-12、图 3-13），算不上严格意义上的藏书楼，是一座带有藏书作用的书房建筑，以“阅读”功能为主。随着收集的金石典籍数量的增加，草堂难以承载，就需要更大的存储空间和更有利的保存条件，范钦即营建了专门以“藏”为主要功能的独立院落。

图 3-11　范钦坐像（图片来源：天一阁博物院官网）

图 3-12　原址复建的东明草堂

图 3-13　复建的东明草堂内部

1　明清鄞县与今鄞州区辖区有差异，范钦出生和长时间居住的区域（包括司马第），为今属海曙区范围。

2　《范氏支谱序》开篇曰：“……至明嘉靖十六世祖侍郎公讳钦分居于月湖西偏，治宅第，构藏书阁，是为四明望族。”（《范钦评传》第 36 页）

3.2.2 选址与命名

司马第边界整体呈南北向长方形，天一阁组群突出于布局东侧之外（图3-14）。范钦在仕途上升期罢官，是他意料之外的情况，所以天一阁的建设很可能是宅院规划范围之外突然增加的一项工程，由此，藏书楼与宅居位置的特殊性是有迹可循的。范氏宅第之南紧邻闻氏天官第，西、北两边邻近主要河道，藏书楼的位置只能在宅东选取一处（司马第范围推测见本书第3.3节）；而宅东有一段东西向城市道路（如图3-14中红线所示）将地块分为南北两部分。范钦作为家族族长应居宅第等级最高的南侧，再考虑出入和管理的便捷，藏书楼位于地块之南、紧邻宅第大门的东南角是最好的选择，且不必费力处理公共区域的归属问题，并保证了藏书楼与宅第不被割裂。在这一位置上，天一阁组群具备了开阔的场地用于园林环境的点缀，保证宁静、私人的读书氛围；脱离主要轴线，入门向东即进入书园，清晰地区分了不同使用人群的动线，非常便于藏书活动的进行和文客的来访，并不打扰宅内的私人生活。

现存藏书楼除了“天一阁”之名，还有“宝书楼”“十洲阁”等名称。正门“天一阁”牌匾三字（图3-15），据说是从元代揭傒斯的墨迹中集来；二层明堂之顶悬挂明隆庆五年（1571年）宁波郡守王原相所书“宝书楼”匾额，所以天一阁又称“宝书楼”。在一些研究中，认为“宝书楼”之名出现在“天一阁”之前，因最早出现“天一阁”名的有明确时间记录的文献为明万历三年（1575）张时彻《寿少司马东明范公序》，其他较早出现的带有此名的诗文也大体出自万历年间。[1] 也从侧面印证了“天一地六”的理念是在楼成之

图3-14　司马第推测范围及芙蓉洲在明代的状态（宅第范围由天一阁博物院提供）

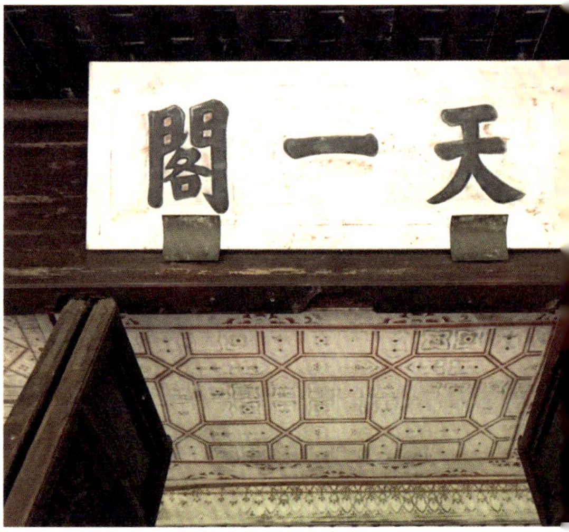

图3-15　“天一阁”匾额

1　柯亚莉：《天一阁藏明代文献研究》，博士学位论文，浙江大学，2009，第53页。

后才出现的；而“十洲阁”则被证实并非天一阁，而是位于月湖之北芳草洲的范氏别业——碧沚园内的建筑，移用宋代古阁之名。[1]“天一生水”的防火意识常常体现在古人对宅居的建设当中；“水”在传统文化中又常寓意“厚德”“良善”“刚柔并济”等君子品格，所以常用于建筑名称，也表精神上的寄托。清乾隆三年（1738年），宁波学者全祖望登阁，撰《天一阁碑目记》解释了“天一阁”命名出自元代揭傒斯《天一池记》。乾隆御制诗《趣亭》曰“书楼四库法天一”，句下有注：“浙江鄞县范氏藏书之所，名‘天一阁’，阁凡六楹，盖义取‘天一生水，地六成之’为厌胜之术，意在藏书。”乾隆皇帝将“天一生水，地六成之”联系起来，成为对天一阁营建理念作出的研究总结。

关于藏书楼“天一”二字的来由，另有一说法。范钦于明嘉靖十五年（1536年）升任工部员外郎，在京师掌管建设工程四年之久。紫禁城之北有一钦安殿（图3-16），位于御花园正中，始建于明代永乐年间，院落之南门即名“天一门”，[2]是一座青砖建筑，与两侧华丽的红墙形成鲜明的对比，明显为求“防火”之寓意。《故宫考》称此门初名“天一之门”，清代改称“天一门”，[3]是宫中镇火的祥物，深受嘉靖皇帝重视。范钦在长期的实际工作中，总结摸索出了大量科学有效的建筑防火改造措施，并且以皇家做法为模板，用于归乡之后的藏书楼建设当中。

图3-16　紫禁城内“天一门”（李纬文拍摄）

1　骆兆平：《天一阁杂识》第6页。
2　朱力：《中国传统书院“天一阁”建筑群研究》，硕士学位论文，湖北工业大学，2009，第38页。
3　“天一门，嘉靖十四年（1535）四月额为‘天一之门’，取天一生水之意，可谓防火。清时改为天一门。”（《范钦评传》第67页）

江西赣州市区也有名为“天一阁”的建筑遗址，骆兆平先生考证其建设时间早于宁波天一阁。清同治《赣县志》[1]卷首图（图3-17）绘有古天一井，上覆以阁，名天一阁，图示为双层楼阁，位于三条道路之交汇处，现遗址周边三路为文清路、建国路与阳明路，与古图相吻合。

范钦虽生于宁波府，但一生辗转大半的大明疆域，并沿途考察了诸多名胜古迹，为天一阁建设积累了大量经验。他曾于明嘉靖十九年（1540）调任至江西知袁州府，[2]天一阁收藏的明代地方志中就收有嘉靖年间的《袁州府志》和《赣州府志》，[3]而范钦每到一处任职，必对地方和周边地区进行详尽的了解。可以猜测范钦在江西任职期间看过赣州天一阁的相关记载，而他将自己的私人藏书楼命名为“天一阁”，很可能是受到名为“天一”的建筑的影响。

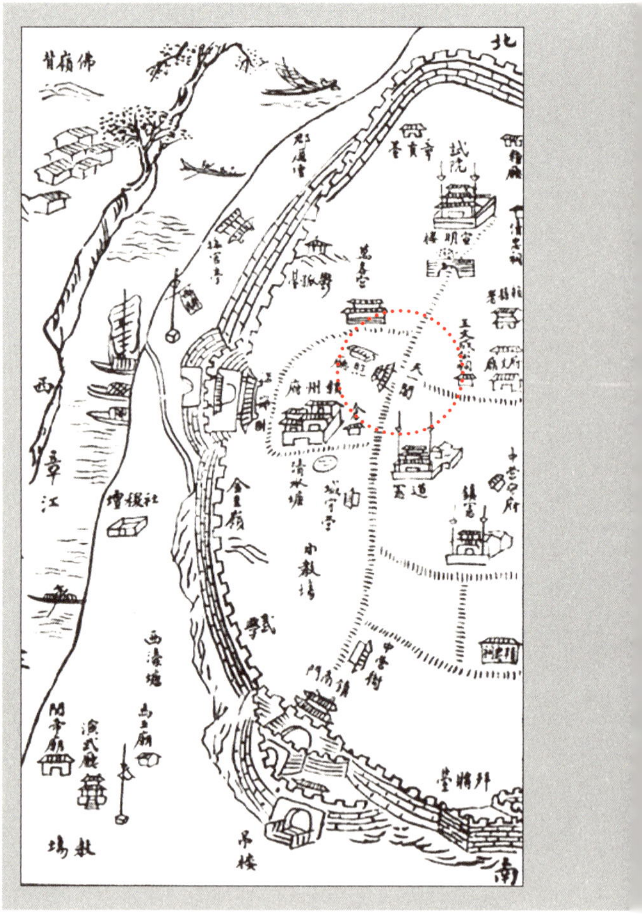

图3-17 清同治《赣县志》图，分别在第41、43、87页

1 《赣县志》，清同治十一年刻本，黄德溥等修。

2 “北至京师，西至云南，历任随州知州、工部员外郎、袁州知州、广西参政、福建按察使、云南右布政使、陕西左布政使、副都御史等职。”（引自天一阁博物院官网）

3 骆兆平：《天一阁藏明代地方志考录》，书目文献出版社，1982，第94页。

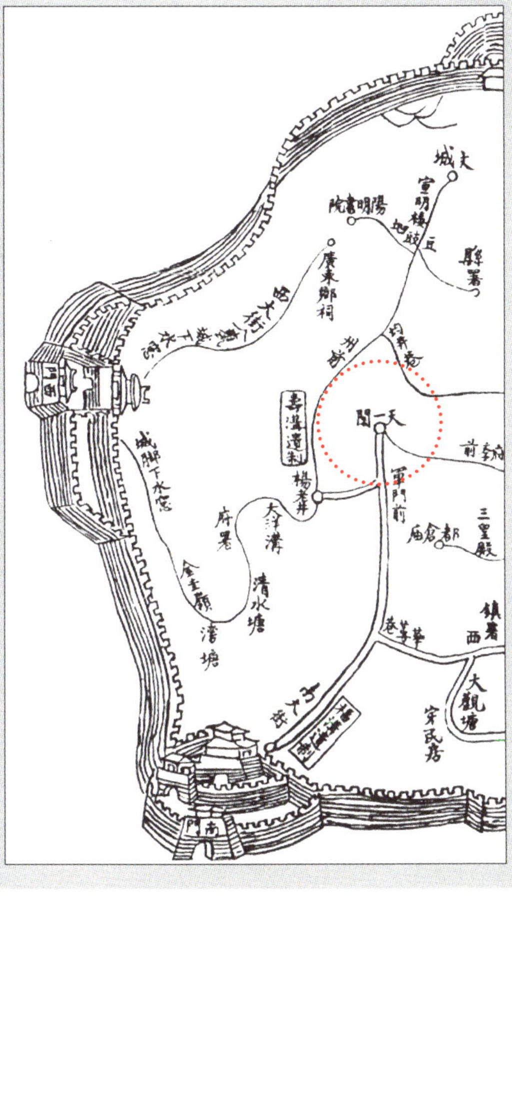

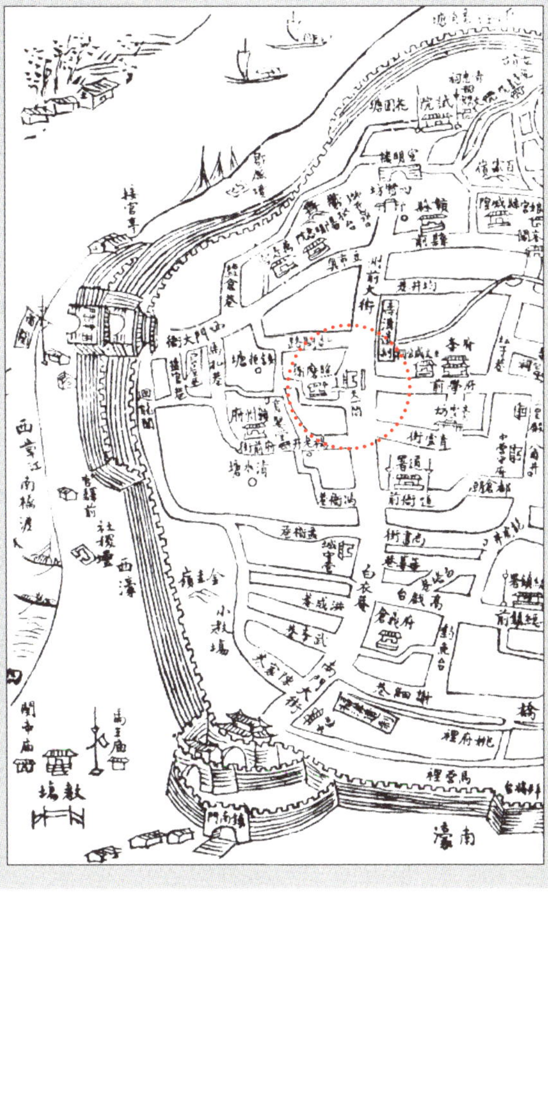

3.3 天一阁原始环境——范氏司马第

3.3.1 原始范围与现状

范钦曾掌握兵权，最高官至兵部右侍郎，所以其宅第被尊称为“司马第”。[1]范氏世代遵循“代不分书”的家规制度，继承天一阁的后人同时继承司马第宅第，其他子孙需自行置业。《四明谈助》载：“范氏自仆射宗尹，扈驾南渡居四明，参政以下诸第聚于一方。惟司马公钦，别建第于西城预备仓[2]右。”

范氏司马第位于宋代权相史弥远大观文府之旧址上（图3-18），宅第距今已有450余年历史。现有突破性考古发掘成果，发现了北侧部分的明代建筑地基，是司马第宅第布局复原研究的重要资料（图3-19）。

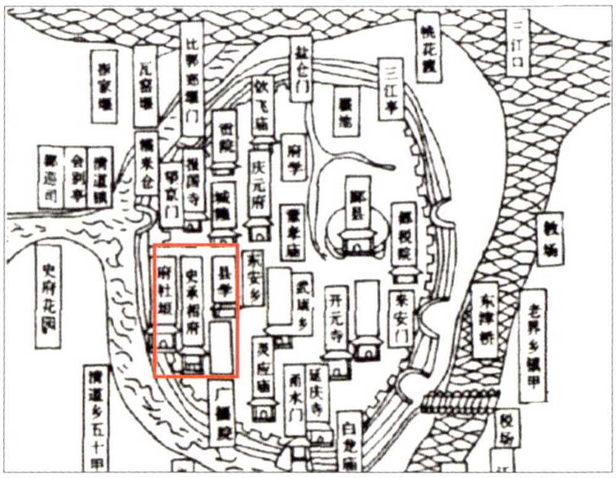

图3-18 宋明州（庆元）府图（出自《宝庆四明志》）[3]

1 “司马”是古代官职名称，隋唐以后为兵部尚书的别称，明代不再设这一职位，但曾掌管兵权的仕宦会被尊称为“司马”。官员的宅第名常把此类爵位名称冠于姓氏后，以彰显身份。

2 预备仓指的是明代各地为储藏赈济粮所设的粮仓。“西城预备仓”应该指当时在月湖之西的中营守署管辖下的粮仓，位于现中营巷附近，宋时为史氏大观文府。

3 邬莎：《宁波古代城市规划史研究》，硕士学位论文，东南大学，2017，第43页。

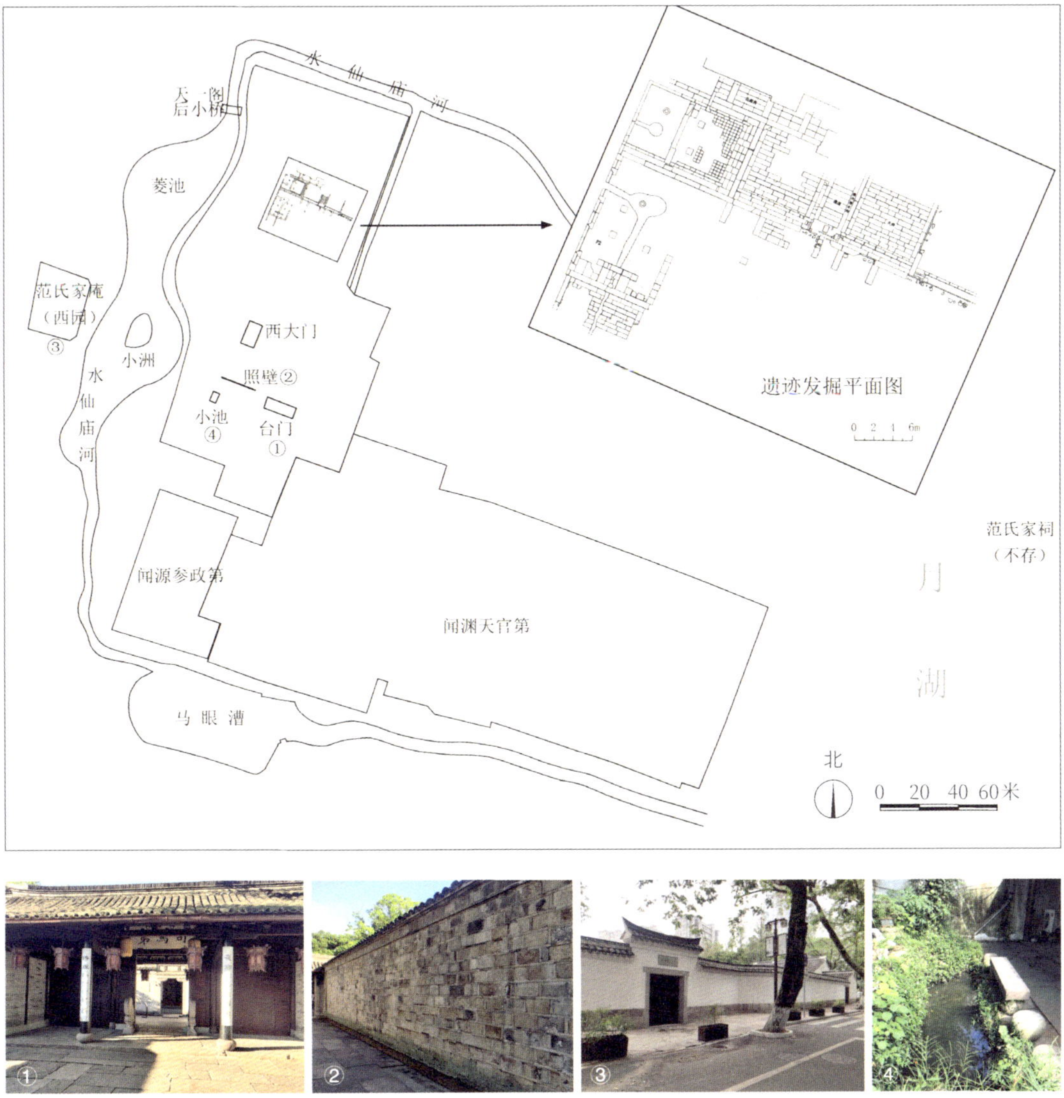

图 3-19 明代范氏司马第历史环境推测图（底图由天一阁博物院提供）

天一阁博物院曾做过专项研究，在《关于范氏司马第历史环境情况的说明》（附录J）中指出：至明晚期，司马第主要宅第边界北至水仙庙河，西临菱池河道，南接闻氏府邸，东界即为天一阁院落东墙，墙外为中营巷，[1]不远处为中营校场。[2]布局整体呈长方形，南北走向，总占地面积约为17000平方米，周边聚集了众多明清时期的世家大院（图3-20）。

范氏司马第可分为四个组成部分：居住宅院、天一阁组群、范氏西园以及范司马祠。天一阁是范氏司马第最完整的保留部分，是宅院区域的延伸，又独自游离于主轴线之外，使得藏书楼院落组群与司马第整体有着微妙的分裂感。原游客咨询处南院小池塘系明代原建，墙外为范氏司马第原西界；进入司马第台门，向西小巷的南墙为明代照壁的位置，至今仍有一段是原建。

司马第之西，隔水仙庙河为范氏西园，为范光燮所建。其子范德化（正辂）在园内建法云庵。西园面积并不大，主要建筑只有佛堂法云庵和“碧江书屋”。[3]“碧江书屋”一名出自天一阁档案室文件《关于

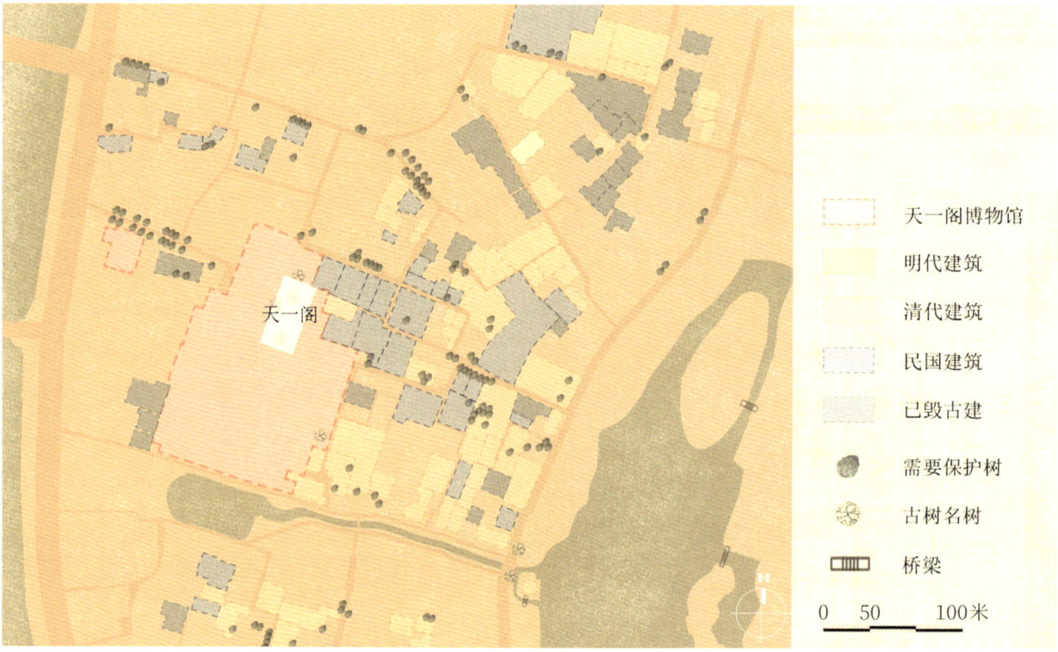

图3-20 范氏司马第现状周边明清时期传统民居

1 “北至水仙庙河天一阁后桥至廉津桥段，西至水仙庙河内菱池以南河道（明代闻源断港之前连接马眼漕和三板桥河之河道），南与闻源、闻渊兄弟的府第相接，东至中营巷—天一阁东墙一线。”（《关于范氏司马第历史环境情况的说明》）

2 《四明谈助》载：“感圣寺基后为宋常平仓平粜仓，恐即今中营教场。其左为预备仓、永宁西仓。故范司马宅至今犹称‘小仓范氏’。《闻志》云：按宋图预备仓址，故为史相弥远府基。”

3 《四明谈助》载“园内前建佛堂，后列书屋”。

要求保留天一阁主人范钦读书处“碧江书屋”旧址及范氏家庵的紧急报告》（以下简称《报告》），西园应是以先祖范钦的“碧江书屋”为基础扩建而成的，后代又加建了法云庵，形成了《四明谈助》中所载规模。但《报告》中也指出“碧江书屋”一处出自洪可尧[1]先生口述，并无其他资料信息印证。西园占地面积约为840平方米，目前正在开展整修项目。《四明谈助》载“自嘉靖间闻主事塞河后，遂为断港，今如大池，横于西园门前”，可知西园园门原本朝向东面，现状朝北，对外临天一街。

范钦曾在碧沚园中建藏书阁，即“十洲阁”，位于月湖之中的芳草洲上。此处曾留有宋代史弥远所建的碧沚亭，[2]所以范钦引用了古名。范钦殁后，这里即作为范氏家祠，[3]与天一阁遥遥相对，现已不存。“四库七阁”献书之后，范家创立元旦序拜的祭祀活动，[4]家祠占据了非常重要的家族地位。清道光十四年（1834）《木刻范祠图》中显示范祠院落构成比较简单（图3-21、图3-22）。

图3-21　木刻范祠图[5]

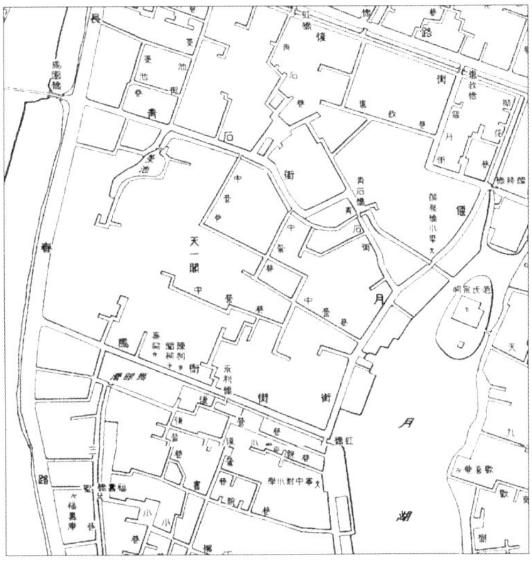

图3-22《鄞县城厢图》[6]中显示西城芙蓉洲上的天一阁和芳草洲上的范氏家祠

1 洪可尧，1938年生，浙江宁波人，宁波市天一阁物博物院研究员，浙江省历史学会理事，宁波市社会科学界联合会理事，宁波市历史学会副秘书长，多年从事地方史学研究和文物保护工作。

2 史守之在芳草洲建藏书阁，宋宁宗御赐“碧沚”二字；到元代中期，丞相府复建寺院，明代又改为广盈仓，后又成为藏书家丰坊“万卷楼”一部分，后又易主范钦。

3 冯贞群注：“范氏公祠在鄞西郊后莫家漕，奉宋丞相范宗尹，以下范氏专祠在前莫家漕，奉迁鄞始祖范公麟以下十二世，范司马祠在鄞城月湖碧沚，奉明侍郎范钦以下十四世。”（《范钦评传》第131页）

4 碧沚祠元旦序拜由范钦八世孙范懋敏创于清嘉庆五年（1800），并手撰祝文《碧沚祠元旦祝拜规式田亩附册》。这是乾隆三十九年（1774）钦赐《古今图书集成》雍正铜活字本一万卷之后，范祠新增的一项祭祀活动。（骆兆平《天一阁杂识》第8页）

5《天一阁杂识》页首配图。

6 民国二十五年（1936），义乌傅圣樑绘，使用了比较严谨的投影作图，具有较高的参考价值。

现状司马第台门为原址重修（图3-23），门外8块旗杆石为明清时期的原物（图3-24）。进入大门，西侧巷道的南侧长墙中央有一段明代墙壁，据考是乾宅照壁，用体量较大的两层本地红色石料叠砌成墙基（图3-25），是明代宁波地方常见的做法。[1]以此为范氏司马第的中轴线，向北延伸还发现了许多建筑遗址。台门之东为一列南北向的范氏余屋（图3-26）；进入台门后正对范氏故居正房（图3-27），面阔四间两层，也非原建；向西为东明草堂（图3-28），又称“一吾庐”，是范家等级较高的正厅，用以举行重要活动，非原建。[2]范氏故居之东即为天一阁，与生活区域相隔一道火巷，形成一个单独可以封闭的院落。（详见附录K）

图3-23　司马第台门

1　宁波市文史研究馆馆员邬向东先生口述。

2　东明草堂和西大门是同期用清道光十三年原西河街观音寺殿堂和台门构件改筑而成的。（龚烈沸《话说天一阁》）

图 3-24　旗杆石

图 3-25　天一阁界碑

图 3-26　范氏余屋

图 3-27　范氏故居正房

图 3-28　东明草堂

天一阁博物院提供了2008年对司马第北侧进行考古发掘的成果——《关于天一阁书库建设工地考古发掘情况的汇报》，遗迹营建时期应为明代晚期至清代早中期，部分墙基条石保存完好，走向清晰，可以显示出宅第厅堂、厢房、天井等布局组成（图3-29～图3-33）。

图3-29　司马第北侧工地局部F1地块（东南→西北）

图3-30　书库主体建筑区探沟（北→南）

图3-31　F1地块局部（扩充发掘前；东→西，左）

图3-32　F1地块全景（扩充发掘后；东→西，中）

图3-33　F1地块西院厅堂（西→东，右）

3.3.2 地方建筑特色及其影响因素

（1）“因地制宜”的建筑空间理念

早期宁波平原群山环绕，虽然水道纵横但地势低平，河道与入海口相接，淡水资源极易随海道流失，导致平原地区旱涝灾害频繁；至唐宋时期开流治水，社会发展迅速，地区人口数量激增，并以横纵十字大道控制城市的基本布局（图3-34～图3-36）。明代宁波地区在重视工商业的经济发展策略下，人口压力进一步增加，所以在北方传统横纵方正的城市规划建设（图3-37）基础上，进行“因地制宜”的改进，以尊重自然为原则，运用智慧创造最适宜的人居环境。

图3-34　清道光二十六年（1846）宁郡地舆图[1]

1　原图现藏于美国国会图书馆。

图 3-35　民国三年（1914）宁波城厢图

图 3-36 宁波城市航拍图[1]

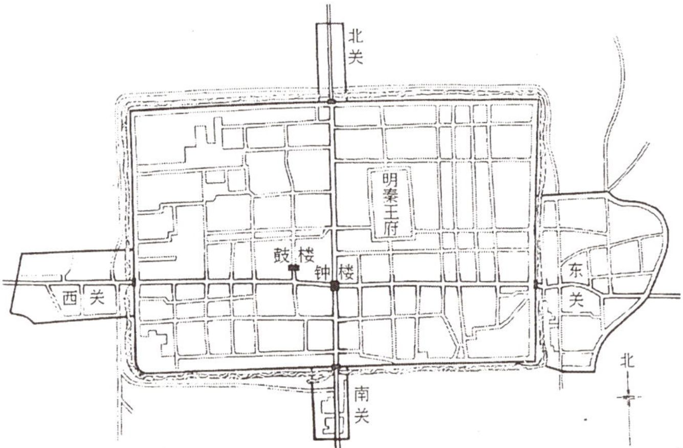

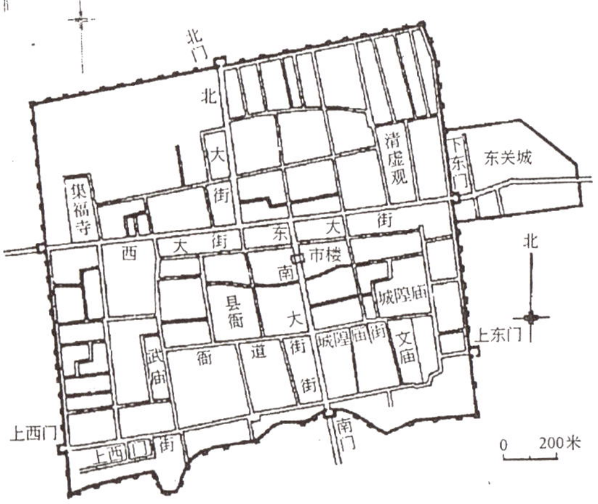

图 3-37 北方城市布局图[2]（明代西安城、平遥城）

1 宁波市历史文化名城保护研究会：《名城宁波历史图典》，宁波出版社，2019。

2 侯幼彬、李婉贞：《中国古代建筑历史图说》，中国建筑工业出版社，2002，第 128 页。

随着城市人口的增长，房屋密度加大，每户间隔被压缩，街巷狭窄成为常态，台风、水患、火灾等隐患的破坏性加剧。为抵御灾害，民居建筑外墙一般用砖造瓦作，少有木构件外露，形成两侧均为不易燃烧材料的火巷，防止火势向宅院内蔓延；山墙一般高于屋脊，呈现马头墙或观音兜的形态，将“内”“外”隔绝开来，藏生活空间于“内”，安全而私密；宅门一般做朝南或朝东方位（图 3-38 ~ 图 3-40）。其实更为重要的原因还是地区用地局促，无法保证每户的开门方向都能一致，所以常随实际情况进行变化。

自然条件是影响宁波地区古民居建筑特征最为直接的因素。浙江地区位于中国亚热带季风气候区，气候湿热，雨热同期，全年平均气温适中，易产生闷热受潮的现象。为解决这一问题，南方建筑立面常用木质门窗搁栅，两面均开窗促进空气流动。但为防止阳光直射和雨水侵入，经常将屋顶出檐和室内进深加大，制造室内外的温度差。弄堂和檐廊都是带顶但不围护的交通空间，一般设置成连续的通道，保证人的行走轨迹中有一个不会露天的路径选择。正厅建筑一般为单层两坡硬山顶高平屋，内部空间高大，明间一般构架露明。厢房一般为两层楼房，做隔热吊顶层，以硬山或悬山为主要屋顶形式，房屋檐口排列密集，生成较小的围合院落。由于常面临季节性台风，少有多层的传统建筑（图 3-41、图 3-42）。

图 3-38　慈城[1]大宅街巷

图 3-39　慈城普通民居街巷

图 3-40　余姚五桂村街巷

图 3-41　余姚五桂村民宅之一

图 3-42　余姚五桂村民宅之二

1　慈城地处宁绍平原，现位于宁波市江北区西北部，至今民居保存完整，状貌未有太大变化，被誉为“江南第一古县城”。城中保留有大量明清时期的大家宅院，具有重要的建筑遗产价值，其城市格局也为三纵六横双棋盘式布局。

（2）传统思想浸润下的宅院布局

造成中原人口大规模南迁的三次事件，[1] 对于处在江南偏南区域的宁波亦有较大影响，大运河贯通背景下通江达海的港口优势，使得大量皇室宗亲和文人士大夫移居于四明地区，他们掌握着国家最核心的经济力量和政治权力，并以极高的社会地位影响着南方地区的发展。南宋时期，明州作为首都临安的海口，城市地位进一步提升。当时有诗描述“满朝紫衣贵，尽是四明人”。月湖地区形成了文化世家密集群聚的社会形态，居住着具有政治和经济双重优势的上流阶层，宋代有楼氏、丰氏、史氏、郑氏等，明代有杨氏、冯氏、陈氏、张氏、屠氏等，他们在雄厚的经济实力基础上，还拥有当时最先进的造园工艺水平，其宅第布局更为典型，并具备良好的用材和修缮条件。

宁波地区人民普遍认同“以家为私”的族群观念，性格上又具有内敛自省的内向品格，所以在居住环境上更愿意将“气运”藏于宅院的天地之中，形成朴素谦逊于外，精致华丽于内的布局形态，正如其人的立世原则。浙江传统民居逐渐形成了“井院式”布局，房屋向内的檐口相接，雨雪顺内坡流入矩形小院，寓意聚水聚财，这一空间称为“天井”，一般高度大于进深，面积小于“院落”，形态似井，后来演变成不计高深形态，统称为“天井”（图3-43、图3-44）。地方习惯也称前院天井为“明堂”[2]，具有采光、遮阳、促进通风、降低小环境温度等实际作用，人在舒适宜人的堂檐下进行大部分的生活活动，抬头仰望“方寸天地”，宁静富足的生活与上天逐渐有了精神上的联系。

图3-43 天一阁附近的民宅天井

图3-44 冯俞宅的天井

1 即西晋后期永嘉之乱、唐中期安史之乱和北宋末年靖康之难。

2 《礼记·祭义》：“祀乎明堂，所以教诸侯之孝也。”

中国思想中的“和”“同”“中”等文化内涵，让传统宅院建设的各个方面都融入了“秩序”的要素。北方民居是在面积舒展的庭院中布置建筑，可以抽象为“院包宅”，三进四合院是构成元素最经典的例子：正房坐北朝南，与东西厢房和南面垂花门进行四面围合，形成等级最高的中央院落，一般采用对称的空间布局，在这个场所内居住的才是核心的家庭成员；最南一进是院落序列的起点，倒座房和大门为男性仆人的居住、做工场所，用于准备主人外出、警备等；最北一进为后罩房，则多为女性仆从的生活地点，日常杂务均在这里完成。在四合院的空间构成中，公共和私人性质区分鲜明，等级观念明确，以一个元素完整的合院为单元进行组合，可以形成多进多路的大院（图 3-45）。

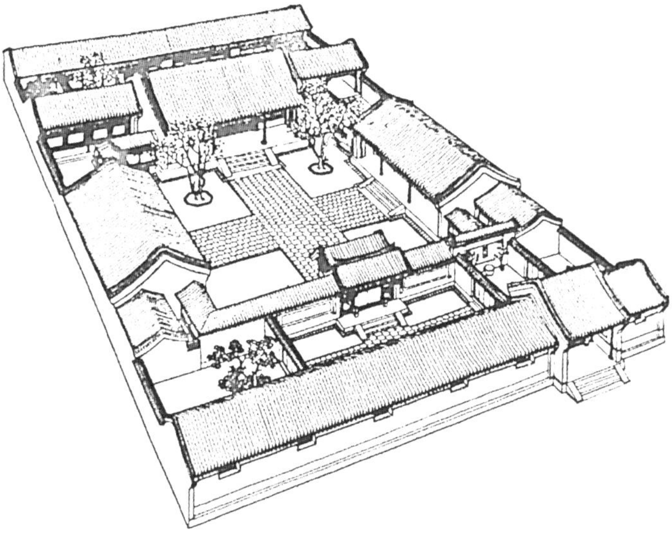

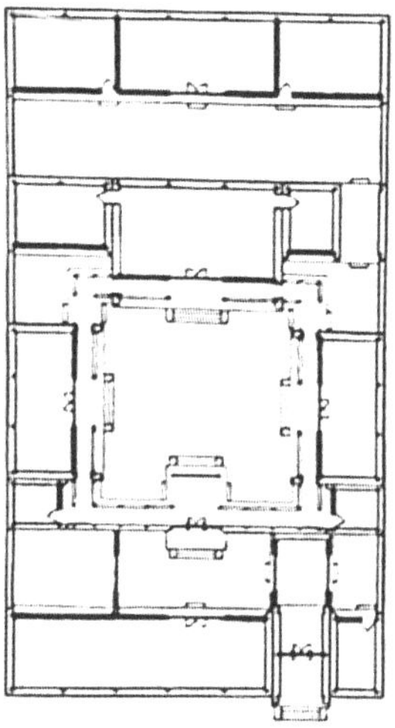

图 3-45　北京三进四合院布局示意[1]及平面图[2]

1　侯幼彬、李婉贞：《中国古代建筑历史图说》，中国建筑工业出版社，2002，第 192 页。

2　马炳坚：《北京四合院建筑》，天津大学出版社，1999，图 2- 9。

江南民居则偏向于在紧凑的建筑群中布置天井，称“宅包院”，即以徽州建筑为典型的“四水归堂”式布局。以H形为基本布局（图3-46），并逐步发展出屋顶几何相接、凹字形、L形等多种模式（图3-47），将几种基本形体组合后，形成了口字形、日字形、目字形等多种多样的民居类型。整体空间功能分为三段，对外部的人来说，空间由南至北逐渐私密；对内部的人来说，南北段均服务于中段，功能安排与北京四合院的基本相似。

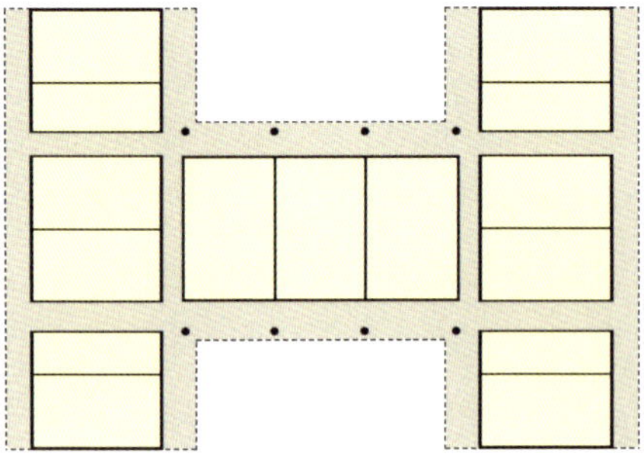
图3-46 H型平面布局单元

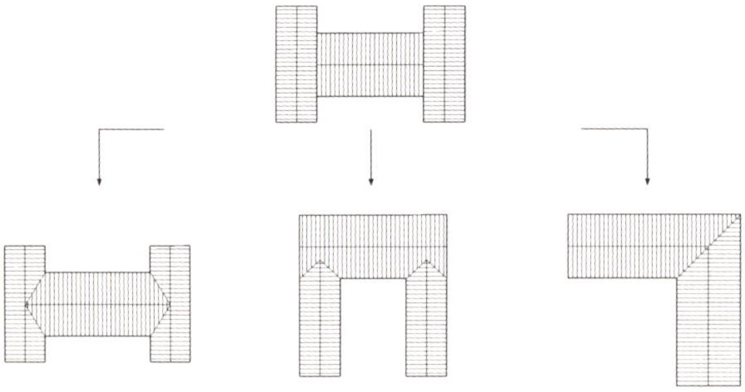
图3-47 宁波民居组合模式演变[1]

总体来讲，向文化根源靠拢是刻入百姓思想的精神内核，江南民居布局还是传统的合院变体，只是在空间构成和建筑风格上有一定的区分（表3-1）。北方民居的交通系统在每一进的小单元内自成体系，用闭合成环的抄手游廊联系正房和厢房，是“串珠”型空间构成；两进之间采用不同的形式相连，或做廊轩，或是直接跨越室外空间。江南民居路径则多在屋前和弄堂内，形成横纵格网连通整个宅院，完全露天的空间较少，是一种“编织”型空间构成。尤其是明代之前的江南地区大屋，空间构成与北方四合院非常相似，只是除檐廊外很少使用“游廊”元素，整体室外空间较小，外观封闭性较强。北方民居中，垂花门是内院正式的大门，位于内院南墙中央，面阔窄而进深大，装饰华丽；但江南地区常以门厅的形式代替围墙，两侧根据院落宽度设置耳房或弄堂。

1 蔡丽：《宗族文化对民居形制的影响与分析——徽州民居和宁波民居原型的比较》，《华中建筑》2011年第5期。

表 3-1　北方居民与江南民居空间构成

四合院类型	布局及交通构成示意
北方典型四合院	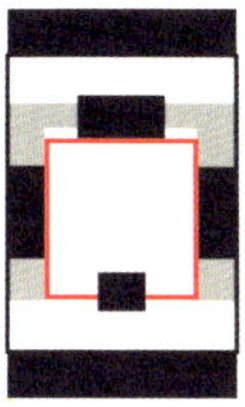 四合院单元 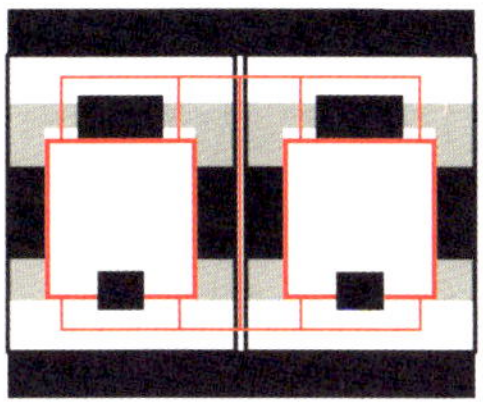 横向联排 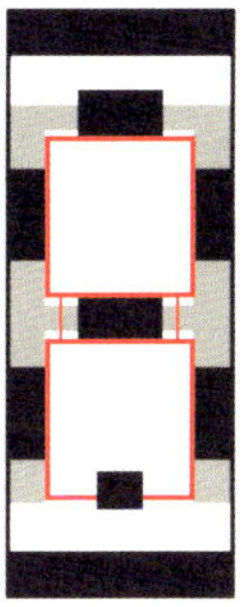 纵向联排
	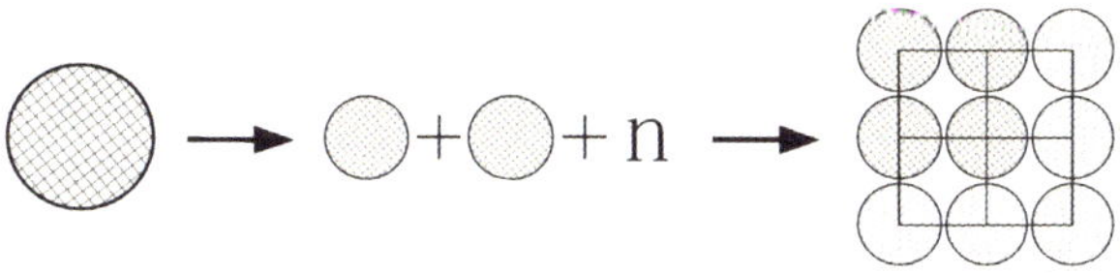 “串珠”型空间构成
	 例：北京多进多路大宅——沙井胡同某中堂府[1]及其路径示意
江南典型民居	 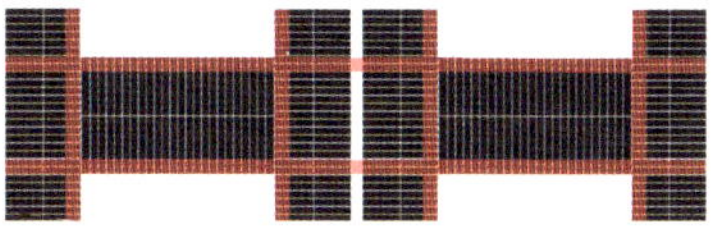 
	“H”→“H”+“H”+ n → 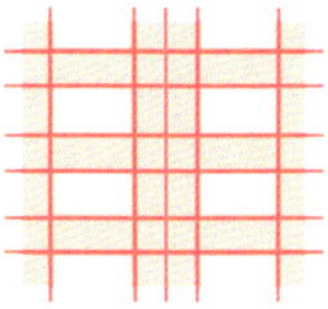 “编织”型空间构成
	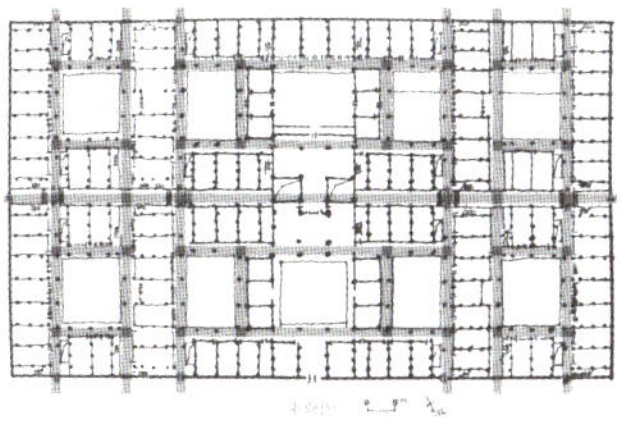 例：诸暨斯宅村斯盛居总平面图[2]及宅内路径示意

1　侯幼彬、李婉贞：《中国古代建筑历史图说》，中国建筑工业出版社，2002，第 192 页。

2　丁俊清、杨新平：《浙江民居》，中国建筑工业出版社，2009，第 163 页。

（3）“经世致用”的营造原则

“浙东学派”思想首先兴盛于宁波、绍兴一带，明清交际时期自成一派，其核心学术理念为“经世致用”，即以实用、创新、深入考究、全面博览等务实态度作为治学原则。这种思想表现在人居环境中，形成了谦逊内敛、稳重规整、谨慎私密，但并不追求刻板统一的建筑性格。虽然周边地区有精湛的木雕、石刻等传统技艺，但宁波地区民居的建筑风格在外观上大致不事装饰，建筑用色也以清新淡雅为主，集实用与美观于一体。二层立面常做横向栅栏长窗用于防盗，保护财产安全；院墙则内围封闭、高大厚重，既可以阻挡外来视线，又保护了家族集体。

普通民居营建一般无法获得大块木材，门窗棂格的镂空花纹、梁柱构件、门板等，很少使用昂贵的整木雕刻，都是使用不同的小块木材拼接，再进行形状修整，最终加工成大体量的木构。材料的限制促进了精巧的榫卯结构和建筑构件模数化的发展。中国古代木作活计的人工费用要远远低于材料的价值，小块木料便于运输，也便于组装，发生损耗后也能够及时地进行替换修缮；在材料选取上以松、杉、香樟等常见的木材为主，更容易适应地方的环境气候特征，有助于建筑的长期稳定、减缓损耗，香樟木还具有一定的驱虫作用；外部材料以砖石为围护结构，辅以瓦、泥、草料等，就地取材，廉价而便捷；根据地区不同，同一构件也有多种类型，形状各异，衔接做法也有所不同（图3-48）。

图3-48　天一阁中由小木料拼接而成的构件

3.3.3 原状探究

由于范钦时期的司马第资料缺失，所以原状探究以范钦二子分家之后的宅第状态进行探讨。《范氏支谱》载：“（范钦）子二，少明公（大冲），乾房为其前宅；继明公（大潜），坤房为后宅。”[1]《关于范氏司马第历史环境情况的说明》中推断今天的“一街一线”是长子范大冲“乾房用地”和次子范大潜“坤房用地”之分界。此处存疑，若以现天一阁博物院北墙外的天一街为界，乾宅进深只有 30 米余，而坤宅进深有 130 多米，按照等级来讲，乾宅应该略大于坤宅。所以原状探究暂以均衡分布为原则，以中营巷东西向的一段为分界线，两宅之间形成的巷道可以衔接中营巷，连通水仙庙河道与内城区，缓解因司马第过大的宅院进深而造成的城市交通不便（图 3-49）。

布局探讨以明代遗存照壁的中轴线为原点，乾宅东部按照明代传统布局模式，设计为四进院落，大致中轴对称。司马第台门及一排余屋位置不变；中轴线上为南北向的主要厅堂和天井，即现东明草堂位置，做五开间，层高、规格等都较其他房屋更高，单层硬山顶；两侧分列耳房，东耳房为现范氏故居位置，与厅堂间设弄堂；后方建筑依照等级依次排列，进行居住空间布置。

西部临水，用地较为局促，且河流边界的自然形态有一定的不规则性，所以设计作为范氏司马第的附属花园组群。[2] 布局为三进跨院，与东院部分以火巷分隔；西侧采用水乡常见形式做水路出入口，房屋沿河岸布置，灵活错落，适当加入廊、轩、亭、台等较为通透的构成元素，既围合了内院，又与水面有所呼应；园内两座厅堂与周围环境采用小型山水点缀，增加园林成分；南部做一道窄巷连通小花园（现存明代宅南小花园），巷旁开辟一片园圃，增添趣味。[3]

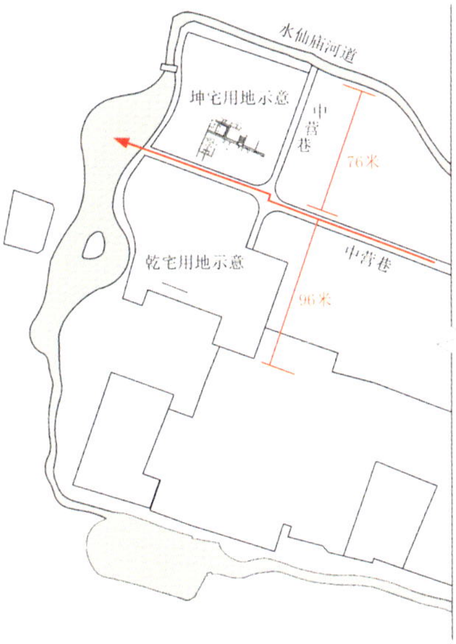

图 3-49　乾宅与坤宅用地猜测

1 《县范氏谱系述略》第 136 页，转引自《范钦评传》第 42 页 。

2 参考天津大学杨楷毕业设计《天一阁藏书楼原住宅复原和展示研究》。

3 巷道与园圃并列的形式参考了余姚王阳明故居宅西做法。

通过对遗址地块的地基考察（图3-50），发现了东西向厅堂建筑的原始铺地，南北两侧带厢房，东西两侧带天井；保留道路中线，距发掘地块西端约22.45米，距司马第东端约26米，可以猜测两边布局有对称性质，中间夹道。因此猜测以现状保留道路为坤宅纵向中轴线，较乾宅向东，且有约2°的扭转，可能是宅院在进行扩建时受到周边地形制约，形成了有偏差的建筑布局；也可能是二子分家之后，对所属用地进行了自主规划。

可能是建设时间较晚，坤宅建筑布局更偏向清代民居，比乾宅更加自由灵活。通过中间夹道，后方应该还有南北向的正房厅堂。遗址中的“厅堂”虽位于厢房的位置，朝向东西，但具备较高的规格，配备了厢房和天井；可能作接待之用，或作为学堂和花厅，也可能作为非正式的生活起居和读书场所，与余姚王阳明故居[1]中的至善堂和东花厅有相似性，大部分房屋为南北朝向，围合性较弱，中央轴线上做正厅和过道，与稍前期的宅院布局不同。在对天一阁馆内的研究推测中，同样认为在坤房局部区域很可能存在丁字形的建筑格局。[2]

通过对地区周边现存历史宅院的实地调查（详见附录L），可总结出明代宁波地区传统民居宅院必备的一些特征要素：越接近明代早期的宅院组群，台门越常用门厅式样，主人社会地位较高的，会设置大门和二门，朝南或朝东，并且常做对街照壁，限定大门空间的所属；入正门后设置过渡庭院和照壁，阻挡外部视线直观内院；向西进入二门，又称仪门，到第一进井院，这个空间就是主人内宅的前奏。中轴线上的厅堂一定是规格最高、装饰最多的房屋，多做三间两弄，五间两弄也比较常见，占据了中央最优越的位置。明间，地方上又称“堂前”，用于重要家族活动，祭祀上天、祖先，接待重要的客人等，[3]一般情况下封闭；次间用于长辈居住；东西厢房多为两层，在内外规格上均需退而求其次，能看到建筑布局在有意识地强调家族形态。后方罩房则服务于主人的日常生活。

范钦二子分家之后，乾宅与坤宅自成一院，则坤宅大门可能位于宅第南端，即乾宅之后，也可能位于东南角的中营巷之上。其他功能分布和建筑布局基本遵循典型，并与乾宅相似。综上所述，司马第原址布局复原设计如图3-51～图3-54所示。

1 王阳明故居位于余姚市阳明西路，现存宅院是以清朝中期建筑为基础重修而成的，并非明代原建。王阳明（1472—1528），名守仁，字伯安，号阳明，明代著名哲学家。

2 张亮：《天一阁历史环境还原推测和演变研究》。（附录M）

3 蔡丽：《宗族文化对民居形制的影响与分析——徽州民居和宁波民居原型的比较》，《华中建筑》2011年第5期。

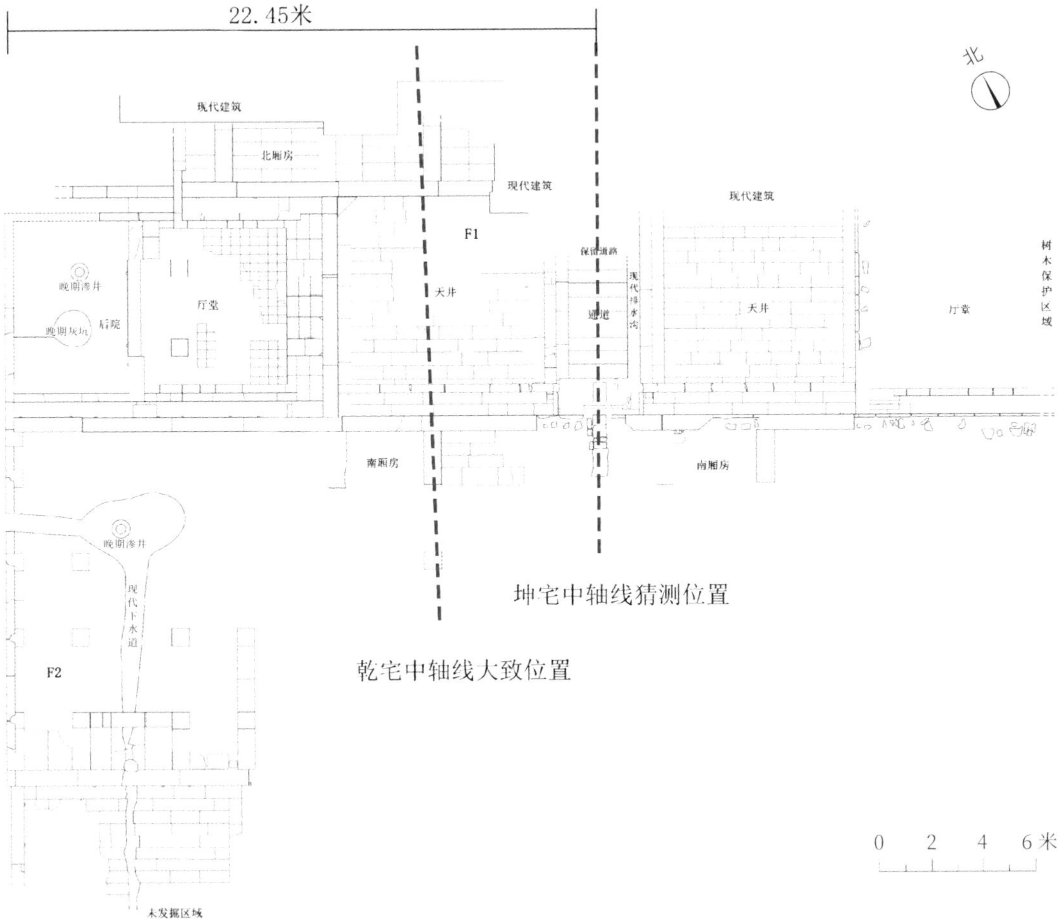

图 3-50　遗址平面图与轴线示意

图 3-51 司马第复原设计布局示意

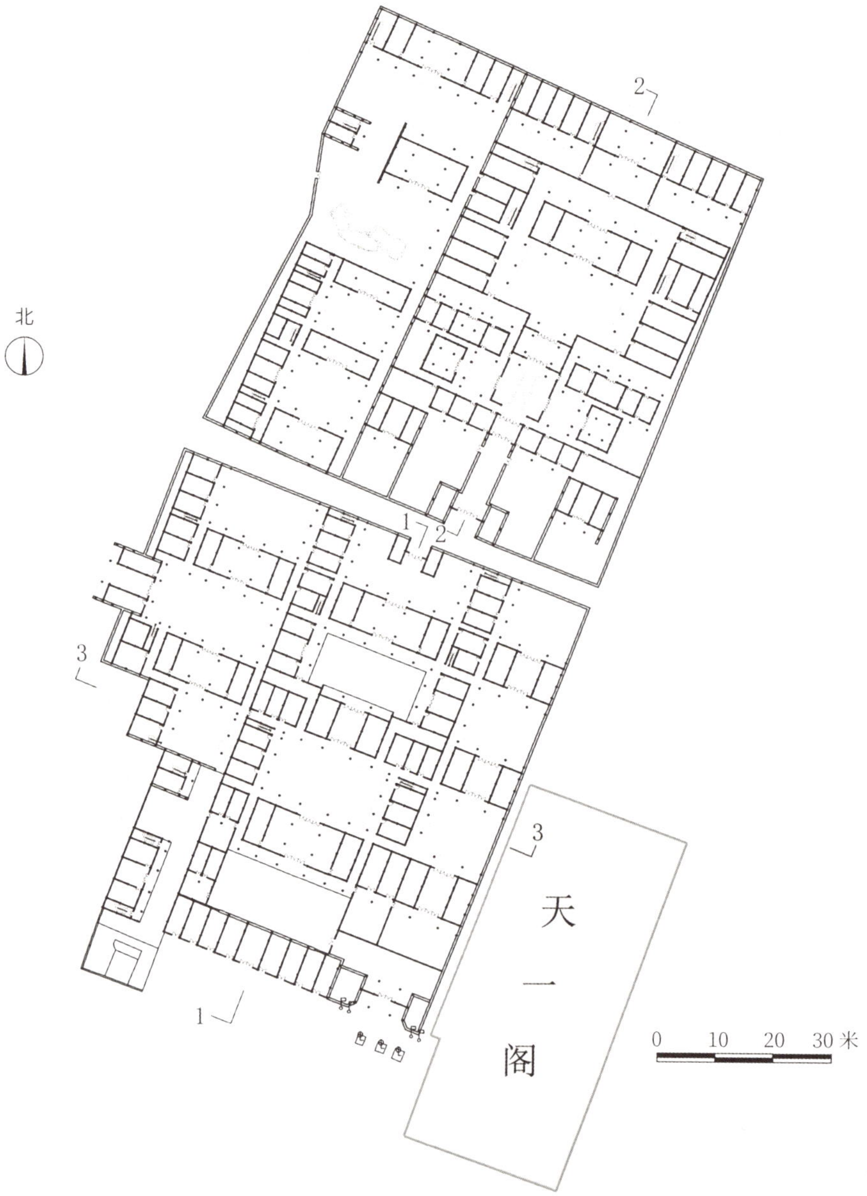

图 3-52 司马第复原设计首层平面示意图

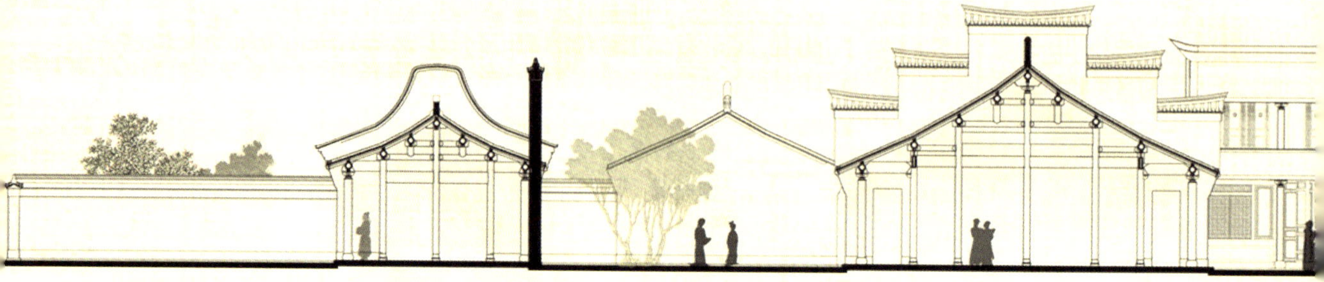

图 3-54 司马第复原设计剖面图

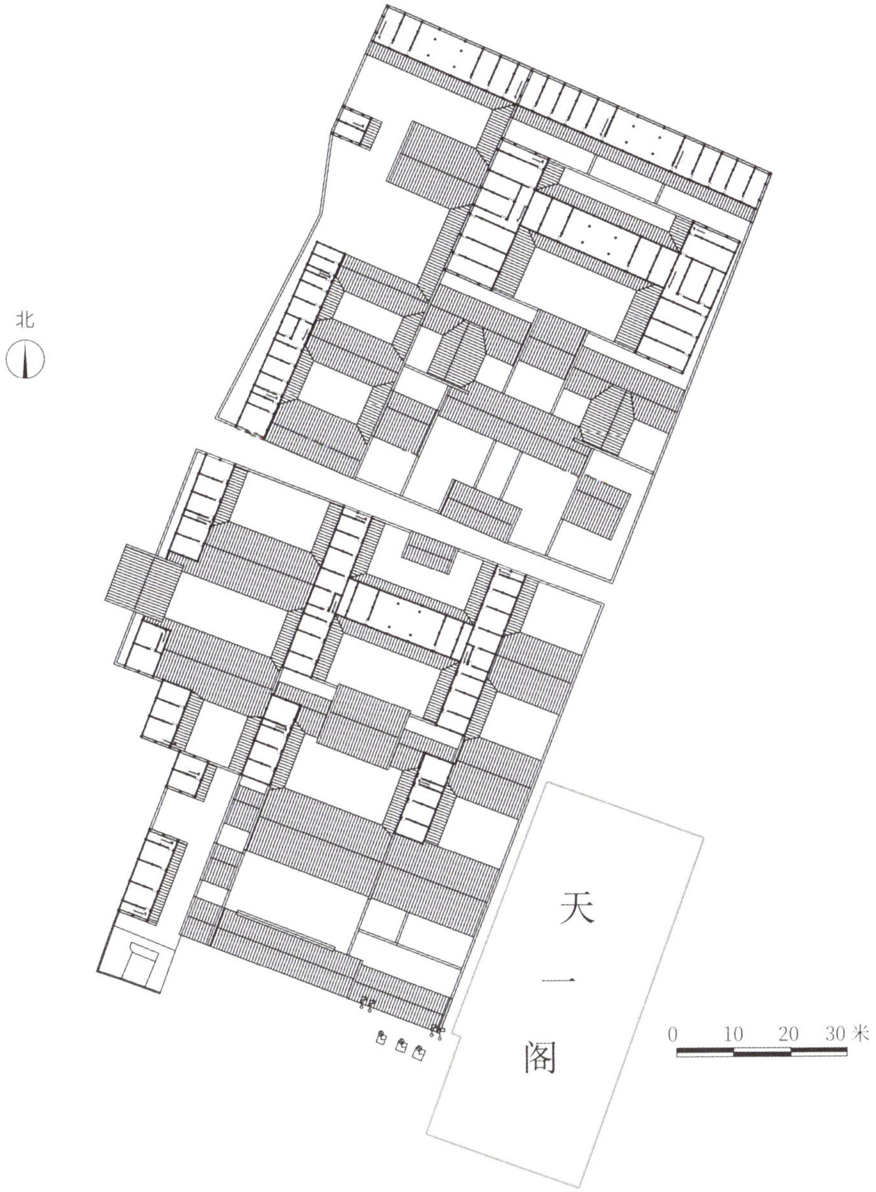

图 3-53　司马第复原设计二层平面示意图

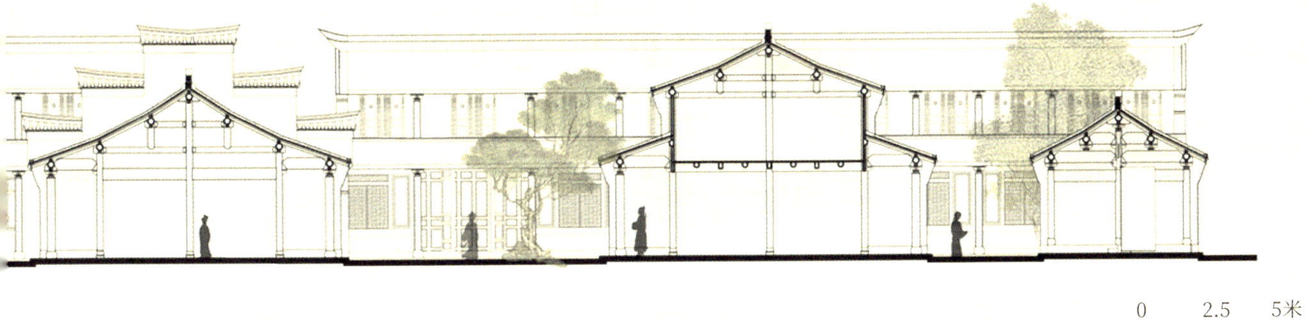

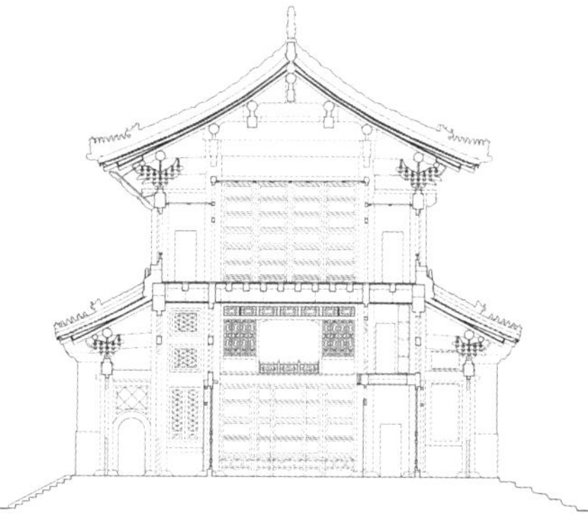

第4章

天一阁藏书楼

『范式』及其历史影响

明中期之后，以宁波天一阁藏书楼为代表，一批分布广泛、周围环境与建筑本体关系紧密、建筑结构与室内空间特征鲜明的藏书楼建筑相继出现，继承并发展出了海量藏书楼建筑的新类型，即天一阁范式藏书楼。这类藏书楼以天一阁为原型，除“四库七阁”外，还包括大量的私家藏书楼，并影响至东亚文化圈。这些藏书楼通过场地布局、结构形式的巧妙设计，营造出良好的藏书环境，在多方面体现出传统建筑的营造智慧。传统藏书楼建筑需要的仅仅是“位置”，而非“空间”，而天一阁在建造伊始便以实现藏书功能为主要设计根据之一，形成了“有藏书需求，而建‘专用’之阁”的营建逻辑，这就使天一阁的建筑性质发生了巨大的变化，体现了古人营建智慧的飞跃。中国古代建筑的总体特点就是建造者基于条件限制，进行综合考量后提出最优解决方案，天一阁很好地践行了这一概念。虽然范氏天一阁藏书楼在实践中的巧妙方法没有付诸纸面，以文字的形式流传于世，但是通过现代的科学解释，我们可以分析并复制当时文人（主人）和匠人（实施人）的建筑设计智慧，这是理论科学在经验科学上的体现。现代提及的天一阁藏品是以范钦藏书为核心的，经由近代大量工作之后收集捐赠的总和，范围已经大大扩展，是古代宁波人民的智慧结晶，亦是现代的遗产保护、发展和利用工作的辉煌一例。[1]

1 郑殷芳：《世界遗产语境下天一阁遗产价值的再认识》，载《天一阁文丛第十六辑》，浙江古籍出版社，2019，第 196 ~ 203 页。

4.1 藏书楼的营建“范式”

“藏书楼”在《辞海》中的定义是：中国古代供藏书和阅览图书用的建筑。可见藏书楼功能主要以“藏书”和“阅览”为主，其营造形式一般认为并无类型化特征，多是将既有的房屋改为藏书空间或者建造一座普通楼阁用以藏书。而范氏天一阁是明代为数不多专为藏书建造的房屋，在设计与施工建造时便处处考虑了藏书的需求，这是其区别于其他民间藏书楼的最根本之处。

中国传统藏书楼的闻名多因其珍贵的典籍，楼名实际成为其藏书汇总的代称。而天一阁藏书楼的历史地位不仅仅由于其藏书，还因为其“营造范式”和“管理范式”引领了后续一批藏书楼的营建，在历史中产生了一种写仿和推崇的现象，可将其总结为一种“范式”。

为何要用“范式”一词来代表受到天一阁影响的一批公私藏书楼呢？在表达受到某种原型影响的建筑时，除“范式”外还有“写仿”与“类型学”两个概念，但三者语义存在细微的差别，而这种差别正体现出一系列天一阁范式藏书楼最根本的特色。

在清代皇家建筑中，“写仿”[1]是一个常见的概念，意为“摹写仿效”，比如皇家园林大量写仿江南的现象[2]，然而这些仿建活动都具有明显的对应关系，例如写仿苏州狮子林，在圆明园和承德避暑山庄兴建的两座狮子林，其假山与原型之间有着非常直观且明显的对应特点。但是以天一阁为原型建造的诸多藏书楼在具备一种普适性的同时又具备各自特点，并且可以根据不同的情况灵活变化，甚至很难直观地判断其和原型天一阁的写仿关系。

“类型学”（typology）是另一种相关的概念，其内核为“充分尊重建筑自身的客观本性”。现代主义建筑兴起时，类型带有抽离独特性的标准化含义，阿尔多·罗西的类型学开始强调建筑与历史和场所的联系。天一阁范式藏书楼的典型特征从宏观角度来看，也具有这种类型学的特点。

“范式”（paradigm）则是一种介于“写仿”和“类型学”之间的概念，它源于古希腊，[3]美国哲学家托马斯·库恩在《科学革命的结构》（1962年）中系统阐释了“范式”一词，从本质上讲它是一种具有公认性的、可模仿的理论体系。在建筑领域，由于建筑物的地域性及实践性，建筑范式通常是指在实践中获得普遍赞誉的某种原型。刘敦桢、梁思成在《文渊阁全景》一书的英文简介中阐明了“四库七阁”与天一阁的关系：“在中国传统藏书楼建筑大类中，这些藏书楼因其自身的共性而成了一种独立的建筑类型。”[4]即将以天一阁为原型而兴建的藏书楼归为一类建筑，形成了从明代至清代、从民间至宫廷、从南方至北方的一种藏书楼体系，这一体系辐射范围广，影响深远，“范式”一词最能体现这一体系的价值所在。天一阁也成为这一体系的原初“营建范式”。

1 “写仿”亦作“写放”，最初源自西汉司马迁《史记·秦始皇本纪》：“秦每破诸侯，写放其宫室，作之咸阳北阪上。”

2 如避暑山庄文园狮子林仿苏州名园狮子林、圆明园廓然大公仿无锡寄畅园、长春园中的如园仿南京瞻园等。

3 柏拉图认为形式即范式，并把理想国作为天国的范式。

4 原英文：“Thus, among the ancient buildings for housing books, they became a separate class by themselves.”译文由张亮翻译。

4.1.1 建筑形象

从建筑外部来看，天一阁面阔六间，进深也为六间，“地六成之”的意象即体现于这座建筑的空间尺度；构件尺寸“俱含六数”，也是天一阁最直观的特征之一。第六间作为“楼梯间”，原本应是只起交通作用的附属构件，但在天一阁中被提到了重要的位置，与建筑的营建理念产生了联系。

“面阔 5+1 间”是标志天一阁建筑形象的“范式”之一（图 4-1）。总结来看，天一阁的外观“范式”即为：首层面阔、进深各六间，五间主楼基本以明间对称，一间楼梯间面阔较小，位列西边；前后均设廊；多使用防火材料，砖石山墙通高做硬山顶，铺设黑瓦；南北立面均设门窗，位置对应且规格一致，二层窗外设通长栅栏。这些形象上的范式做法都在建筑的实际功能和空间应用上有所反映。

从建筑内部来看，藏书楼分上下两层，一层中央三间做敞厅，二层远离地平面，隔离潮气，打通成为一体，一整排储书空间高大而无吊顶，少做室内分隔，有利于空气对流，是“天一生水”的具象化，也是被模仿最多、最具特色的部分。因为这种处理藏书空间的方式既有舒适度高的阅读体验，又便于书本保存和存取阅览，具有形式与功能的双重优势，故深受后世藏书楼建筑界的认可。

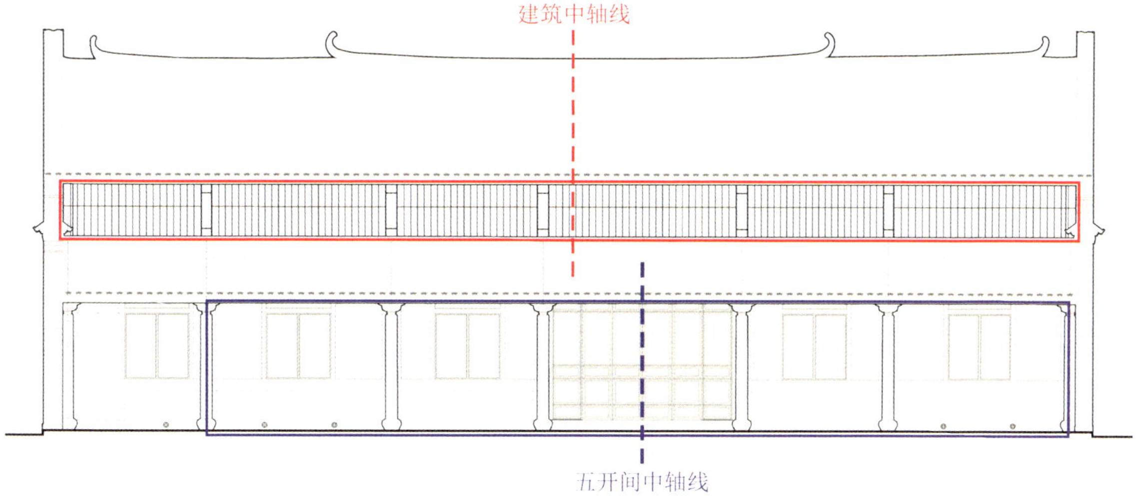

图 4-1　天一阁立面轴线布局示意

“二层一体化”的重点在于空间流动性：天一阁藏书不占南北走廊，书橱不密集排放，并留有通行缝隙以联系、闭合所有路径，减少不可达的盲区；若按照二层未另加板壁的情况来看，藏书空间完全连通（图 4-2）。首层同样对空间流动性做出处理，楼梯间不仅对外开门，还与室内空间连通，形成多方向的可选路径，保证发生突发状况时留有余地（图 4-3）。后世模仿更优化了这一做法，例如徐氏水北阁，将室内空间完全连通，形成整体。

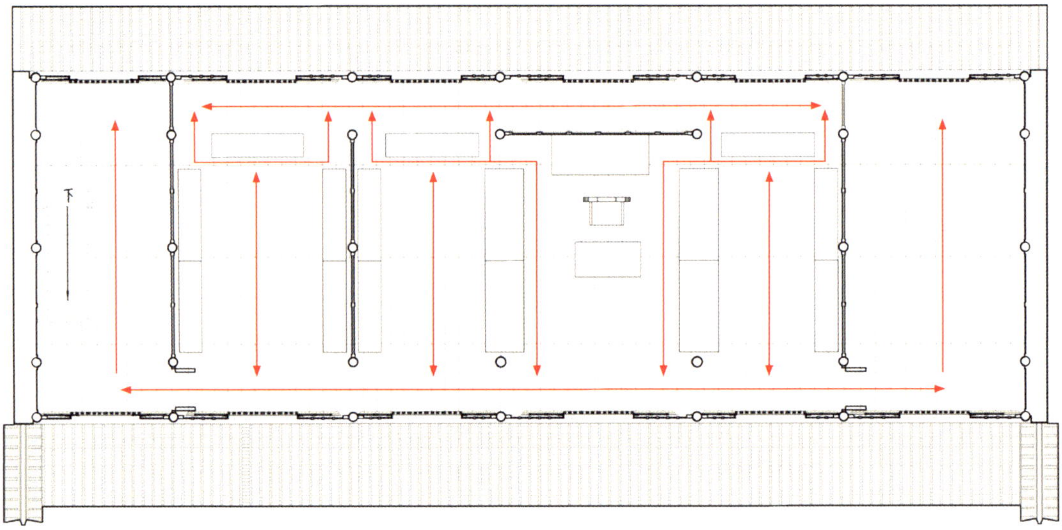

图 4-2　天一阁二层流线示意

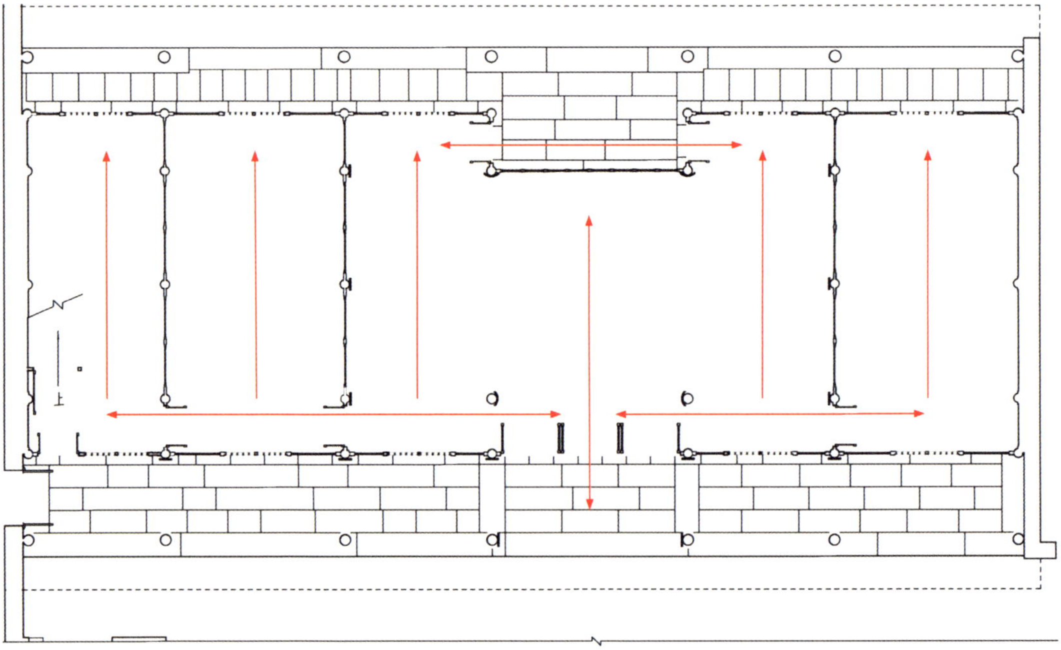

图 4-3　天一阁首层流线示意

天一阁中处处体现了“对水的崇拜”。在装修色彩使用中，从色彩厌胜的角度祈求“水”的保护：“黑色属水”，檐柱做黑漆面，承接黑灰色的屋盖，形成视觉上的完整结构，用黑色围合建筑，希望建筑与“水”共存，将火患永远隔绝在建筑之外，保护藏书楼长久流传；首层的天花装修，用水纹、云纹和水生动植物图案，以求布满“水”的意象，防护建筑不受火厄（图4-4）。虽然没有任何科学意义上的消防作用，但从心理上给予暗示，告诫子孙用火防火不可松懈。其实，时刻的精神管理，将防护意识深入代代使用者的日常生活，才是建筑防火的最有力手段。

总结来看，天一阁内部营建的“范式”有如下几点：尽量使用不可燃材料围护建筑；首层不储书，设方格天花构造，绘冷色调水纹；二层进深四间，横向中央四间储书，西间楼梯连通两层，各开间基本做到互相连通。在此基础上，后世藏书楼如徐氏水北阁，在天一阁未开门的位置也设置了门，使得室内空间完全连通，形成整体。

天一阁从外观到内部的空间布局形成了一系列有规律可循的做法，成了藏书楼建筑的形象“范式”，具有长远且深刻的历史影响，但除卢址的抱经楼完全复制之外，其他相关的民间私家藏书楼多注重其管理优势，对外观的模仿并不多。清代皇家“四库七阁”则由于政治文化需求，着重模仿了天一阁的建筑立面，顶层通为一层，仍具“天一生水”之义；内部空间安排和管理方面则进行了更符合官方模式的调整。

图4-4　天一阁首层天花

4.1.2 建筑环境

整体组群的位置与生活区完全隔离，由砖石围墙围合成一个相对封闭的院落。从历史资料中可以判定天一阁组群南、北、东三面围墙外均临路或溪水，这也解释了为何天一阁开间恰具六数，是在用地限制下只做了五间一弄。[1]西侧围墙与居住区东墙之间有比较窄的巷道，形成了具有“峡谷效应”[2]的冷巷（图4-5），自然风通过时，风速陡然增大，带走湿热的空气，起到通风降温的效果。藏书楼不与其他三面外围墙相连，只有东山墙与东围墙距离较近，而围墙外有溪流穿过，建筑山墙也远高于围墙，只留有联系前后院落的过道，保证了藏书的安全，并隔绝了外来嘈杂的声音。阁南北做砖石铺地平台，在严格管制下保持空旷，常设物件只有石台、石凳而已（图4-6）。

组群围墙的高度同样对潮湿空气的流动产生影响：“文革”时期，为防止外来者由南围墙翻墙进园，曾将围墙增高1米，之后发现过高的围墙不利于潮气的散发，又降低半米，改空斗墙为实叠，与原围墙统一。[3]天一阁的建设在用地限制下仍选择了留出大面积的室外环境，将建筑放置于中央，牺牲了部分使用空间以保护建筑的安全，可以概括出“独立环境”这种套叠的空间模式，多重隔离以提高安全系数，成为建筑环境布局的“范式”之一（图4-7）。

图4-5 天一阁外防火巷

图4-6 民国大修前庭院旧照

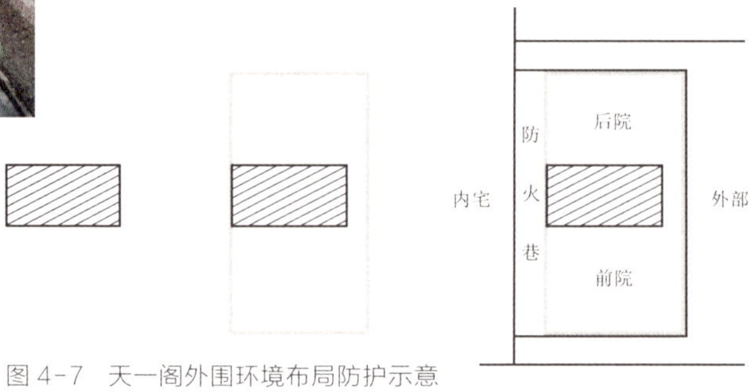

图4-7 天一阁外围环境布局防护示意

1 “或因地基局限，西有居住老屋，东为水浜小河，其地之广只能建造六间。如此等等，不一而足。”（龚烈沸《话说天一阁》第31页）

2 也叫“狭管效应”“穿堂风”。

3 骆兆平：《天一阁杂识》第51页。

从景观元素上来看，建筑与外环境形成了直观的“园林序列”，具有主动设计的景观呼应，后世对环境的模仿大多以此为基准。开敞门窗，即可欣赏四季怡人之景，雅致的景观衬托藏书楼建筑，增添阅读乐趣，是重要的园林建筑功能组成之一，缺少了任一元素，天一阁组群的美学整体性就会被破坏。

天一池是阁前常备的消防水源，与月湖相通，从不枯竭；阁后东北隅还设有水池长期储水，与天一池和原东墙外水系相连；围墙大部分面宽叠靠假山，进一步隔离了外来风险，既有可观可游的景观作用，又有防治风沙、过滤噪声的实际功效。综上所述：“山水屏障”是天一阁环境组成的“范式”之一，后世在模仿中，即使无法开挖水池，很多建筑前也会常置“水缸”，以求“藏风聚气，得水为上”之意，同时作为不可移动的防火设备。

4.1.3 贮藏“范式”

由于书籍纸张、包背材质的物理性质，火患、潮湿和虫害是自然条件影响下减损书籍寿命最重要的因素，而建筑作为外部容器，需要承担第一重防护责任；在非自然条件下，则可确保藏书楼的安全系数，减少人为因素致使的物品遗散或损坏。天一阁能够流传至今，得益于在书籍的保护方面发展出一套独特的“范式”做法。

作为承载容器的书橱，其本身同样拥有悠久的历史，藏品的长久保存离不开书橱精妙的防潮设计：前后均可开门，底部架高离开地面，隔潮通风。为减缓纸张寿命缩减，防止蠹虫滋生，最为人所知的防治措施便是书橱下置英石吸潮，以及用芸草[1]防蠹（图 4-8）。

图 4-8　芸草和英石

1　芸草即芸香草，是古人常采用的一种书籍防虫药物。现在仍用以制成香精，并为中药。宋代科技史家沈括在《梦溪笔谈》中说：“古人藏书辟蠹用芸。芸，香草也，今人谓之七里香者是也……辟蠹殊验，南人采置席下，能去蚤虱。”

但冯贞群先生质疑了芸草、英石在长期使用中的效果："芸草夹书叶中，花叶茎根皆全，今存三本，赵万里认为除虫菊，钟观光认为火艾，未审孰是……嘉庆壬戌目中有霉蛀之本，则芸草、英石收湿之说实未足信，岂以时久而失其效耶？"[1]赵万里先生也曾说："浮石不知从郭外哪个山里搬来的一种水成岩的碎块，并无什么吸收空中水分的能力。"[2]清代寅著也奏启："……橱下所置英石，奴才察其形色似非英石……"骆兆平先生所著《天一阁保护的历史经验》也考证阁中石块并无吸潮的作用。[3]天一阁中的"芸草"也并非现代植物学中的芸草，其实是范钦在广西任上带回的"灵香草"，又称"零陵香"。《梦溪笔谈》载："唐人谓之铃铃香，亦谓之铃子香。"[4]此种草本植物多生于广西、广东、云南地区，其挥发的油脂类成分有着极大的防虫功效，并可入药。与广为流传的"芸草"相比，二者叶片外观性状区别也很大，但"芸草"在用于书籍收藏方面的知名度更高，天一阁的防虫植物就变成"芸草"了。所以起到最有效驱虫作用的，还是合适的室内外环境，以有效的日常通风实现防潮和驱虫。

4.2 藏书楼的管理"范式"

"营建范式"多从建筑本体和组群布局中分析其优势，是天一阁流传的硬件条件，而"管理范式"则是在人为干预下，这是天一阁藏书经久不散的最重要的主观原因。

天一阁并没有明确封闭不得进入的规定，范钦好客，常邀好友于阁中游宴，但"自范钦殁后，封闭甚严"[5]，再"易世之后，锁钥甚严"[6]。郑振铎先生曾在1931年计划登阁，但未能成功，在记录中载"盖范氏尝相约，非曝书日即子孙亦不得登阁也"。而袁良植研究员在《下里巴人——与天一阁》一文中梳理列举了许多外姓人和范氏女性登阁的文献记载，又说明了天一阁并非如今的刻板印象。其实天一阁的对外开放程度并不是祖制规定，而是由当时的家主灵活掌控，受到当时的历史条件影响，经历了从公共到私密再到公共的转变，并与其社会地位的变化基本呈负相关的趋势（图4-9）。

1 冯贞群：《芸草避蠹英石收湿说》，转引自《鄞范氏天一阁书目内编》。
2 赵万里：《重整范氏天一阁藏书纪略》，转引自《天一阁杂识》。
3 原文："考英石产于广东英德县，是一种石灰岩石块，有的'具峰峦岩洞之状'，因此被用来作为假山石头，故'以皱、瘦、透、秀四者备具为良'。英石也不同于通常作盆景用的川石。我们请教过地质工作者，并做了实验，证明它并无吸潮作用。"
4 戴光中：《天一阁：主范钦传》，浙江人民出版社，2006，第82页。
5 黄宗羲：《天一阁藏书记》。
6 杨铁夫：《重编宁波范氏天一阁图书目录序》。

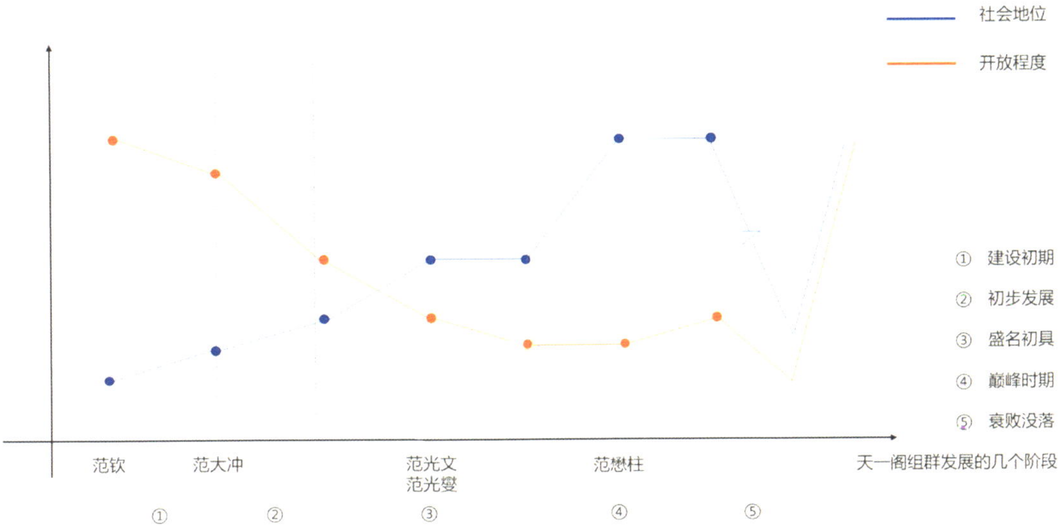

图 4-9　天一阁组群发展阶段示意

4.2.1 代不分书，书不出阁

范钦书友王世贞弇山园藏书，其侄范大澈设“卧云山房”藏书，明代学者胡应麟设“少室山房”等藏书，这些藏书楼及所藏书籍终究在自然规律下散佚湮灭，只余美名。在黄宗羲、全祖望等文学大家的文字中，均能看到对天一阁传治方法的精妙论断。“代不分书，书不出阁”这条戒令被公认为是使天一阁藏书长久流传的最主要原因（图 4-10）。

图 4-10　范钦授书场景

在中国古代传统思想的影响下，文人世代以通过读书来光耀门楣为个人最高理想，入仕为官经常发生在同族的连续几代人当中，书籍作为应对科考的基础资料必不可少，于是私家的藏书活动愈加兴盛。而藏书活动极耗费人力物力，在一定的规划之下才有可能完成，需要借助家族的集体力量，因而藏书逐渐成为具有传承力量的家族财产。范氏规定，子孙各房掌管钥匙，钥匙齐聚方可打开阁门，巧妙地化解了因某房主要负责书阁，导致家族分裂的危险，并增强了家族凝聚力。天一阁在此种全族保护的氛围下，被赋予了强大的生命力，获得了能够长久保存且不被移除改建的家族地位，成为范氏宅院中保存最为完整的园中园。

4.2.2 外姓不得登阁

不许外人登阁，从根本上严防了任何从外界带来的风险，大大减少了维护藏书楼安全稳定的工作量。从现代角度看，这样封闭自守的做法固然有影响文化传播之嫌，但鉴于其私家藏书楼的性质，是可以理解的。天一阁在归属于范家的时代中，具有完全保守的特点，只专注于本家子弟的学术仕途的需要，而无须承担社会的公共教育责任。从外部环境来说，明末时局动荡，1646年清军攻占宁波城，明已到强弩之末，天一阁势必要采取封锁的方法进行自我保护，直至清康熙十二年（1673），时局已趋稳定，黄宗羲才成为外姓登阁第一人，改变了藏书楼的相对封闭的状态。所以天一阁的封闭性是范氏保护藏书楼的重要手段，也是时代影响的结果。

天一阁的长久留存一方面归功于范氏子孙对祖训的严苛遵守，另一方面由于广大文人经年累月对天一阁地位的尊重，形成了不予叨扰的共识，而种种回避外人的做法都进一步神话了天一阁在藏书界的地位，不失为一种巧妙的"饥饿营销"。

4.2.3 日常维护

天一阁及其藏书能够保存完好，除了由于藏书方法的完善，更重要的是多代使用者将藏书活动纳入日常生活当中，时时刻刻注意书籍的保护。范氏定下祀田制度[1]，将公共财产的一部分用于藏书楼的维修管理以及家族公共事务，可见天一阁于范氏之重，其具有与祭祀先祖同等的地位。

相传只有祭祀和曝书是范氏子孙每年必须参加的家族活动。[2]每年梅雨季节之后，范氏子弟就要聚集起来将藏书分批搬出，放置在阴凉干燥的地方铺展开，除湿去霉，防止纸张在阳光直射下变脆。目前天一阁博物院在范氏余屋外的院子做曝书场景展示（图4-11），但实际的曝书场地是应不出书阁的前后小院，可以避免书籍远离藏书楼而造成遗散，也可以减少由于藏书楼偏远，需要将书搬至空旷之处造成的人力浪费。

图4-11 范氏余屋外的曝书场景

1 《希圣老人分析三子产业册》表明范氏置业部分作祀田，收入用于祭祀和修缮书阁。（《天一阁杂识》第7页）
2 骆兆平：《天一阁丛谈》，中华书局，1993，第38页。

范钦时期的天一阁一层也曾用于起居宴饮，但之后则增加了内部防范的管理，不再有首层的使用记录，并悬挂禁牌，时刻警醒来往人员，这对藏书楼延续数百年的控火具有极其重要的作用和深远的意义（图4-12、图4-13）。天一阁禁止火烛入内，不许在周边堆放易燃物，也不允许将书籍带出藏书楼。据此猜测，天一阁的管理条例成熟之后，应该是不再存在夜间读书的活动了。尤其到了后期，书籍大量失窃就出现在夜晚，说明在夜间天一阁周边几乎无人看守。到了近代，很多学者登上书阁进行书目整理，明确记录了藏书楼“日夜不辍”，此时因实际需求，烛火或电灯在众人的监督下被允许带入楼内。至现代，藏品都已移存至新书库当中，天一阁内不再有任何电力系统，恢复了“火烛不得入内”的古老传统。

在数百年历史朝代更迭中，天一阁藏书经历了数次兵燹之乱，若遇有变乱，即重新核对编目，及时弄清缺损情况，不因是范氏公产而放任不管。凡发现有散出之书，即派族中有办事能力的代表，千方百计予以访归和赎回，且天一阁藏书具有比较明显的独藏特征，较好分辨，为寻访遗散之书提供了线索。虽有些无奈流失，但至少有目可循。1933年，天一阁进入修理阶段，各方人士将藏书转移至他处，并在抗日战争中维护了藏书周全，且保持着例行晒书活动，官方和社会各界热心人士也为近现代天一阁的遗书访回提供了大力的支持；中华人民共和国成立后，天一阁又数次派专人在各地访求天一阁遗散之书，获得重大成果；[1]20世纪六七十年代，藏书家们纷纷将藏书捐于天一阁，由国家进行统一的收藏管理，奠定了现代天一阁的藏书规模。

图4-12　书橱上禁文“烟火切忌登楼”

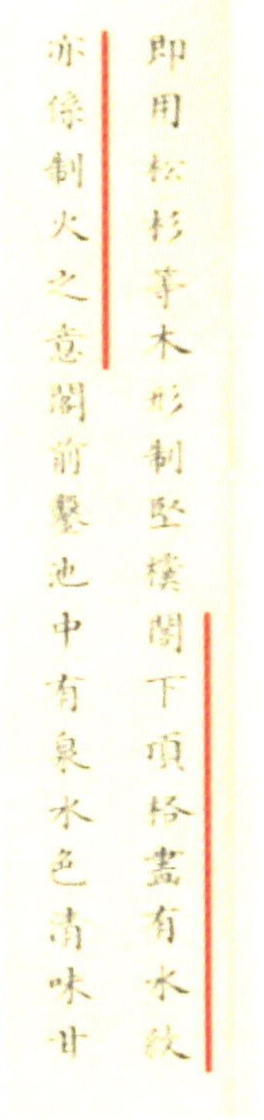

即用松杉等木彤制堅樸閣下頂格畫有水紋
亦係制火之意閣前鑿池中有泉水色清味甘

图4-13　清代寅著奏章

1　袁慧：《〈古今图书集成〉与“天一阁藏书”》，《紫禁城》2007年第9期。

4.2.4 惩戒措施——"不予祭"

明嘉靖皇帝极为重视宗法礼仪，于1536年批准了礼部尚书夏言的《请定功臣配享令臣民得祭始祖立家庙疏》，下诏"许民间皆得联宗立庙"。皇家将宗法礼制推向高峰，民间纷纷效仿响应，宗庙礼制系统成为维系血缘宗亲关系和社会和谐稳定的巨大精神力量。[1]所以"不予祭"的惩罚措施在以血缘宗亲为纽带的时代下是极为严厉的，代表着个人价值被暂时否定并失去了家族力量的支持。自先祖宗尹之后，范家出名的人不多，范钦这支更是家境清贫，所以范钦是带领范氏重获繁荣的一代家主，在家族中有着极高的地位，这是天一阁长久保存的重要条件之一。

天一阁受到范氏家族的高度重视，成为其延续祖业的一个创举，被树立成了丰碑一般的崇拜对象；[2]至清代受皇家重视，天一阁在公共视野下被监督，同时也成为一种保护。藏书管理的规章制度在表面上是保护藏品的措施条例，实际上有效增强了家族的凝聚力，在私人财产性质的背后有着维系家族团结的公共意义，为子孙树立了一个集体共识：以家族拥有天一阁为荣，以不予祭为耻。天一阁的屹立不倒督促着范氏子孙牢记先辈不易，苦读诗书，时刻以贤励己、以道正格。从450年前开始，范氏族人通过不懈的努力保护天一阁，天一阁也以其社会地位庇佑范氏后人。

4.3 历史影响

明中期之后，以宁波天一阁藏书楼为代表，一批分布广泛、周围环境与建筑本体关系紧密、建筑结构与室内空间特征鲜明的藏书楼建筑出现了，继承与发展出了海量藏书楼建筑的新类型，即天一阁范式藏书楼。这类藏书楼以天一阁为原型，除"四库七阁"外，还包括大量的私家藏书楼，并影响至东亚文化圈。[3]这些藏书楼通过场地布局、结构形式的巧妙设计，营造出良好的藏书环境，在多方面体现出传统建筑的营造智慧。

4.3.1 民间私家藏书楼

范氏天一阁的藏书"范式"在长期的实践中证实了其方法的先进性，并影响到很多周边地区藏书楼建筑的营建，[4]甚至其他国家的藏书楼建筑的设计建造都有所借鉴。在2007年，天一阁的建筑形象被美国

1 根据《清代学术史讲义》总结。

2 巫鸿：《中国古代艺术与建筑中的纪念碑性》，上海人民出版社，2009。

3 朝鲜成海应的《燕中杂识·宫室》描述了天一阁的建筑特点；李圭景的《大东书厄辩证说》赞扬了天一阁的藏书制。度，对朝鲜本土藏书楼提出了批评；日本冈田玉山的《唐土名胜图绘》对文渊阁模仿天一阁的情况进行了介绍。

4 "据不完全统计，自称效仿天一阁而建的私家藏书楼有卢址抱经楼、薛福成文选楼、吴引孙测海楼、黄氏五桂楼、郑氏敬业堂、林氏近性楼、甘氏津逮楼等。江南现存私家藏书楼有抱经楼、水北阁、嘉业堂、西涧草堂、玉海楼、衍芬草堂、古越藏书楼等。"（郑殷芳《世界遗产语境下天一阁遗产价值的再认识》）

建筑师复制到了罗德岛大学的孔子学院当中，[1] 使得天一阁藏书楼成功地获得世界认同，成为中国与世界、古代与现代的藏书楼建筑营造思想的纽带。[2] 以下就几例受天一阁影响的民间私家藏书楼进行探讨。

（1）水北阁

水北阁建于清同治三年（1864），阁主徐时栋[3] 一生嗜书，家中藏书楼曾两度毁坏。[4] 最终重建的藏书楼位于宅第附近的河流之北，所以命名为"水北阁"。建筑方向坐南朝北，对应了北极星位，以期为书阁赋予"水"的属性；在命名选字上，避开了原来"烟""草"等与"火"有关的字眼，而直接选取"水"字，以求制火之意；[5] 重建也汲取了天一阁的设计经验，将藏书楼与居住环境区分开来，减少火患的风险。

水北阁为一排两层楼房，五开间两弄、六进深的硬山顶砖木建筑，装饰简单，色彩淡雅。首层前后设廊，门窗设置南北一致，二层的五间窗户也均南北通透，形成通风、采光良好的环境；东西尽间均设楼梯，这是与天一阁较大的区别（图 4-14、图 4-15）。对称两弄是宁波民居最常见的垂直交通做法，也可能是因城西草堂遭受火灾的教训，水北阁的建设格外重视现代建筑中的"疏散"概念，牺牲了部分放置书籍的空间，但大大加强了面临突发事件的应对能力。

图 4-14　水北阁现状外观

1　邢文芳：《天一阁藏书楼建筑研究综述》，《中国索引》2014 年第 3 期。

2　"有的外国朋友回国后，撰文并刊登照片介绍天一阁，有的寄赠自己的著作或其他书刊。德国哥廷根大学汉学系的一位博士研究生，特地函索资料，以天一阁为题撰写博士论文，他说：'我选这个题目是因为你们天一阁是世界上最有名的藏书楼之一，本国虽然有关于天一阁的资料，但是我还缺少一些重要的书……'如今，天一阁不仅是祖国历史文化遗产的宝库，而且在中外文化交流中发挥了前所未有的作用。"（《天一阁丛谈》第 12 页）

3　徐时栋（1814 — 1873），浙江鄞县人，字定宇，一字同叔，号淡潺、淡斋，又被称为"柳泉先生"。

4　其父徐太茂公曾在十景之一的"烟屿"建有烟屿楼（又名恋湖书楼）。藏书数万卷，藏书楼面向月湖，坐西朝东，首层为居住空间，二层贮书，可惜藏书在太平天国时遗损殆尽。徐时栋迁居甬城城西门外后，又建城西草堂，重新整理藏书，但城西草堂在清同治二年（1863）又不幸毁于火患。

5　李靖：《清代宁波藏书家徐时栋藏书活动研究》，硕士学位论文，宁波大学，2017，第 21 页。

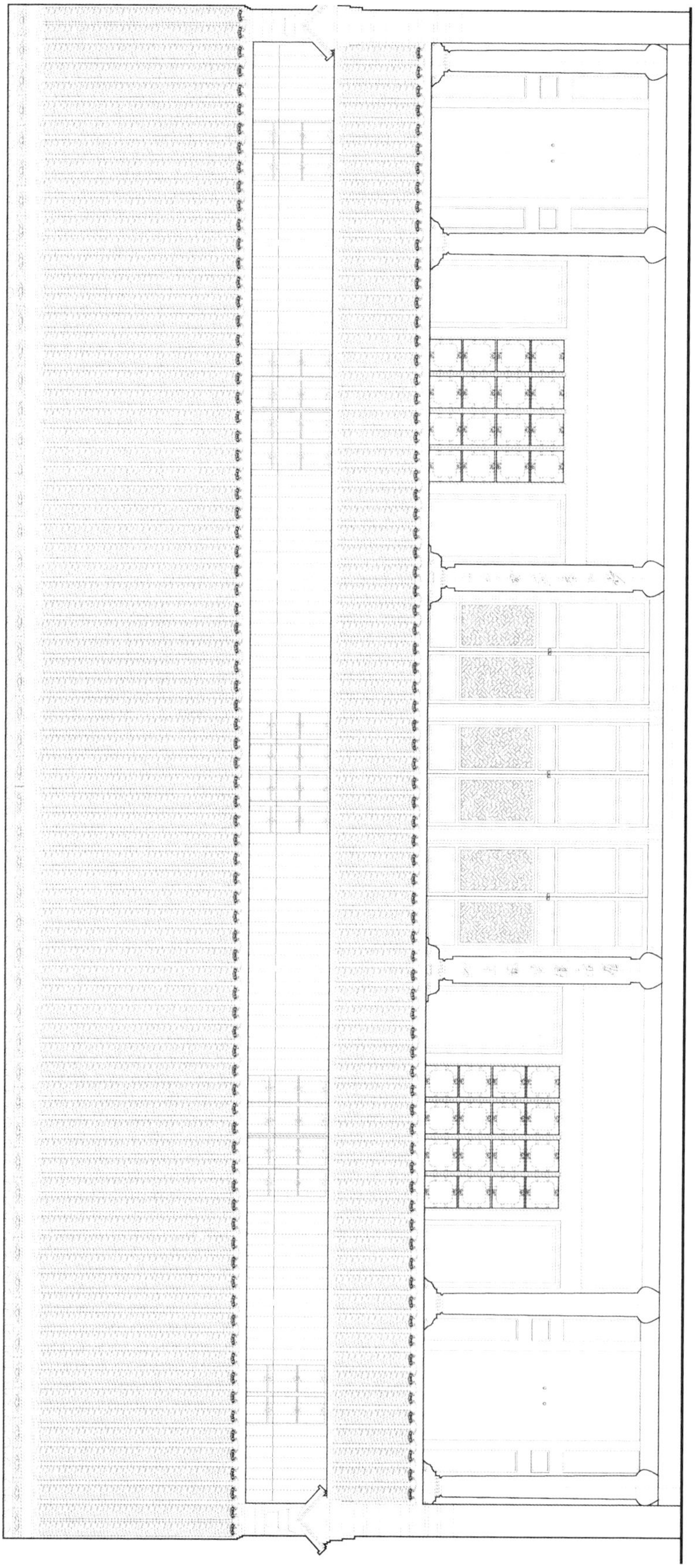

图4-15 水北阁南立面图（天津大学建筑学院测，刘健绘）

首层两次间以木板门与明间隔开，南北两面设门，且次间北面与楼梯尽间也做门连通，首层的室内空间形成了四通八达的路径。楼上曾藏书三十大橱，中央三间虽然用隔板分开，但在南北两走廊上，均开门连通道路，使藏书空间具有灵活的通达性，在任何位置上都能以较快的速度到达楼梯间（图 4-16、图 4-17）。

徐时栋的藏书理念与范钦有相似之处，在典籍收集中不弃地方志，并进行校勘编辑，为后世留下了珍贵的史料记载，现辟为“中国地方志珍藏馆”也是实至名归，完成了徐时栋先生的毕生夙愿。但徐氏子孙人丁凋零，家族力量不足以维系藏书楼的经营，在徐时栋去世仅 40 年后，藏书即散尽，建筑改作民居，没能像范氏天一阁一样在劫难中受到各界的协助和保护，书、阁得以具存至今。现楼阁与卢氏抱经厅同移入天一阁博物馆南园进行保护利用。

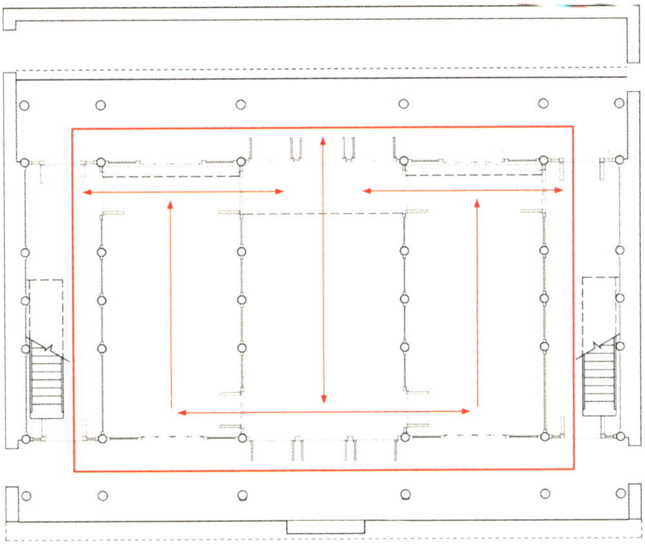

图 4-16　水北阁首层流线示意

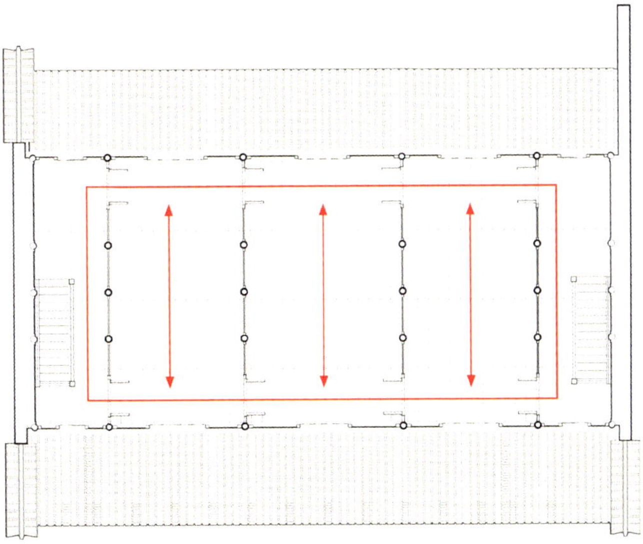

图 4-17　水北阁二层流线示意

（2）五桂楼

黄氏五桂楼位于余姚梁弄镇学堂弄，建于清嘉庆十二年（1807），有"浙东第二藏书楼"之称，因登楼可远眺四明群山，又名"七十二峰草堂"。创始人黄澄量为清代诸生，字式筌，号石泉，藏书五万余卷，因其宋代先祖有兄弟五人中举，故为其藏书楼命名"五桂"。

黄澄量十分赞赏天一阁对藏书的管理制度，"今世藏书之家，惟宁波天一阁为最久。其制：橱门楼钥，子孙分房掌之；非齐至不得开，禁书下楼梯及私引亲友。擅开，皆罚不与祭。故历久而书不零落"，明确了天一阁藏书经久不散的原因在于"其制"甚严，并立下五桂楼的阅览规矩："黄氏经籍，子孙是教，鬻与假人，即为不孝。"但黄氏藏书在对外开放的态度上与天一阁并不相同："余既构楼三间，以藏此书，盖欲子孙守之。后世能读楹书，可登楼展视。或海内好事，愿窥秘册者，听偕登焉。"[1]五桂楼更为注重藏书的使用价值，而并非"庋藏"的目的，它广纳学子登楼阅览，以求藏书惠及子孙世人，对典籍文化起到重要的传承作用，是私家藏书楼走向公共性的重要一步。可惜黄氏子孙后代认为书籍无用而默认其遗散，至清末民初，科举废除，五桂楼的书籍因翻阅人数的减少和社会动荡不安的状态，逐渐散失。

现状五桂楼有前后两个天井，南侧天井是一个开敞式院落，北侧天井狭窄，只深2米余，起到采光通风的作用，并维护北面的私密性（图4-18～图4-20）。藏书楼面阔三间，进深立十柱，硬山顶，明两层实顶有一暗阁，用以在危难时期保护珍藏（图4-21）。山墙使用了等级最高的五马头墙，以利防火防风（图4-22）。

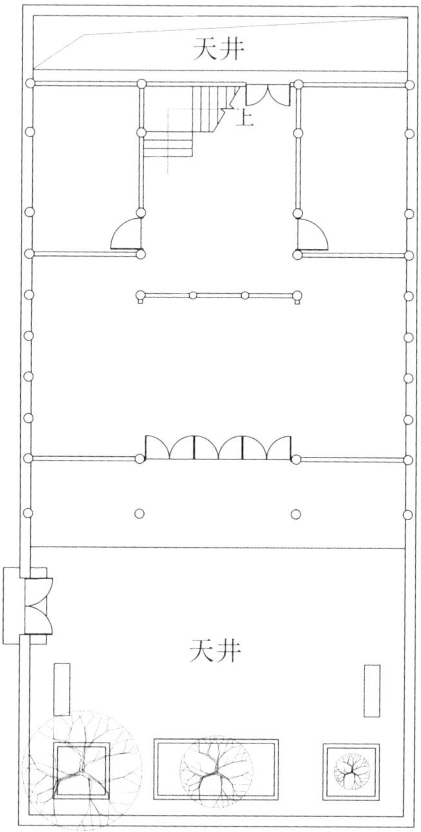

图4-18 五桂楼平面示意图

1 黄澄量：《五桂楼藏书目识》，转引自虞浩旭《天一阁》第131页。

图 4-19　五桂楼后院天井

图 4-20　五桂楼前院

图 4-21　五桂楼南立面

图 4-22　五桂楼山墙

室内以隔墙将首层的空间分为前后两个部分，北侧中央有楼梯可登二层，东西分隔出小室（图 4-23、图 4-24）。藏书位置与天一阁同，均选在二层，可以通风防潮，现置大橱二十四口。南面均做透窗，采光条件优越，有较佳的阅读环境。五桂楼西侧邻"梦花书屋"，又称"爱吾庐"，为黄氏的居所、书房之用，曾有扩建，现为一排两层五开间的硬山顶卷棚建筑（图 4-25）。

图 4-23　五桂楼楼梯

图 4-24　五桂楼首层内部

图 4-25　梦花书屋

（3）抱经楼

卢氏抱经楼原址在宁波君子街 18 号（图 4-26、图 4-27），建成于清乾隆四十二年（1777）。楼主是卢址（1725 — 1794），字丹陛，一字青厓，是清代宁波地区著名藏书家，在录的藏书已达五万余卷，藏四十七大橱。他在《抱经楼碑记》中表明了对天一阁藏书及管理方式的推崇："吾乡之善聚书者，首称范氏天一阁，尝爱其取之精而藏之久，以余驽下，岂敢望其肩背？然以好之久，遂聚之多，故择之愈慎。"故建设抱经楼时完全模仿天一阁形制。乾隆五十二年（1787），钱大昕在《抱经楼记》中也记载："兹楼之构，修广间架皆摹天一阁。"冯贞群《登抱经楼记》载："每岁六月，卢址子姓登楼发藏，排日曝书，并祭先生于楼下，有其举之，莫敢废也……是楼之建，历百有余年，曝书而外，终岁封闭，当曝书时，苟非素识，不许登览。登则有卢氏子与之偕。"[1] 说的就是抱经楼吸取天一阁之经验，曝书除霉，监督阅览，防止盗窃。

图 4-26　20 世纪 90 年代初抱经楼旧照（天一阁博物院提供）

图 4-27　抱经楼原址示意图（天一阁博物院提供）

1　骆兆平、洪可尧：《卢址和抱经楼》，《图书馆杂志》1983 年第 2 期。

抱经楼位于卢址宅第之东，由门楼和围墙围护形成一个单独的封闭院落，[1]保护十分严密。建筑六间两层，西面一间开间较小，设置横装步梯，"与天一阁稍异"，一层为开阔大厅，在二层贮书。在外部环境的设置上也悉数仿天一阁制，将藏书楼置于园林景观之中，堆假山，开方池，环植竹木。[2]

但清末至民国时期，卢氏子弟将整楼典籍变卖，只余空楼，周边面临着杂居火患，书楼老旧破败，摇摇欲坠。1974年，陈从周教授在《梓室余墨》中"建议（将抱经楼）拆移天一阁"。[3]20世纪90年代的拆迁过程由于种种原因搁置，构件至今藏于天一阁博物院中，已被环境侵蚀许久。现南园只恢复了卢址的抱经厅（图4-28、图4-29），作文化产品展销之用。

4.3.2 皇家"四库七阁"

《四库全书》是清代乾隆时期编纂的中国历史上体量最大、内容最丰富的一部丛书。清乾隆三十九年（1774）六月，时任杭州织造的寅著上奏乾隆皇帝，并随奏折附录宁波天一阁的建筑图样。天一阁以其独特的建筑形式、场地布局、建造材料等呈现于乾隆皇帝面前，自此揭开了由是年到乾隆四十八年（1783），北至盛京南至杭州（北京文渊阁和文源阁、承德文津阁、沈阳文溯阁、镇江文宗阁、扬州文汇阁、杭州文澜阁）七座模仿天一阁的皇家藏书楼（合称"四库七阁"）的建设（图4-30）。天一阁独特的建筑范式在被乾隆皇帝选为《四库全书》藏书楼原型后，声名进一步远扬。[4]

图4-28 卢址抱经厅正面外观

图4-29 卢址抱经厅侧面外观

1 "据君子街的老居民回忆，抱经楼是进楼屋，其门楼很高，在围墙外的君子街上，也能看到露出围墙的门楼横额'抱经楼'三个大字。"（胡白水《甬上藏书归天一》）

2 范凤书：《中国著名藏书家与藏书楼》，大象出版社，2013，第166页。

3 骆兆平：《天一阁杂识》第82页。

4 "四库七阁"和天一阁营建范式的关系，详见《天一阁藏书楼"营建范式"的不同再现——四库七阁》第5章。

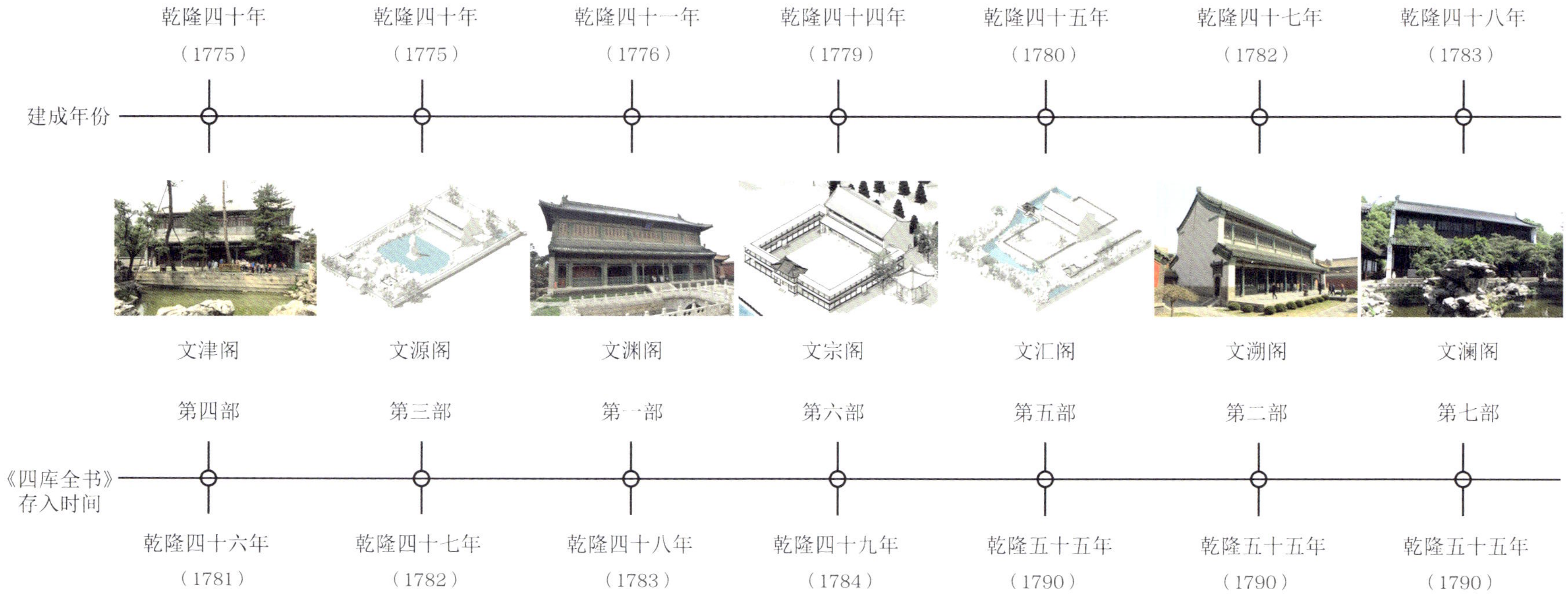

图 4-30 “四库七阁”建设顺序及《四库全书》入阁时间

4.4 总结

中国古代藏书楼是保存中华文化典籍的重要实物载体，具有珍贵的遗产价值和文化内涵。《辞海》中将“藏书楼”定义为“两层及两层以上的用于藏书的房屋”，构成了对中国古代藏书楼建筑类型的统称。而以往有观点认为：一、藏书楼建筑是住宅、宫殿、寺庙或园林类建筑的附属，并不具备同一类型建筑的共同特点；二、传统藏书楼功能单一，以“藏”为主，历史上没有与西方对等的具有公共、半公共图书馆功能的场所；三、藏书楼建筑与其他楼阁在营造特征上没有区别，在结构处理、建筑性能等方面与藏书需求并无对应。但对藏书楼建筑研究的持续深入，不断突破着既有的思维观念，引出了藏书楼建筑研究的新进展。本书是在对天一阁详细个案研究的基础上，对传统藏书楼建筑研究的些许新突破。

第一，中国封建社会晚期，以宁波天一阁藏书楼为代表，继承并发展出了一种藏书楼建筑的新类型。长久以来，书的文本内容是人们获取知识的主要途径，是书籍价值的核心。但自明代中期开始，重视书籍本身的“文物性”成为新的藏书理念，并催生体现这种理念的藏书楼建筑的代表——宁波天一阁（此类建筑中现存最早者）。天一阁以独特的面阔六开间、二层存书一层阅览、与山池相结合的园林环境等建筑范式特征而闻名，受其影响的藏书楼既有直接对天一阁所在环境、建筑结构、藏书制度的模仿，比如清代兴建的位于江南地区、黄淮地区、大运河沿线等地的大量私家藏书楼，乃至影响到韩国、日本，亦有针对不同的地域特点和藏书规模所进行的意向性写仿，比如清乾隆时期根据杭州织造寅著上奏的天一阁建筑图样兴建的“四库七阁”等。此类私家、官修藏书楼建筑特征鲜明、数量众多、分布广泛，均是以宁波天一阁为原型，可以将其作为单独的建筑类型进行深入研究。

第二，天一阁及其影响下的藏书楼，其周围环境与建筑本体同等重要且联系密切，兼备“藏”与“阅”的双重功能。天一阁及其影响下的藏书楼将建筑置于独立的室外园林环境当中，既是出于安全性的考虑，比如防火、防盗的需求，也是藏书楼室内阅览功能向室外扩展的重要延伸。同时，为了实现妥善存储书籍这一核心功能，也需要借助室外的环境，创造出更好的通风条件、温湿度等因素来提升藏书的环境。此外，“藏”与“阅”的有机结合，也使此类藏书楼成为中国最早具有公众开放意义的图书馆雏形，天一阁等一批江南地区私家藏书楼在清代对知识分子群体有限开放；而“四库七阁”中的文渊阁允许在京文臣查阅，“南三阁”（扬州文汇阁、镇江文宗阁、杭州文澜阁）允许士子阅览，“乾隆时特开四库，建文宗、文汇、文澜三阁，准海内稽古之士就近观览”（郑观应《盛世危言》）。潘克先的《中西书院文艺兼肄论》和《上海强学会章程》等都强调了官修或私家藏书楼的藏书向士子开放的重要性。

第三，天一阁及其影响下的藏书楼在建筑营造上具有与其他楼阁建筑相区别的鲜明特征。随着书籍印刷和流通的发达，明代中晚期藏书家的藏书规模显著增加，藏书楼建筑的承载性能需要随之提高。而为配合较为私密的藏书制度，以及防火、防盗、防潮的实际需求，书籍最多、质量最大的部分往往设置在藏书楼上层，这种与力学稳定性相悖的功能配置模式也需要与之相适应的结构处理。与此同时，传统藏书的纸张材质十分脆弱，潮湿霉变、日晒变质、虫蛀鼠啮、温度波动等因素都会对其产生明显的侵蚀破坏，天一阁及其影响下的藏书楼则紧密契合了妥善存储书籍的建筑功能。比如“1980 年，承德市图书馆古籍（重新）搬入文津阁贮藏。第二年，发现书中蠹鱼，没有放药就自然绝迹。而这些古籍在原书库时，防虫曾使用了六六粉、樟脑精、溴氰菊酯等药……（蠹鱼）都未能彻底消灭”[1]。这也说明在中国古代质朴的技术条件下，此类藏书楼所实现的优良建筑性能鲜明体现着中国传统建筑的营造智慧。

天一阁和以其为原型建设的一大批私家、官修藏书楼分布广泛，周围环境与建筑本体关系紧密，结构处理与建筑性能特征鲜明，在中国建筑史中构建出一种海量藏书楼建筑的新类型，即天一阁范式藏书楼。这种海量的藏书形式，后来直接影响到清乾隆皇帝的“四库七阁”，成为一种大规模国家行为。

1 卢顺：《文津阁及其藏书保护功能探因》，《图书馆工作与研究》1991 年第 1 期。

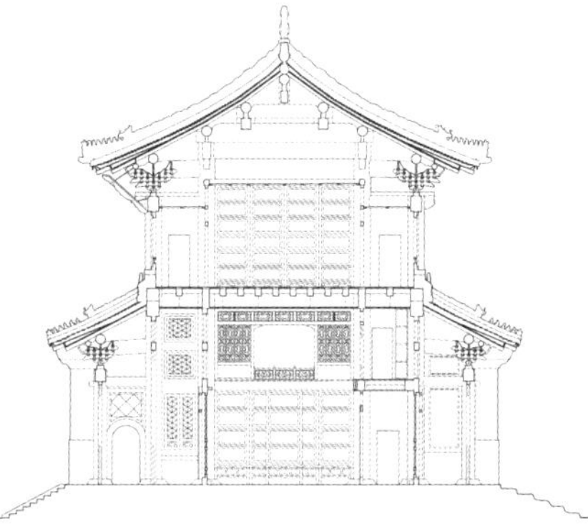

第5章

余论：天一阁藏书楼『营建范式』的不同再现——四库七阁

天一阁与其影响下的“四库七阁”等一批公私藏书楼一起形成一类藏书楼类型，具有独特的“营建范式”，是我国乃至世界最珍贵的文化遗产宝库。本章通过对原始文献资料的阅读和梳理，辅以测绘图纸和复原设计，从三方面总结这类藏书楼建筑的“营建范式”。第一，藏书楼通过改变建筑形制来消解文化理念与现实环境之间的冲突；第二，对比天一阁与“四库七阁”藏书楼的外观和结构，分析其立面表达的异同与室内空间关系；第三，藏书楼室内装修与功能的一体化设计的具体表现。

5.1 天一阁的“营建范式”

天一阁在外观上与浙江民居并无二致，带有浓厚的地域色彩：色调清淡素雅，山墙设观音兜，屋顶平缓，出檐深远，使用窗栅，前后设窗；室内一楼中堂采用石板地面，而用于日常起居的空间采用木地板；结构上采用月梁、猫儿梁、鹰嘴瓜柱等地域特色构件，这些特点是浙江民居（图5-1）的共性。但天一阁（图5-2）在园林环境、建筑空间等细微之处，皆具藏书特色，开拓了一种新的类型：以藏书功能为前提，以少有的偶数六开间为基础，一层三间开辟敞厅，顶层各开间贯通用以藏书，形式与功能相互统一，成为书籍储藏的专门性空间，是传统营建模式在实际需求下灵活转换的成果，成为普遍性与特异性良好结合的典范。

后人传天一阁命名来源于“天一生水，地六成之”之句，然天一阁起初命名为“宝书楼”，[1]在阁成之后，范钦偶得天一池石刻，才将阁名改为“天一”。[2]由此可见，“天一地六”的建筑含义是后期赋予的，把此定义真正赋予天一阁的是清乾隆皇帝。乾隆三十九年（1774）六月二十五日，乾隆皇帝下旨，因浙江宁波范懋柱家天一阁藏书楼“其法甚精”，传谕杭州织造寅著“亲往宁波询察天一阁房间书架，具样呈览”。寅著在回复的奏折中提出“天一生水，地六成之”之意。[3]乾隆皇帝将其总结，并仿照这一建筑形制建造了“四库七阁”。[4]从此，随着天一阁和“四库七阁”的名扬天下，“天一地六”的理念也被广为流传，奉为圭臬。至此，“天一地六”作为天一阁“营建范式”的理念，成为天一阁建筑形制的标志。

① 宁波紫金街林宅
② 慈城冯宅
③ 奉化岩头某宅侧院
④ 仙居高迁下房村吴氏大屋
⑤ 余姚王守仁故居——瑞云楼

图5-1　浙江民居（《中国民居建筑丛书：浙江民居》）

1 沈叔埏《书天一阁书目后》，出自《颐彩堂文集》。

2 清乾隆三年（1738），宁波学者全祖望题《天一阁碑目记》，里面记载了天一阁命名的由来。

3 杭州织造寅著具文上奏：“……传闻凿池之始，土中隐有字形，如‘天一’两字，因悟‘天一生水’之义，即以名阁。阁用六间，取‘地六成之’之义。是以高下、深广及书橱数目、尺寸，俱含六数。”

4 乾隆所题御制诗《趣亭》中“书楼四库法天一”一句的批注记载：“浙江鄞县范氏藏书之所，名‘天一阁’，阁凡六楹，‘盖义取天一生水，地六成之’为厌胜之术，意在藏书。其式可法，是以创建渊、源、津、溯四阁，悉仿其制为之。”

5.2 “四库七阁”写仿天一阁

在天一阁建成的200多年后，清乾隆皇帝为了贮藏《四库全书》，仿照天一阁建造了七座藏书楼，后世称为“四库七阁”（图5-3）。“四库七阁”作为皇家藏书楼，除了注重外观上的写仿，也重视对建筑空间进行合理改造，以达到政治和文化上的多重需求。天一阁也由此名声大噪，声名远播，影响力扩展至全国甚至海外。

图5-2 天一阁

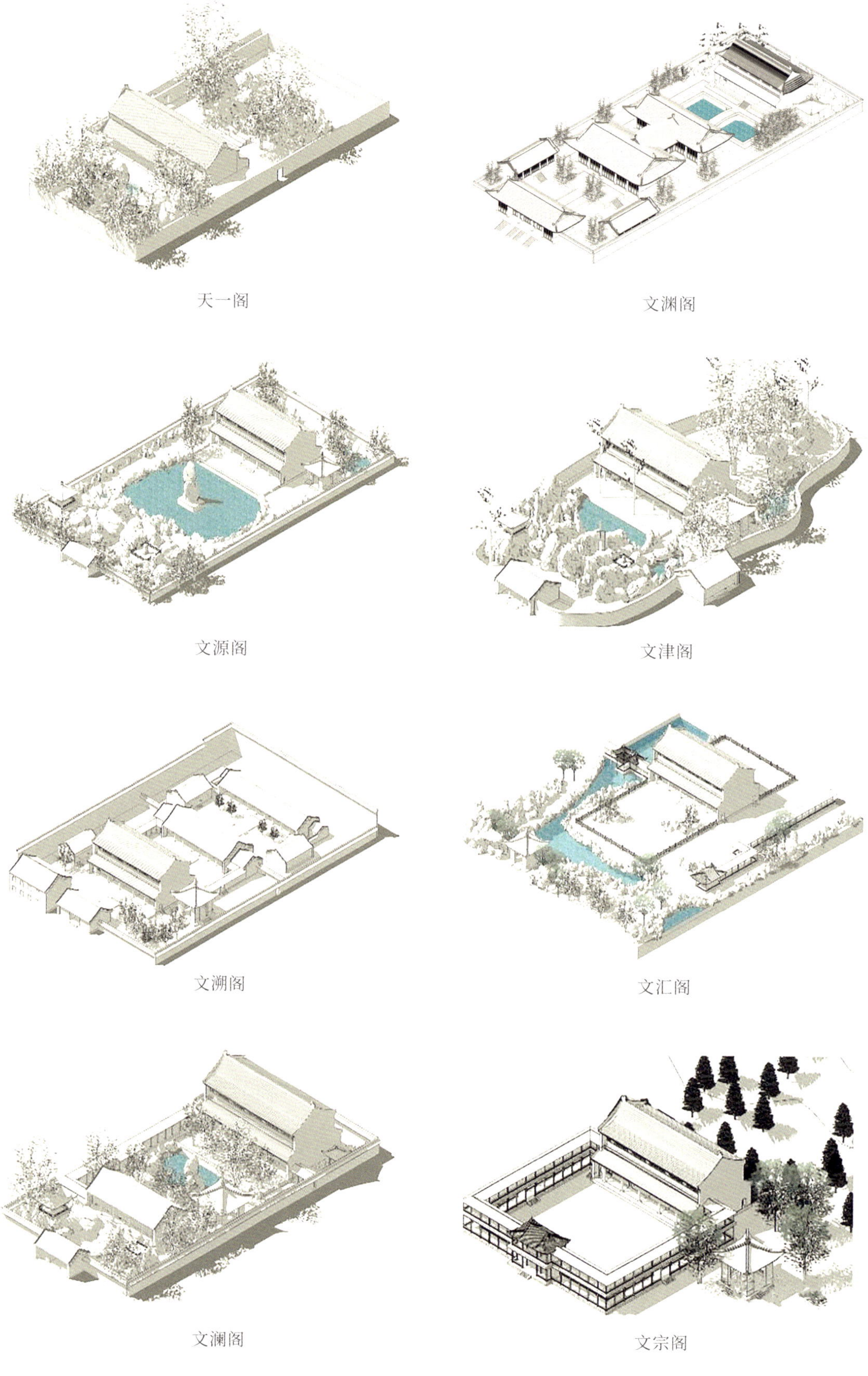

图 5-3 天一阁与“四库七阁”园林模型（于嘉绘）

文津、文源、文渊三阁为第一批规划建造的藏书楼，于清乾隆三十九年（1774）到四十一年（1776）相继建成。文津阁首先建成，正值乾隆皇帝驻跸避暑山庄期间，他赋诗道：“天一取阁式，文津实先构。”说明了文津阁是最“忠实”模仿天一阁的案例。但文津阁还写仿了米芾的宝晋斋，《钦定热河志》中记载：“文津阁与紫禁、御园三阁遥峙，前为趣亭，东侧月台，西乃西山，盖仿范氏之成规，兼米庵之胜概矣。”圆明园的文源阁仿文津阁而建，“命仿浙江范氏天一阁之制，先于避暑山庄构文津阁，次乃构文源阁于此，月台则又仿文津而为之也”。最后建造的文渊阁也参考了文津、文源二阁。[1]

其后建成的文溯阁参照了文渊阁，“京国略欣渊已汇，陪都今次溯其初”是清乾隆帝对二阁关系的描述。乾隆四十二年（1777），乾隆帝将两部《钦定古今图书集成》分别贮于镇江金山行宫和扬州大观堂行宫，两淮盐政寅著顺势启奏：“于行宫内就高宽之处仿天一阁规模，鼎建书阁，永远宝藏。”于是在南方建造了文宗、文汇、文澜三阁。乾隆四十四年（1779），文宗阁首先建成，次年文汇阁建成，文澜阁于乾隆四十九年（1784）年建成。南三阁建筑形制与北四阁有相似，也有改造之处（图5-4）。

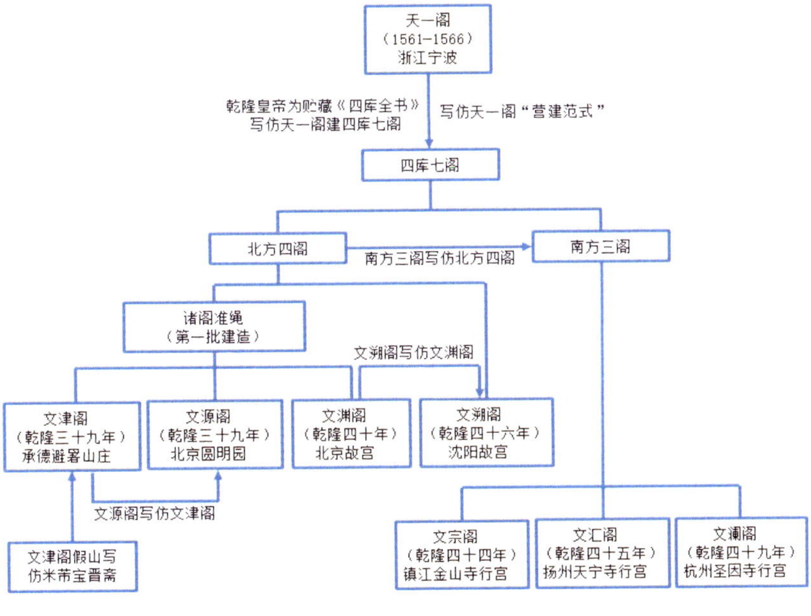

图5-4 “四库七阁”与天一阁之间的写仿关系

1 中国营造学社曾测量文渊阁，记述“独文渊一阁，易世以来，犹巍然峙于故宫内，且此阁实为轫建初型，当时诸阁准绳，系折衷于是，故言四库建筑者，应以文渊为主体，其余文溯、文津，取证不易，概未阑入”。世人多以文渊阁为四库诸阁准绳，然“轫建初型”实为文津、文源与文渊三阁，三阁不论是整体布局、建筑设计还是室内陈设都十分相似，为之后四阁的建造提供了模板，树立了典范。

七阁建筑均面南而建，前后设廊，明两层、暗三层。除文渊阁为歇山顶外，其余皆为硬山顶。南北立面基本相同，下层面阔六间，明间面宽比较大，次间和梢间面宽依次减小，西尽间最窄，为楼梯间，与天一阁的楼梯位置相同。建筑用冷色调，尽显朴素之美。南侧明、次三间的槅扇后退至金柱间，形成内凹型前廊。室内不设中柱，一层明、次三间辟为敞厅，通高至二层天花。首层仅在西尽间设隔墙，其余为贯通的空间。二层环绕敞厅布置，北侧为走廊。三层除楼梯间外为贯通空间，空间宽敞通透，是对天一阁特殊建筑布局的呼应。

5.3 “营建范式”的体现

以类型学为核心的营建范式观念认为，建筑设计起源于原型，但其价值在于对原型的超越。只有通过对原型的创新性转化，才能使历史与现实相连接，个体与社会相协调，特殊性与普遍性相统一，从而在建造过程中实现文化与功能的有机融合，构建出具有持续生命力的建筑形式和空间体系。七阁因地制宜，不断改进，建筑为官式做法，体量也因藏书浩繁而扩大，空间更加复杂，内外檐装修精美，等级规格远高于天一阁这座私家藏书楼。

5.3.1 文化与现实的冲突与交融

（1）“亲水”与“防水”

天一阁坐落于月湖湖畔（图 5-5），阁前后设水池，受其影响建造的民间藏书楼也大都沿河流分布。[1]“四库七阁”延续了天一阁的“亲水性”，七阁阁名均带“水”，唯文宗阁例外。[2]除文渊阁与文溯阁地处宫廷，其余五阁皆被园林水系和天然河湖环绕。[3]各阁更引水入园，营造山水园林空间，强调藏书楼的亲水性。在建筑色彩上，采用寓意水的黑色作为琉璃屋顶主色调、寓意木的绿色作为梁架和黑琉璃剪边

图 5-5 天一阁与月湖的位置关系（底图来源：百度地图）

1 例如：宁波水北阁位于宅第附近的河流之北，宁波五桂楼位于大溪河附近，抱经楼则位于慈湖河畔等。

2 徐苏在《镇江文宗阁溯源》中提出“文宗”是清乾隆皇帝对祖宗的“尊崇”之意。

3 文津阁位于承德避暑山庄内武烈河支流之中，文源阁位于北京圆明园河流南侧，文澜阁位于杭州西湖畔，文宗阁位于镇江金山湖畔，文汇阁位于常州市河旁。

的颜色，但“木生火”，因此又采用了大量的白墙（金）作为间色，有“金克木”“金生水”之意；在装饰上，脊兽、花脊、彩画使用水生动植物、水波纹等作为主题。

现实中对书籍危害最大的除了火还有潮湿和虫害，靠水太近容易造成潮变和生虫。因此，天一阁将藏书置于二楼，远离地面以防潮；阁前后设窗，书橱前后设门，两面贮书，以利通风；书中夹带芸草，以免蠹虫蛀蚀图书；在秋高气爽的晴明日将书置于阴凉干燥处曝晒以驱杀书虫，除湿去霉。

“四库七阁”则利用高台基、高敞的空间等，使建筑远离地面，内部通风良好，防止书籍受潮；阁前水池可以降低周围温度，使室内凉爽，不易生虫；贯通的室内空间与前后廊配合，促进空气流通；建立严格的曝书、保暖、防寒制度。

（2）“制度”与“外观”

“四库七阁”之中，唯文渊阁为歇山顶。文渊阁位于故宫外朝三大殿的东部文华殿建筑组群内。该建筑组群采取了中轴对称布局形式，由南至北依次为文华门、文华殿、主敬殿和文渊阁（图 5-6），除文渊阁外均为东西五楹，单檐黄琉璃瓦歇山顶。这组建筑群整体高大雄伟，等级较高。文渊阁为了与中轴线上的两大殿相适，屋顶设为歇山式。

图 5-6　样式雷图档上的文渊阁组群（2004 年样式雷展览，原图藏中国国家图书馆）

文渊阁是十分罕见的前后出廊歇山顶建筑。现存明清官式歇山顶楼阁一般在一二层连接处加一圈腰檐，常见于寺庙建筑和园林建筑中，比如北京雍和宫班禅楼、北京万寿寺万寿阁、北京北海庆霄楼等；或者不加腰檐，多见于二层设外廊的阁楼，比如北京北海叠翠楼、承德避暑山庄烟雨楼和畅远楼等（图 5-7）。文渊阁采用此种非常规处理方式是出于在环境（制度）与原型（外观）中取得平衡的特殊考虑。

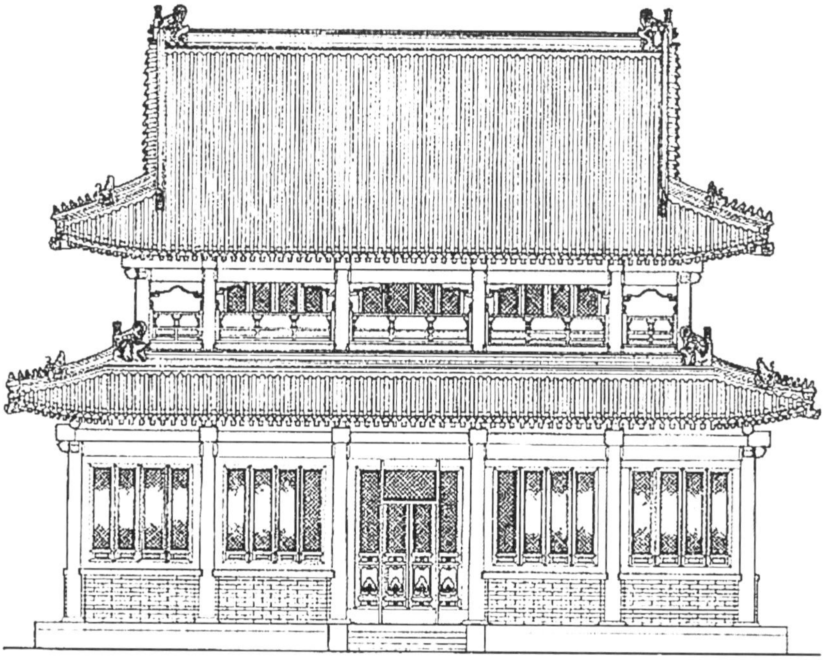

北京雍和宫班禅楼南立面图（北京建筑大学提供）

北京万寿寺万寿阁立面图（叶翔复原）

北京北海叠翠楼南立面图（天津大学测绘）

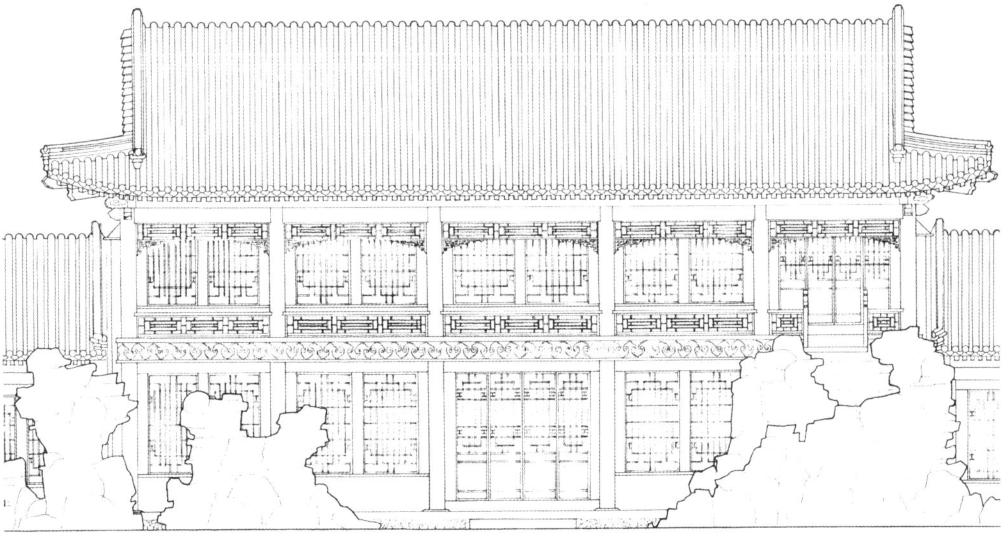

承德避暑山庄畅远楼正立面（天津大学测绘）

承德避暑山庄烟雨楼北立面图（天津大学测绘）

北京北海庆霄楼南立面图（天津大学测绘）

图 5-7　明清官式歇山顶楼阁建筑

5.3.2 结构与外观的相辅相成

（1）建筑避光措施

天一阁为两层硬山顶砖木建筑，南北设廊，进深面阔均为六间。室内一层明、次三间贯通，其余开间设隔墙，建筑二层整层贯通[1]。天一阁南北廊在尺寸上存在较大差异，[2]南侧出檐较深，二层亦是如此，腰檐也更高（图 5-8），这样调整能极大减少南侧阳光的射入，充分满足藏书遮阳的需求。二层将外廊改为内廊形式，进深四间，南北为廊，中心位置放置书橱，以达到避光的效果（图 5-9）。

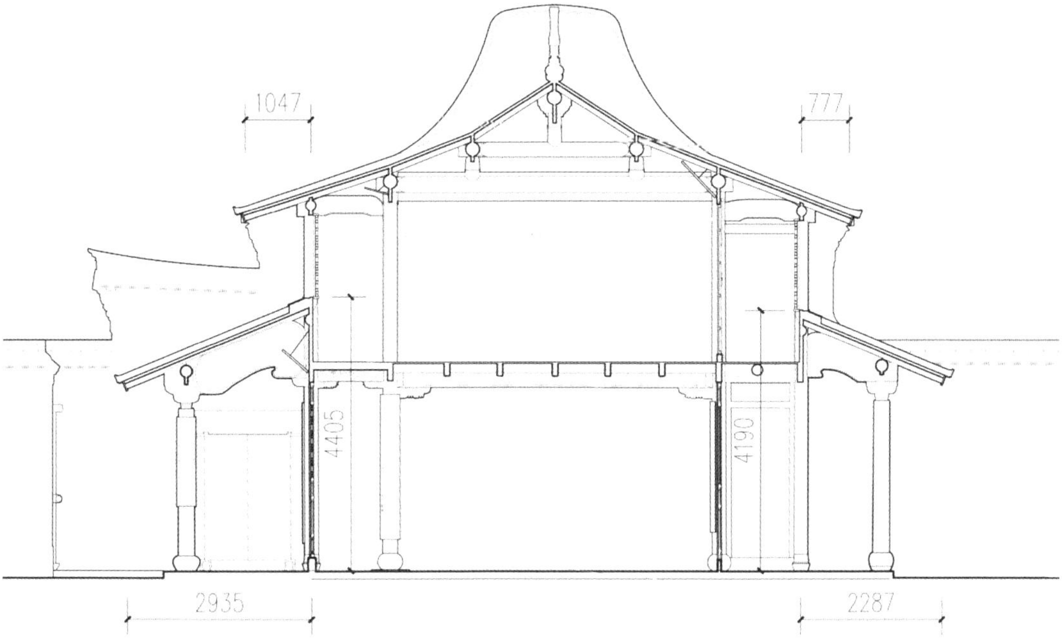

图 5-8　天一阁剖面图（天津大学测绘）（单位：毫米）

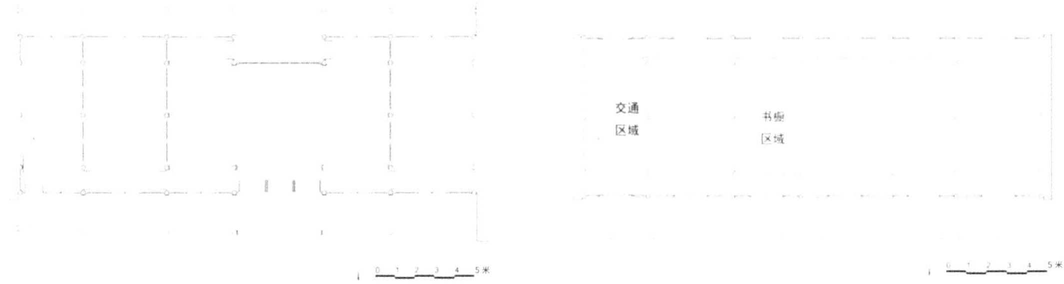

一层　　二层

图 5-9　天一阁一层平面图[3]（底图来源：天津大学测绘）

1　天一阁在营建初期二层为整层贯通，与如今布局并不相同。

2　南廊檐柱高约 2.38 米，南廊加出檐共宽 2.94 米，北廊檐柱高约 2.46 米，北廊加出檐共宽 2.29 米。

3　此图为乾隆赐书之前的天一阁二层平面图，之后天一阁二层进行过多次修改，时至今日已非原格局。

“四库七阁”延续了天一阁一层设外廊、顶层设内廊的建筑形制，和只在室内中部放置书橱的布局手法，并进行了调整优化——七阁前后廊保持对称，更显庄严；增设的夹层在北侧设廊且将槛窗设为盲窗以挡风沙阳光，沿着走廊布置书橱；南侧由于敞厅的设立，对应的走廊部分不能用作交通空间使用，也不便放置书橱，于是在二层东梢间设御榻，西梢间不设楼板，上下贯通，最大程度利用空间（图5-10）。

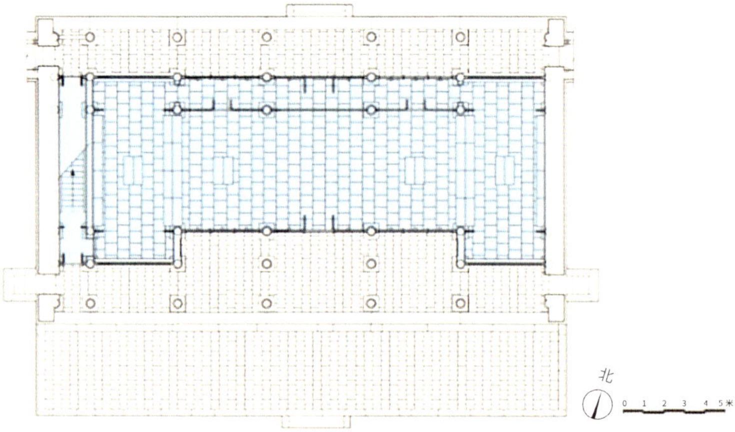

一层

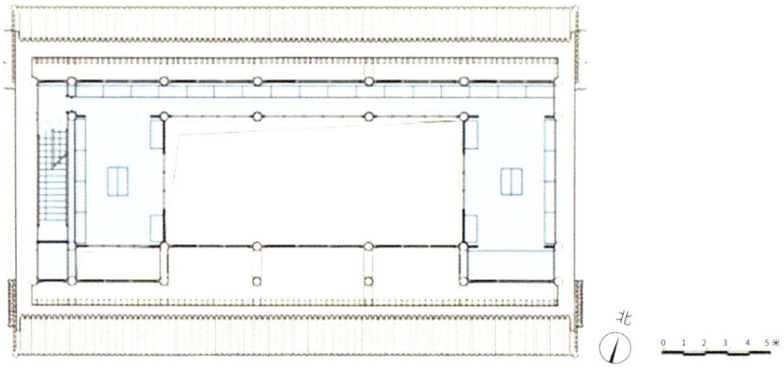

二层

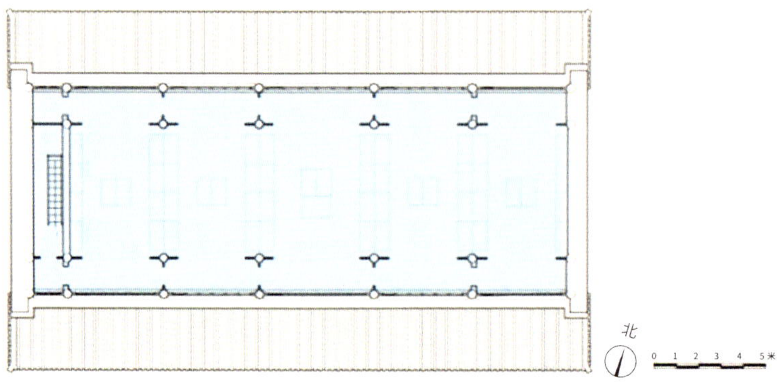

三层

图5-10　文溯阁平面图（底图来源：天津大学测绘）

（2）明二暗三格局

“四库七阁”在腰檐处增设夹层，以增加藏书楼的容量，又能保持两层的外观（图 5-11）。根据清工部《工程做法则例》中的标准做法，九檩楼房[1]（图 5-12、图 5-13）腰檐檐椽上端应位于二层窗台的下皮，但七阁为了“隐藏”夹层，降低了腰檐的高度，将檐椽上端插入三层楼板下的承椽枋之上，上面漏出三层部分槛墙，使三层在立面上的比例大大增加（图 5-14、图 5-15），在外观上更加均衡。

除了建筑本身外观比例的调整，在园林布局中，七阁亦用并置的碑亭作为参照物来营造“两层”的假象。文津、文渊和文溯三阁御碑亭采用较罕见的盝顶形式，底面积相同的情况下，盝顶会比攒尖顶更高耸。藏书楼因有夹层，整体建筑高度增加，将较细高的盝顶碑亭与藏书楼并置，在视觉上营造出一种尺度适宜的“两层”藏书楼形象（图 5-16）。

图 5-11　文渊阁（左）、文津阁（中）、文溯阁（右）

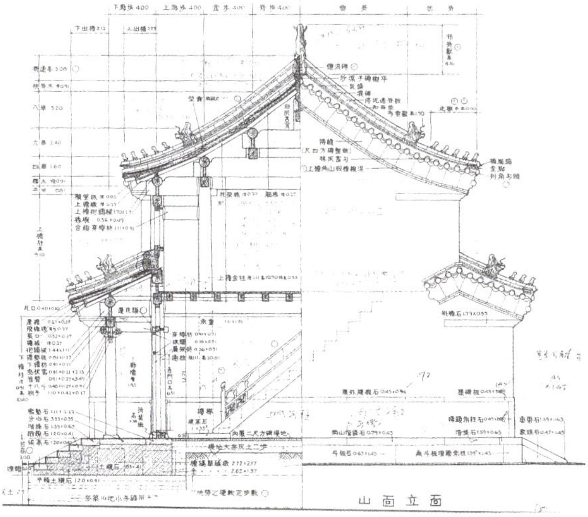

图 5-12　两层硬山建筑剖面做法（梁思成《清工部〈工程做法则例〉图解》）

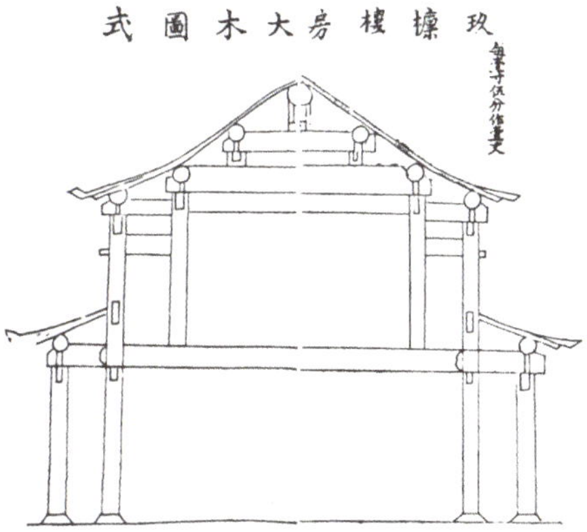

图 5-13　九檩楼房（清工部《工程做法则例》卷四图样）

1　清工部《工程做法则例》卷四。

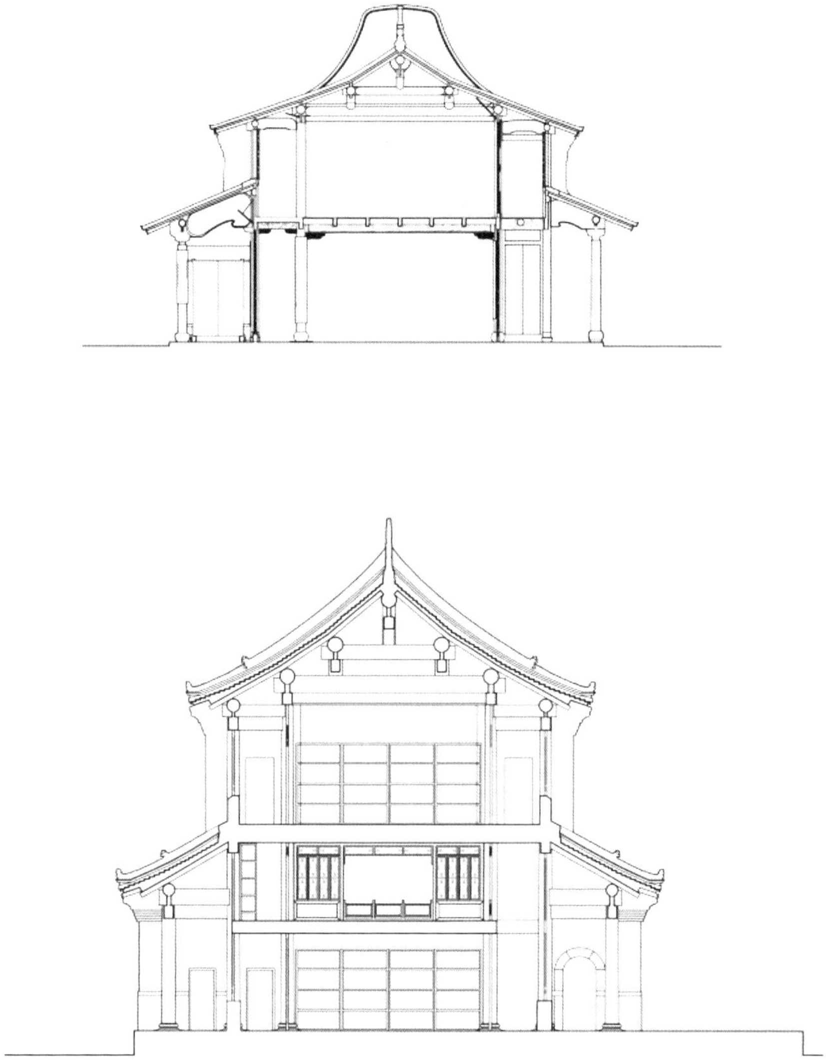

图 5-14　天一阁（上）、文溯阁（下）剖面图（天津大学测绘）

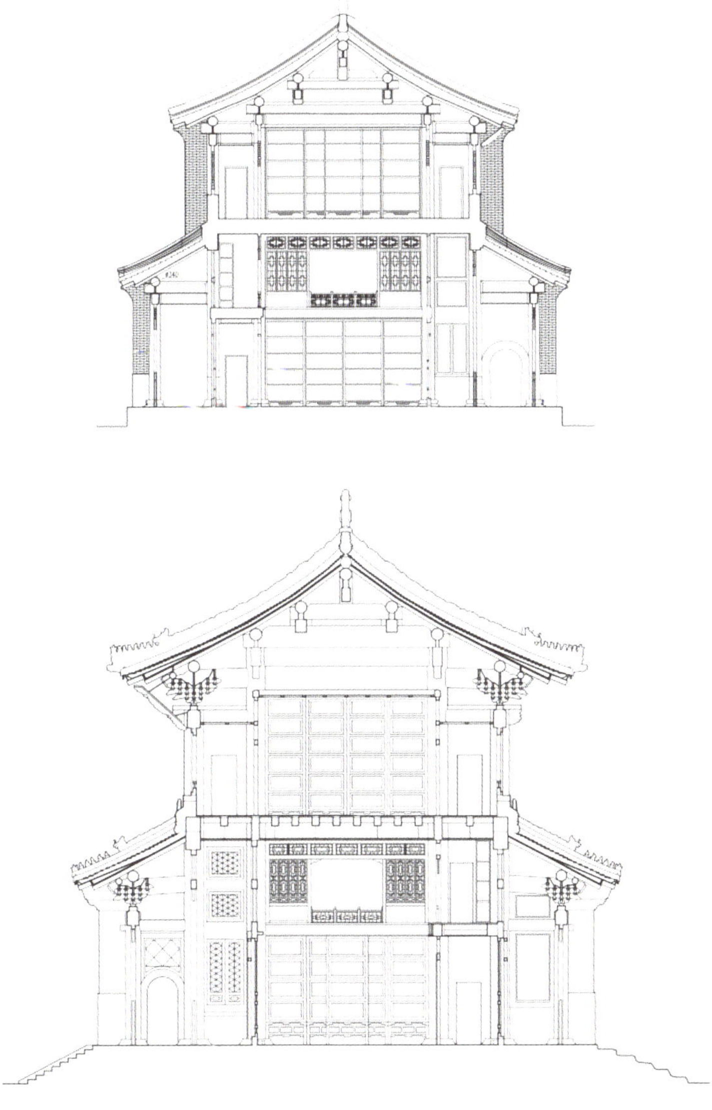

图 5-15　文津阁（上）、文渊阁（下）剖面图（天津大学测绘）

图 5-16　避暑山庄文津阁与碑亭并置

（3）中轴对称布局

天一阁面阔六间，各开间在比例上较为均匀，室内虽以明间为中心成对称布置，但从外观上看，这种布局并不明显。"四库七阁"相较于天一阁更加强调建筑立面的中轴线（图 5-17、图 5-18）。七阁虽同为六开间，但西尽间的开间尺寸远小于其他开间，内部仅容下一部楼梯，从建筑立面上看仍是一座以明间为中心的五开间建筑。

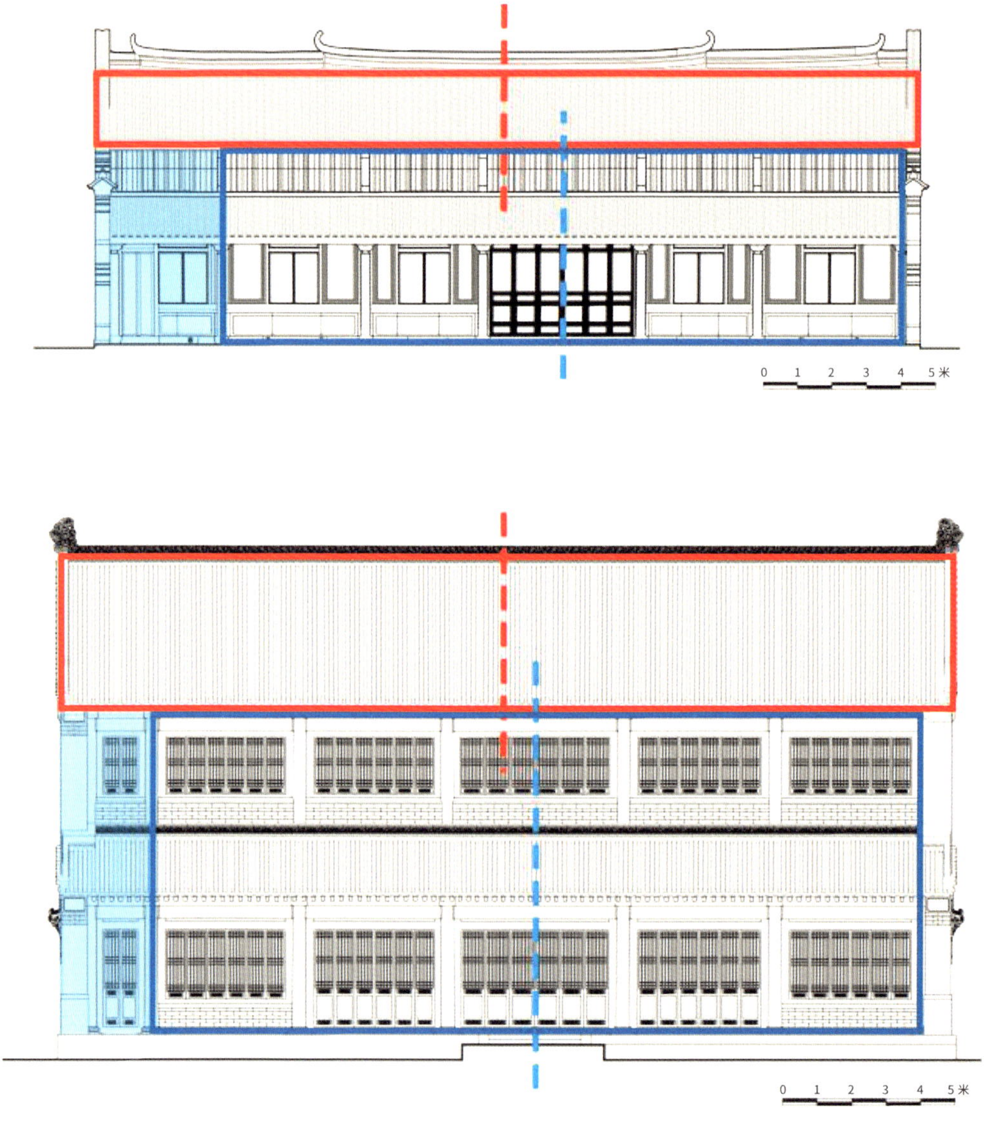

图 5-17 天一阁（上）、文津阁（下）中轴线示意图（底图来源：天津大学测绘）

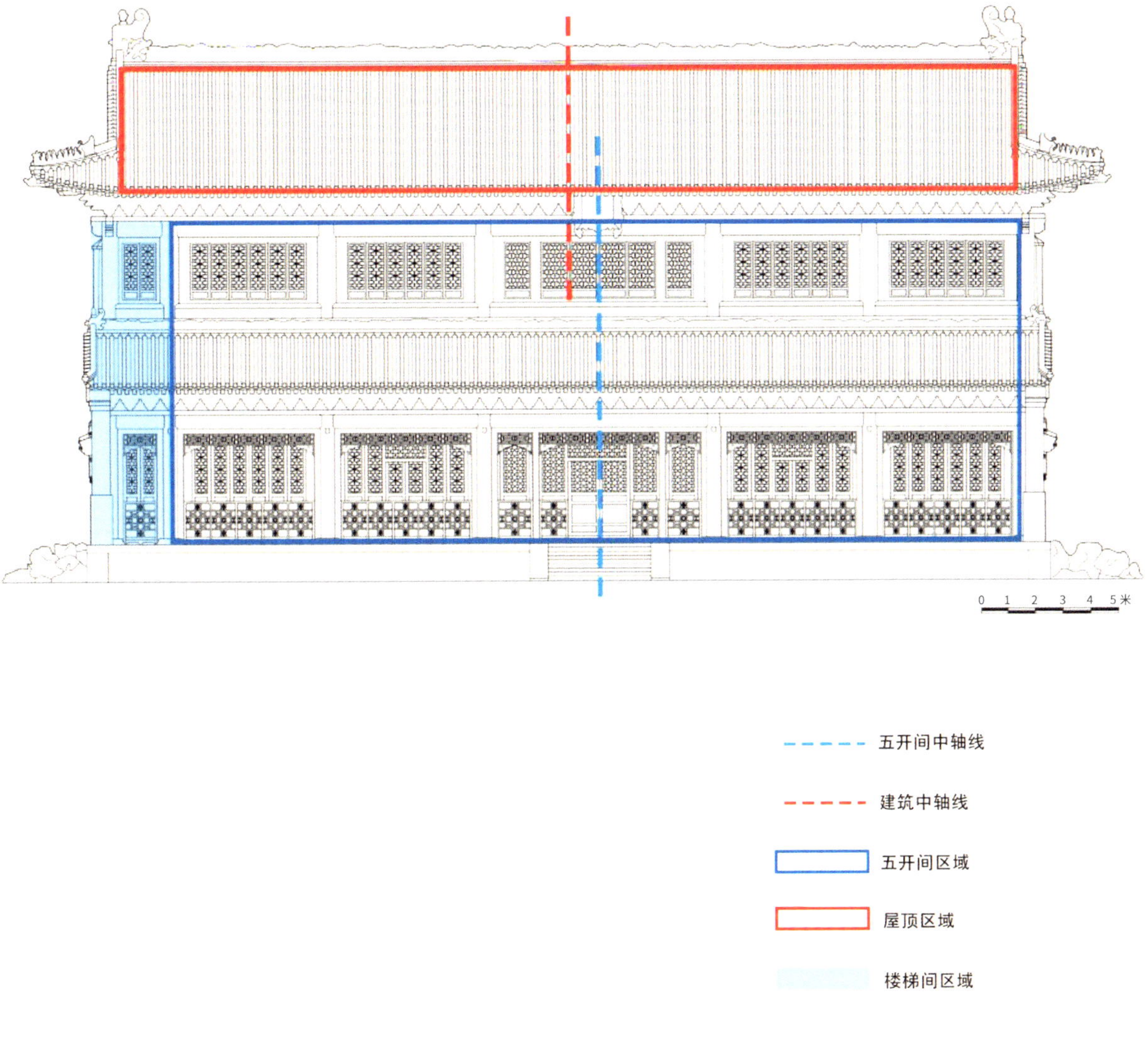

图 5-18　文渊阁中轴线示意图

实际上，天一阁也有着中轴对称的布局，与“四库七阁”利用开间尺寸悬殊的方式相异，天一阁是通过院落布局来解决这一问题的（图5-19）：利用阁西面楼梯间与对面围墙的对应关系，从院落中看去，楼梯间被遮挡住，天一阁呈现出明间对称的五开间外观，且中轴线与南面园林的中轴线保持一致，形成“假山—池水—藏书楼—花台”的组群序列。室内明、次三间以中轴线设敞厅，形成了室内、室外以及园林布局的统一对称。“四库七阁”延续天一阁的轴线序列，园林布局虽灵活多变，但中轴线明显存在并控制着整体布局（图5-20～图5-22）。

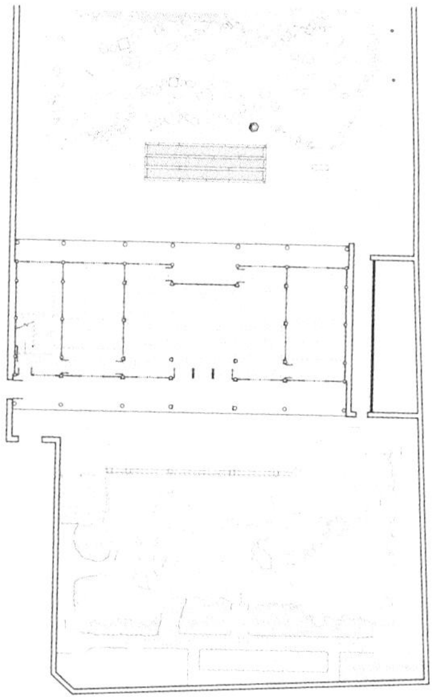

图5-19　天一阁院落布局（底图来源：天津大学测绘）

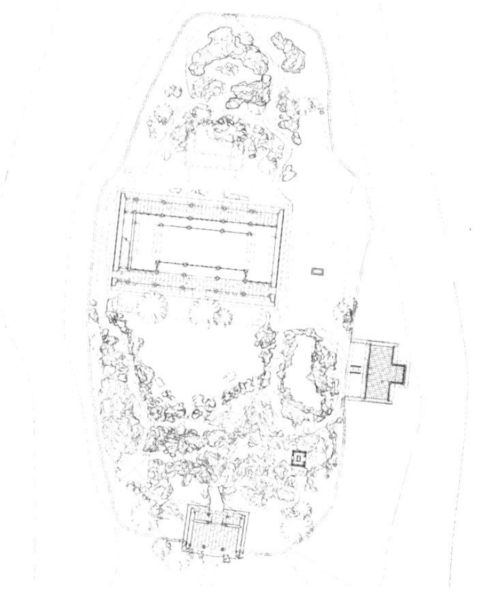

图5-20　文津阁院落布局（底图来源：天津大学测绘）

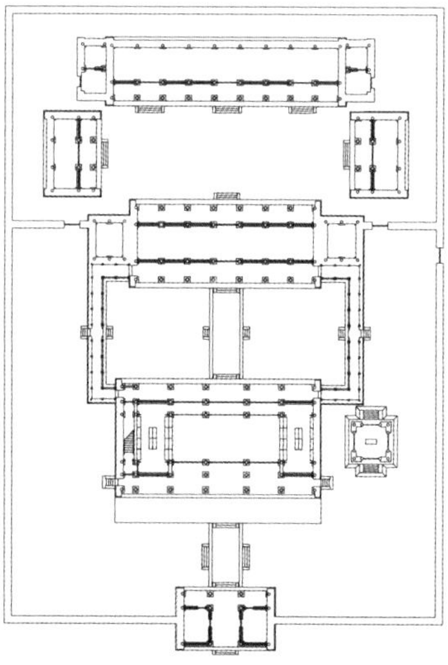

图5-21　文溯阁院落布局（底图来源：天津大学测绘）

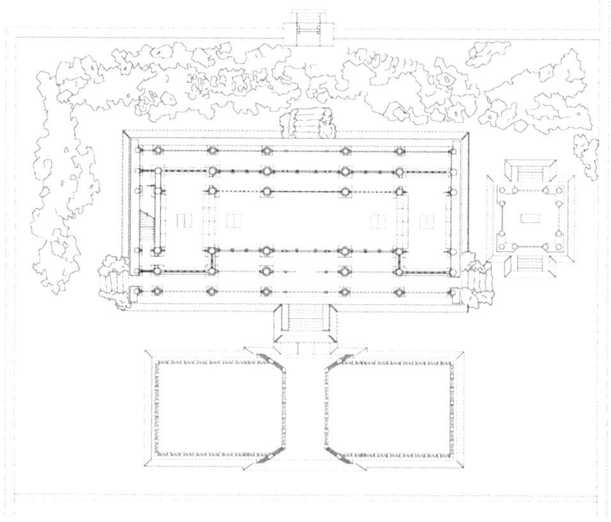

图5-22　文渊阁院落布局（底图来源：天津大学测绘）

5.3.3 空间与功能的一体化设计

（1）建筑与装修的一体化设计

在传统建筑中，建筑与彩画是统一设计的，“四库七阁”亦如此。天一阁彩画以“水”为主题，在屋顶的构件上绘制水生动植物图案，比如河马、水草等（图5-23）。七阁学习天一阁防火做法，具有藏书功能的建筑内的彩画主要表达“藏书防火”的主题，比如，文津阁与文渊阁现存的彩画大量采用“书籍”“海水”“海马”“文房四宝”等图案（图5-24），丰富了建筑内部装饰。

七阁内檐装修大量使用了橱、罩、书架、博古架等家具分隔空间。一层明、次三间后檐内金柱间的碧纱橱，位于宝座屏风羽扇之后，起到界定中心空间、塑造庄严气氛的作用，槅扇开启，空间通透，槅扇关闭，前后各为独立空间；东、西梢间前、后檐内金柱间均为灯笼芯槅扇夔龙花牙子落地罩，限定了藏书柜槅的陈设范围；二层仅有东、西梢间及其连接的走廊，东、西梢间与下层的对应位置也均设置同等样式的落地罩，广厅仙楼沿金柱三面设横楣栏杆；三层南北为廊，廊与书橱之间均设落地罩（图5-25）。室内各空间既独立又相互连通，交通流线灵活丰富，将传统装修灵活多变、隔而不断的处理手法表现得淋漓尽致。

图5-23　天一阁室内彩画

图5-24　文津阁外檐（上）与天花（下）彩画

图5-25　文溯阁室内

（2）书橱与空间的一体化设计

"四库七阁"内存《四库全书》和《古今图书集成》各一部：一层为《古今图书集成》和经部，二层是史部，三层则是规模最大的子部和集部。七阁的陈设与空间体现了中国传统建筑的特色之一——整体考虑空间布局、装修、家具和陈设。"四库七阁"因为功能性强，书橱与空间密不可分，这种整体性更加明显。与一般建筑不同，七阁除用罩槅和家具陈设外，还使用陈列图书的书橱分隔空间。书橱充当隔墙的同时，还需要满足藏书数量的需求。因此，在建阁初期，就要考虑建筑空间与书橱尺寸以及摆放位置的关系。

天一阁室内明、次三间贯通，辟为敞厅，作为礼仪性空间，明、次间不设中柱；二层明、次三间区域放置主要的书籍，与下层敞厅空间相对应。"四库七阁"内部一二层明、次三间贯通形成敞厅，结构上不采用中柱，室内空间更加灵活通透、高大敞亮，敞厅内设御座大案，左右各设一排书橱分隔空间；三层在明间中间设置御座，书橱围绕敞厅与宝座排布，整个空间上下对应（图5-26）。

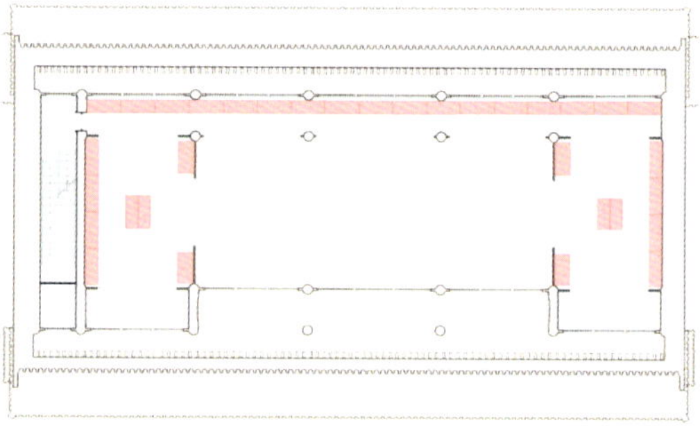

二层

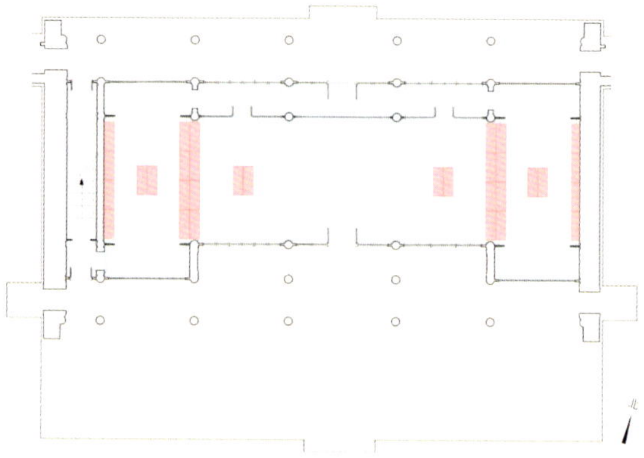

一层

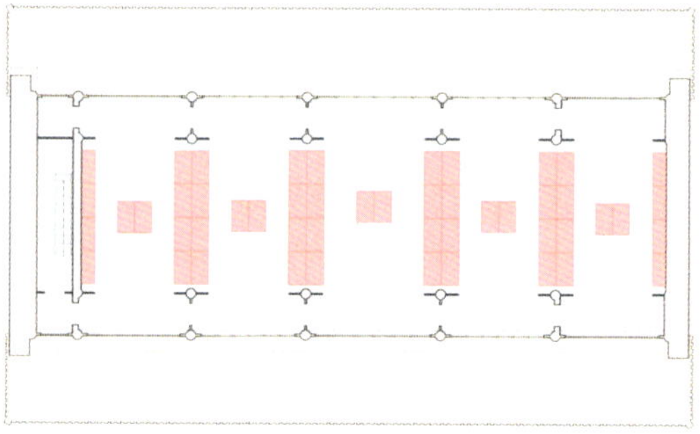

三层

图5-26　文溯阁各层书格现状示意图
（底图来源：天津大学测绘）

现存文溯、文渊、文津三阁在夹层北侧临敞厅处上设一排横楣子，下设栏杆，为清代常见的“栏杆横楣”做法。这种栏杆一般安装在外檐，在内檐装修中一般运用在仙楼[1]的位置。栏杆仅高 0.45 米左右，与寻常栏杆相比，高度降低一半。在楼阁建筑中，安装在上层的栏杆主要是起围护作用，藏书楼夹层的栏杆低矮，更多的是起划分空间及装饰的作用。夹层北侧放置书架，走廊宽度仅约 2 米，书架占用了部分空间，使得实际通行宽度为 1 米左右。文渊阁夹层层高为 2.9 米，狭高的走廊以及低矮的栏杆，能最大限度地显露出二层的书架，极大程度上减少了夹层的进深感，使夹层书架与横楣栏杆以及一层的碧纱橱形成连续的界面，增强空间限定感和连续性，从而突出藏书的主题与功能（图 5-27）。

图 5-27　文溯阁敞厅北立面

5.4　总结

本章以天一阁与“四库七阁”的关系为研究出发点，立足于前人的研究基础，通过档案整理和实地调研，结合测绘成果，从建筑文化与环境、建筑结构与外观、室内装修陈设三方面对天一阁与“四库七阁”的“营建范式”展开叙述。天一阁作为以藏书为目的建造的藏书楼，其外表与浙江民居无异，但室内注重藏书空间的设计，更加灵活通透。清乾隆时期兴建的“四库七阁”作为皇家藏书楼，在写仿天一阁的过程中进行了转译与优化，因地制宜，形成了一类藏书楼建筑的“营建范式”，体现出古代匠人高超的建造技艺与设计理念，完善了我国藏书楼的建造技艺与建造体系。由于民间私家藏书活动具有保守性和封闭性，所以私家藏书楼文化长期聚集发展于江南地区。乾隆皇帝写仿天一阁建“四库七阁”事件，从整体上促进了全国私家藏书楼的壮大，对藏书楼建筑的发展起到了继承、传播和推动的作用。

1　室内运用栏杆横楣的案例：养心殿西暖阁、养性殿、倦勤斋的仙楼。

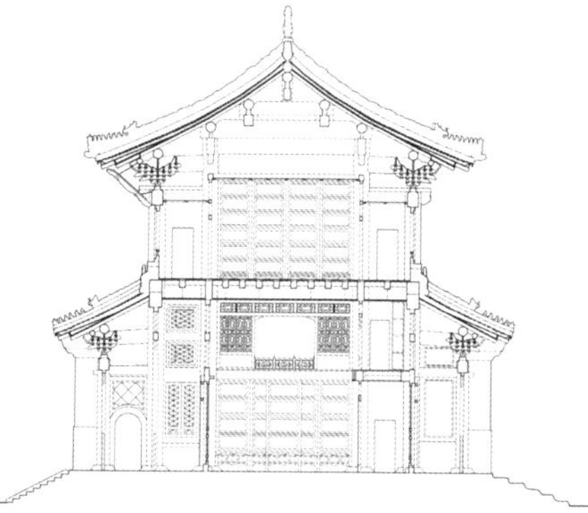

结语：从天一阁到『天一阁范式』

“天一阁范式”不是属于一楼一阁的类型学，而是明清以来具有中国气度、中国风貌的“中式图书馆”类型。探究天一阁的空间特点、遗产价值也不仅仅是为了研究其本身，更是为了在藏书文化领域中探寻中华文明独特性的物证。

浙东一隅独特的人文地理环境促成了天一阁的出现

众所周知，唐代天宝之后，江南地区凭借其优渥的自然环境，和相对北方地区更加稳定的社会环境，经济实现快速发展，并通过大运河成为北方的生产基地，这一过程中区域文化也得到长足发展。从地理空间和文化生产角度来看，浙东地区虽处于江南的边缘地带，但其藏书楼的"产量""质量"可以比肩江南任何地区。无论是今天还能看到的宁波天一阁、余姚五桂楼、温州玉海楼，还是已经消失了的万卷楼、昼锦堂、烟屿楼等，每一座都是宋元以来江南藏书史上无法绕过的"高山"。其深层次原因，还应从地域文化中探寻。

相对"杭嘉湖""苏锡常"地区淡水丰富、一马平川的自然环境，"宁绍台温"地区背山面海，生存条件并不优越，明代地理学家王士性总结为"滨海之民""百死一生"。浙东人民面对生存挑战，必须掌握大量实用知识，快速作出判断，重实践效果，轻高谈阔论。与此同时，由于大运河出海口——明州港河海联运的独特优势，宁波自宋元以来就成了一座商贾辐辏的商贸城市，大量江淮区域、福建区域的移民涌入，这些移民和宁波本地人所经营的航运贸易，具有出货量大、跨地域合作、长时间持续的特点，使得讲时效、重技术、有信用成为当地百姓的共识。这样，以"经世致用、工商皆本"为核心观点的浙东学派在明清之际的成熟，就成了一种自然结果。

天一阁所在的月湖自宋以来就是浙东学派活动的中心之一，"庆历五先生"、王应麟、黄宗羲、万斯同、全祖望等名家不胜枚举。思想的传播需要文本和场所，因此积累文本的藏书楼和传播知识的书院大量应运而生。从这个意义上看，天一阁的建成虽是范钦在16世纪下半叶的个人行为，但在这个时代、这个地区出现大量功能性藏书楼，也可视作浙东地区经济、文化发展到某一阶段的必然产物。有当代学者评价宁波人是"读书人、生意人、关键时刻舍命人"，对于浙东地区的人们而言，只要能够成就事业，书生、商人、科学家、革命者的身份皆可转换。以天一阁为代表的浙东藏书楼，多收录先人著述、方志、图经、登科录等资料性书籍，也从另一个方面体现出这类藏书楼是工商类市民文化活动的一个环节，而非单纯的阳春白雪之所。

跨主体、跨时空、跨领域的接力保证了天一阁本体几百年的存续

天一阁在明代出现后，真正使其为世人所关注的关键人物有两位——一位学者、一个皇帝。清康熙十二年（1673），黄宗羲登天一阁，"取其流通未广者抄为书目"，几年后，应范家所请作《天一阁藏书记》。这座明代留下来的藏书楼因着黄宗羲的一份书目和一篇文章在广大学者中广而告之。约一个世纪后的乾隆三十八年（1773），《四库全书》编修启动，天一

阁进呈典籍638种，其中96部编入《四库全书》，377部入《四库全书存目》，受到乾隆帝的嘉奖，其下旨让庋藏《四库全书》的七座藏书楼仿天一阁建造，命运的齿轮就此转动。有了这种高等级“背书”，有清一代并无强势外力染指藏书楼，更有多位浙江官员为天一阁编纂书目以显示对地方文化的重视。

进入民国，藏书楼历经劫难。1914年，盗贼偷去大量藏书，学者缪荃孙、张元济等尽力搜集回购，部分流散书籍存放于东方图书馆涵芬楼，后不幸遭日军轰炸焚毁。1933年，天一阁东墙因台风袭击而倾倒，地方政府与乡贤成立重修天一阁委员会，募集资金开展维修，宁波府学尊经阁以及80余方石碑被移入天一阁后院，其间也曾提出建设新一代书库的“新天一阁计划”，无奈因抗战全面爆发，藏书被迫转移，建设工作不具备稳定的社会条件。彼时天一阁之命运已与国家、民族的命运融为一体。

最终的转折，始于20世纪50年代，天一阁本体及院落得到完整保护，在此基础上，陆续恢复了司马第大门、照壁、门厅、中厅和余屋等，并新建东园、南园，后并入南侧三座祠堂，占地面积从最初的2700平方米扩大到3.2万平方米。天一阁亦成为甬上不少私家藏书的归宿。自1957年以来，赠书万卷以上的藏家有冯氏伏跗室、张氏樵斋、朱氏别宥斋、孙氏蜗寄庐、杨氏清防阁，收藏的古籍从民国时期的2万余卷增加到近30万卷。历数天一阁450余年的沉浮，是一场由家族与官员、民间与国家合力完成的“接力”，借用20世纪30年代主持天一阁维修的冯贞群先生之言：“虽范氏之能守，盖自高宗诏旨之褒，先后官斯土者同覆翼之，文献足征，岂独一家一乡之光也哉！”

文化基因的守正创新推动了天一阁范式的构建与流变

本书使用“天一阁范式”来命名这种藏书楼范式，除了确有清乾隆帝诏旨“四库七阁”写仿天一阁的形制之外，主要还是着眼于这些藏书楼对天一阁藏书楼特点的吸取。但是细究下去，天一阁的很多特点也并非建造者原创。比如亲水的特点，排除地理环境、景观园林营造方面的考虑，我们关注的是建造者对于防火的重视。范钦有一位好友丰坊，家中藏书楼万卷楼毁于一场大火，据说此事对于范钦的触动很大，于是开始认真思考藏书楼的防火问题。其实这也是同时代其他藏书家在营建藏书楼时首要考虑的因素，谢肇淛《五杂组》中提到明代藏书家虞守愚“藏书数万卷，贮之一楼，在池中央，以小木为彴，夜则去之”。在明《虞山毛氏汲古阁图》中，我们也可以发现汲古阁选址于小溪之侧。因此，天一阁营建中独立院落、火巷隔绝、楼前营池的出现，在藏书楼命名、天花绘制等方面水的元素的加入，实际上也是“月印万川”中的一川而已。

“四库七阁”对于天一阁的写仿，依然体现着对于这种范式的继承与发展。比如天一阁六开间中的楼梯间，开间大小与另外五间差距不大，符合宁波传统民居的格局。而今天我们依然能够看到的文渊阁、文澜阁、文溯阁、文津阁中的六开间实例，则为了更加突出明间中轴线而将唯一的楼梯间设计得明显小于另外五间。同时，由于皇家藏书需求大大超过天一阁的私家藏书，故而尽管七阁在外观上为对应"天一地六"格局看起来是两层，但内部增加了夹层，形成"外二内三"的格局。另外，皇家藏书楼对于建筑等级、园林格局的转译与优化更是丰富，这在书中都已详细论述，此处不再赘述。

对于这种建筑类型上的范式，我们一般讲到清代七阁就结束了，但如果将"天一阁范式"的影响作为一种文化基因来看，其很多元素一直影响着现代藏书类建筑。比如21世纪初建成的甘肃省图书馆的文溯阁藏书楼，作为现代建筑，由于收藏了文溯阁的《四库全书》，在建筑形制上依然借鉴了沈阳文溯阁、故宫文渊阁的建筑特点及环境格局；刚刚完成的4座国家版本馆的命名——文瀚阁、文济阁、文润阁、文沁阁——其命名原则依然考虑了"天一

生水"的含义；再具体到杭州国家版本馆（文润阁），其北馆、南园、亲水的格局，总让人不得不联想到七阁的整体格局。

行文至此，我们可以作一个小结：天一阁范式藏书楼（图 6-1）是古代东亚地区中华帝国封建时代（或者前图书馆时代）的一种藏书楼类型，其基于清代皇家七阁的重要写仿对象天一阁来命名，其共性特点主要是由天一阁与七座清代皇家藏书楼的建设、维护实践所共同构建，并且吸收了当时甚至更早时代的藏书文化、民间智慧、皇家仪轨、建筑文化的精华，其形成、演变、发展的历程，极大地影响着明清以来的建筑文化、藏书文化，这进一步见证了中华文明连续性、创新性、统一性、包容性、和平性的特点，更为我们思考与构建中华民族现代文明提供了经验与实证。

图 6-1　天一阁藏书楼组群剖轴测图

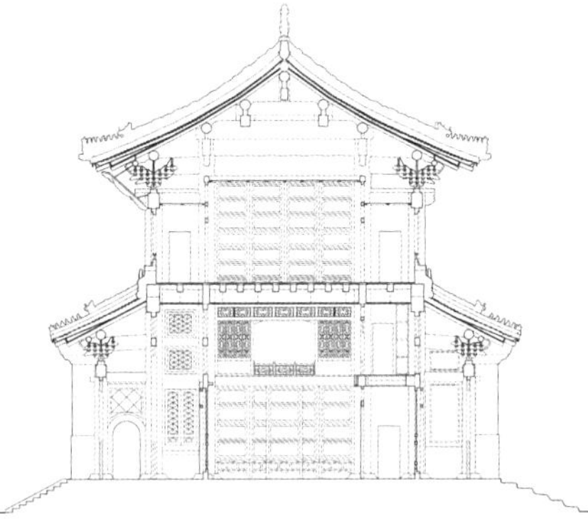

附录

附录 A 天一阁测绘图

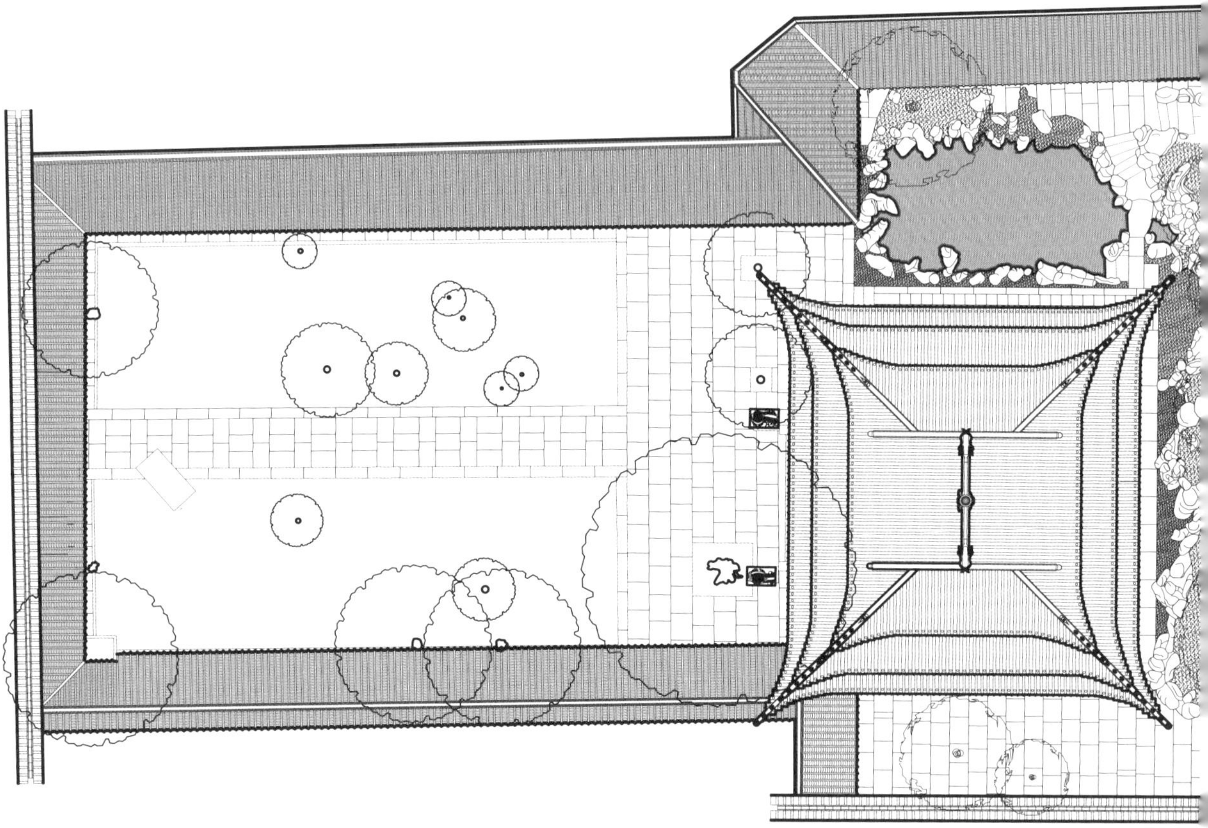

图 A-1 天一阁建筑群屋顶平面图

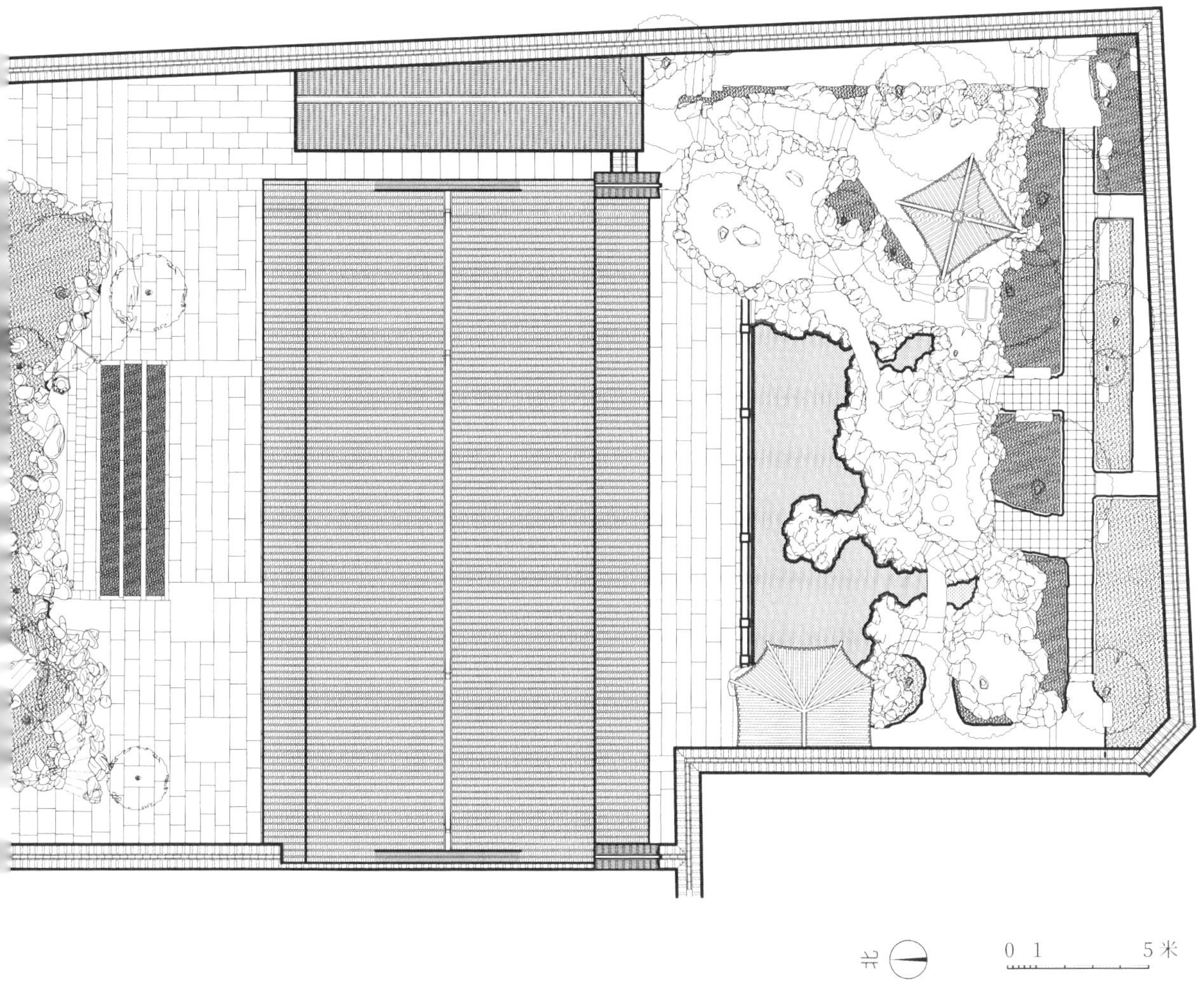
北
0 1 5米

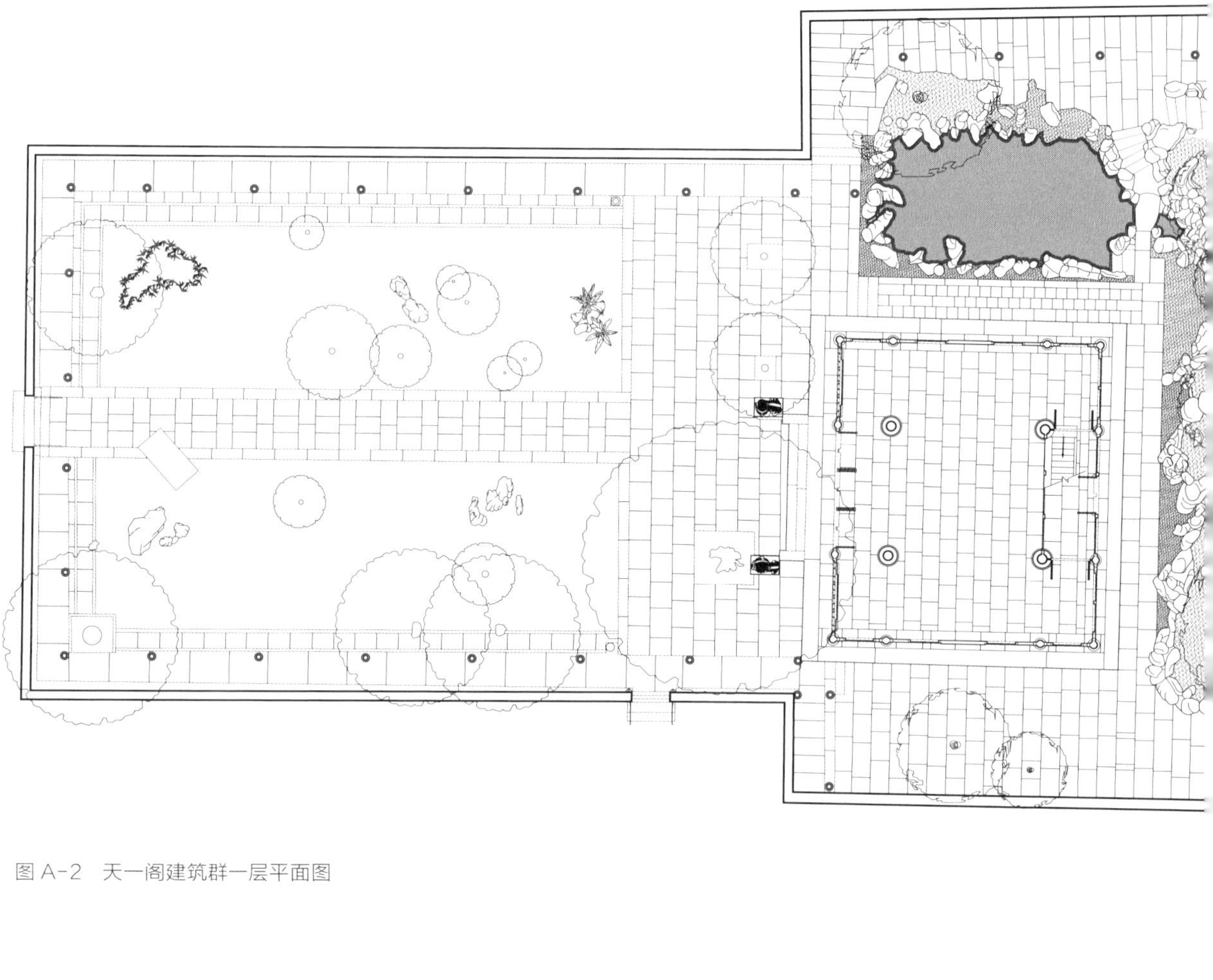

图 A-2　天一阁建筑群一层平面图

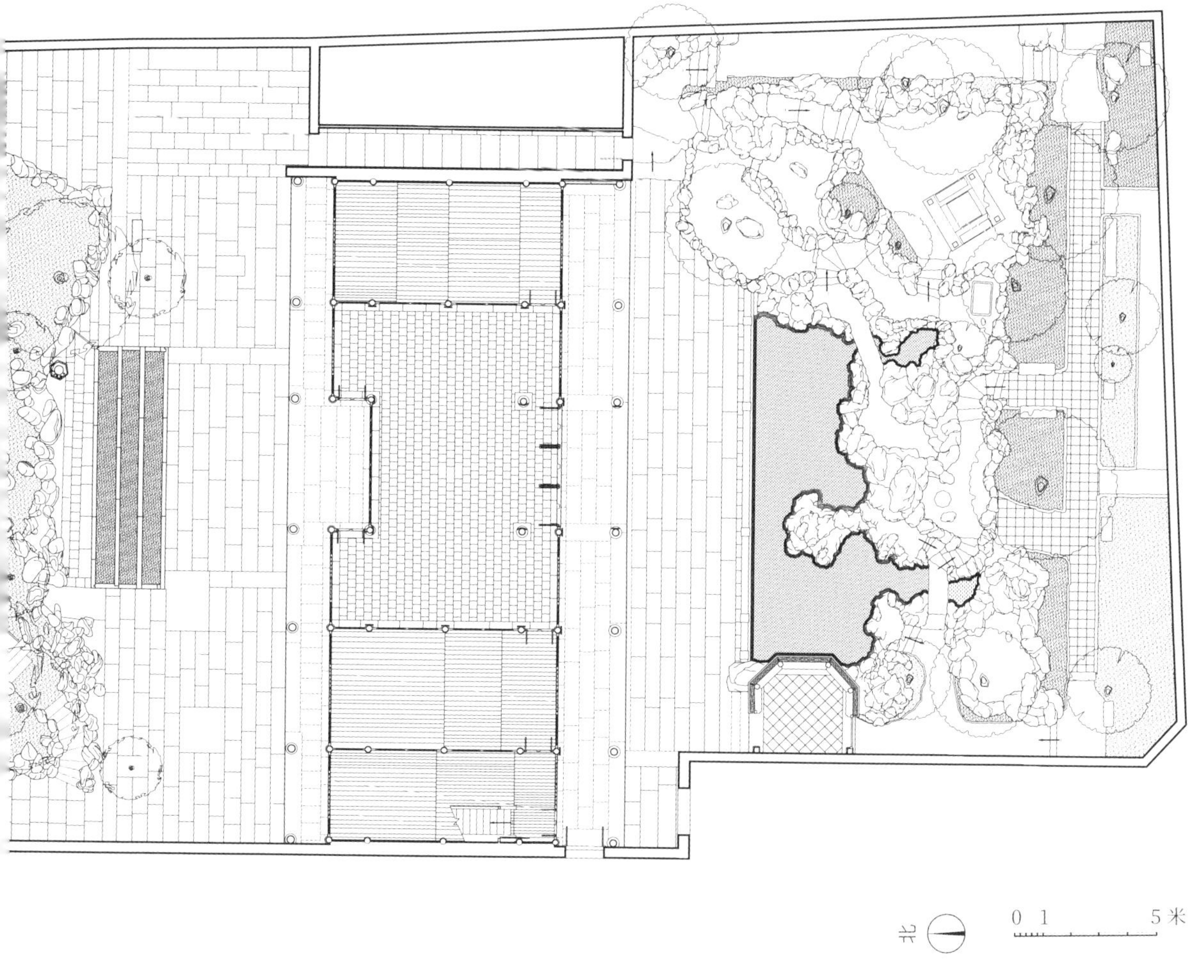
北
0 1 5米

图 A-3　天一阁假山正立面图

0
1
5米

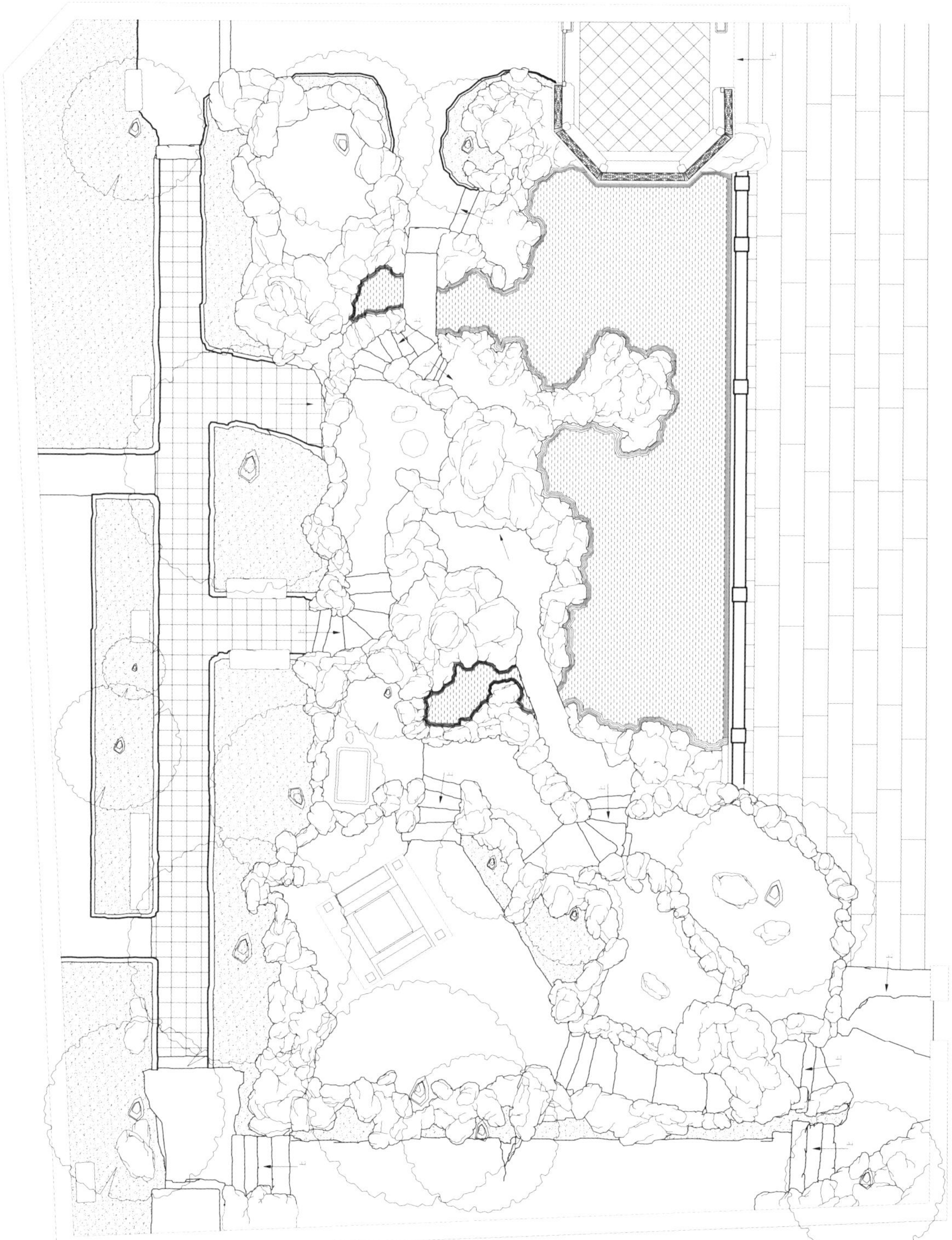

图 A-4 天一阁假山平面图

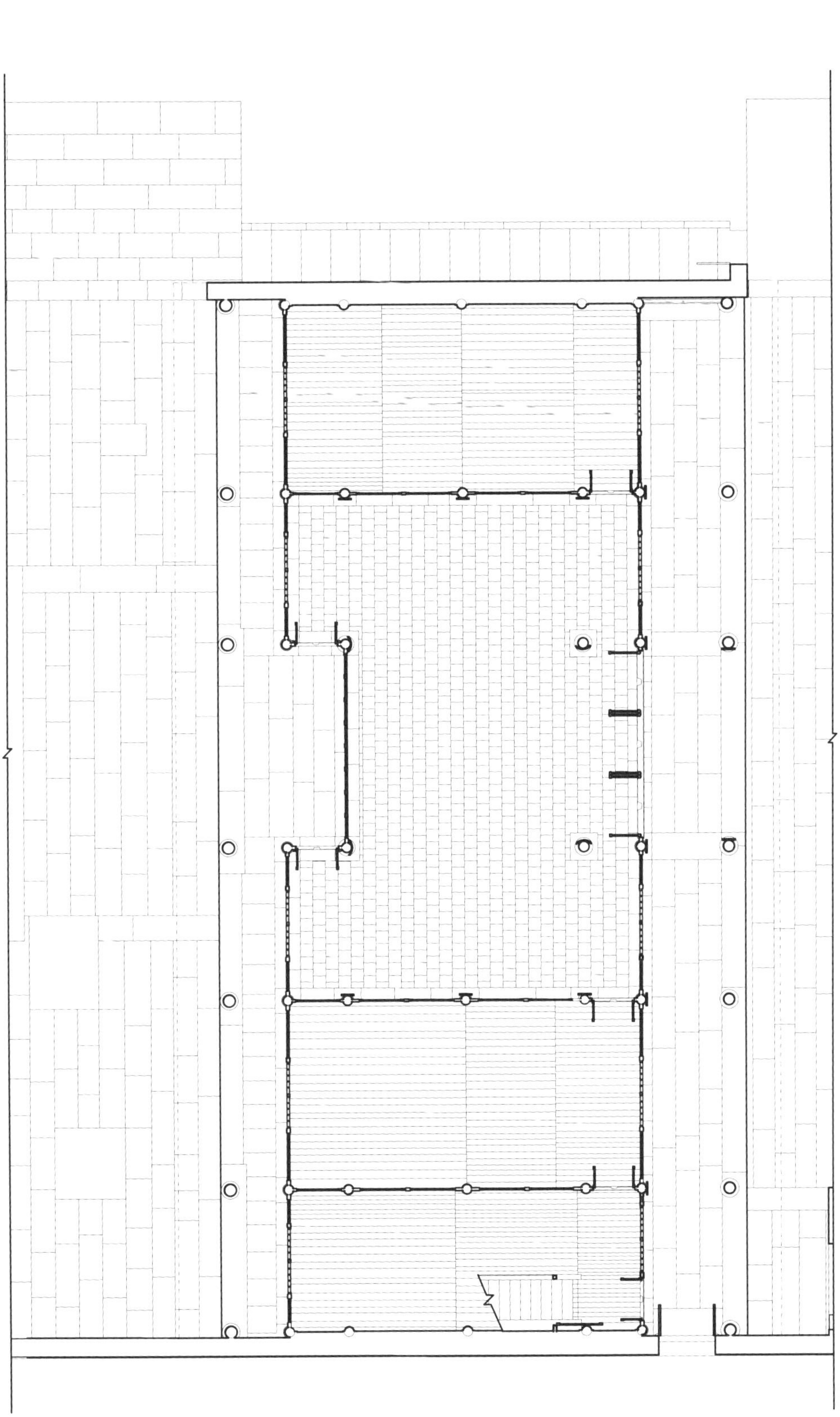

图 A-5　天一阁一层平面图

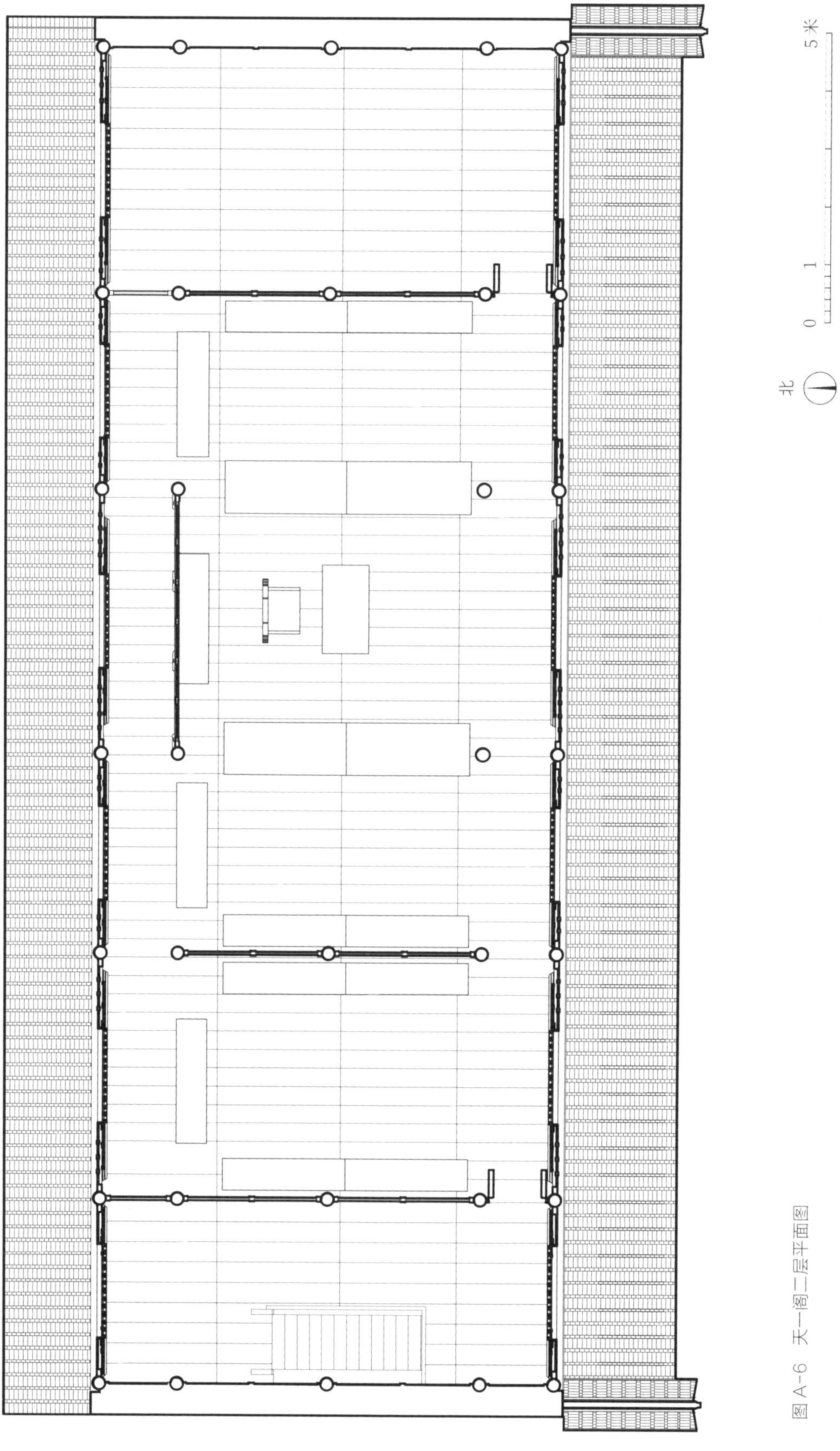

图 A-6 天一阁二层平面图

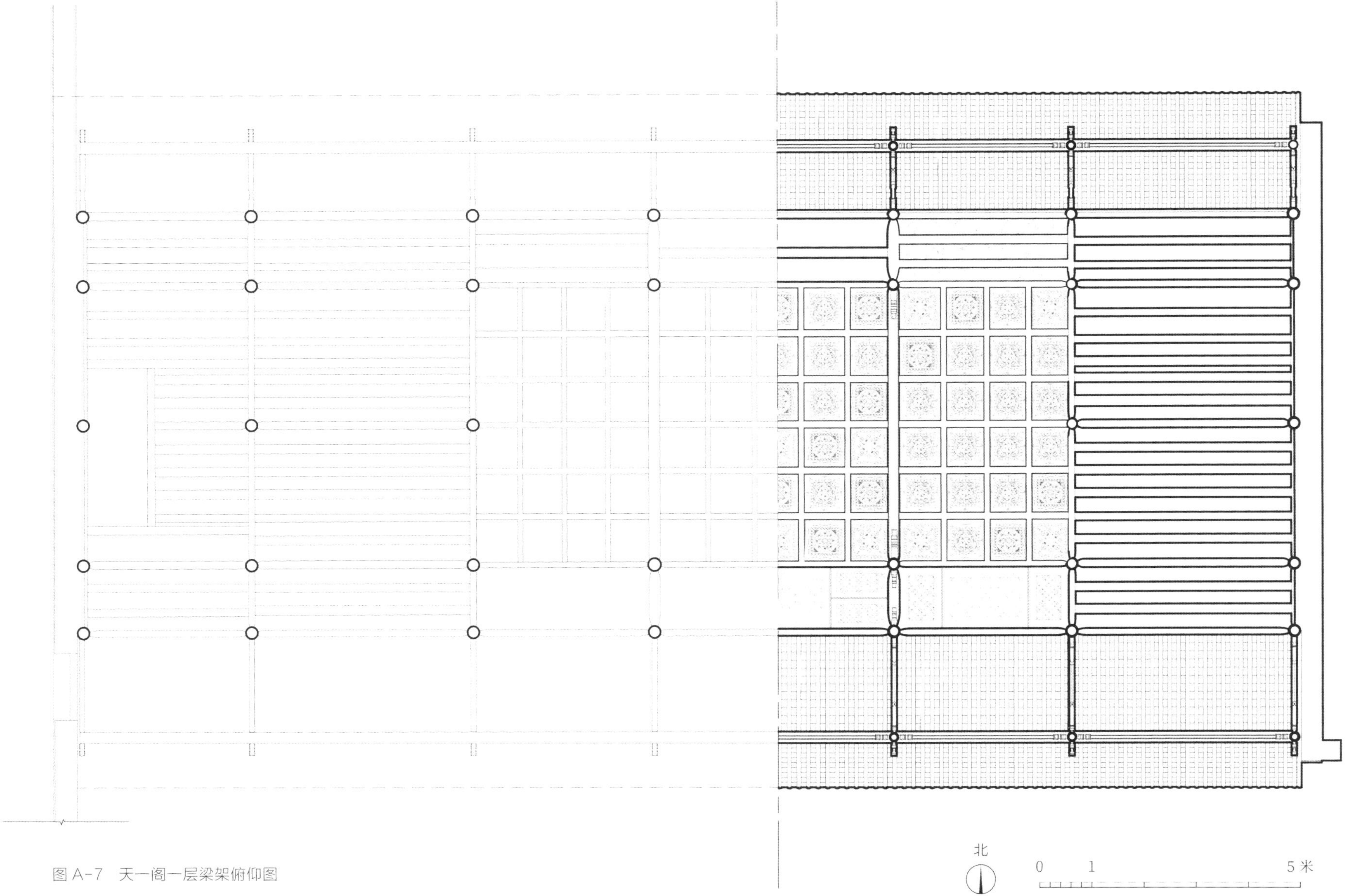

图 A-7 天一阁一层梁架俯仰图

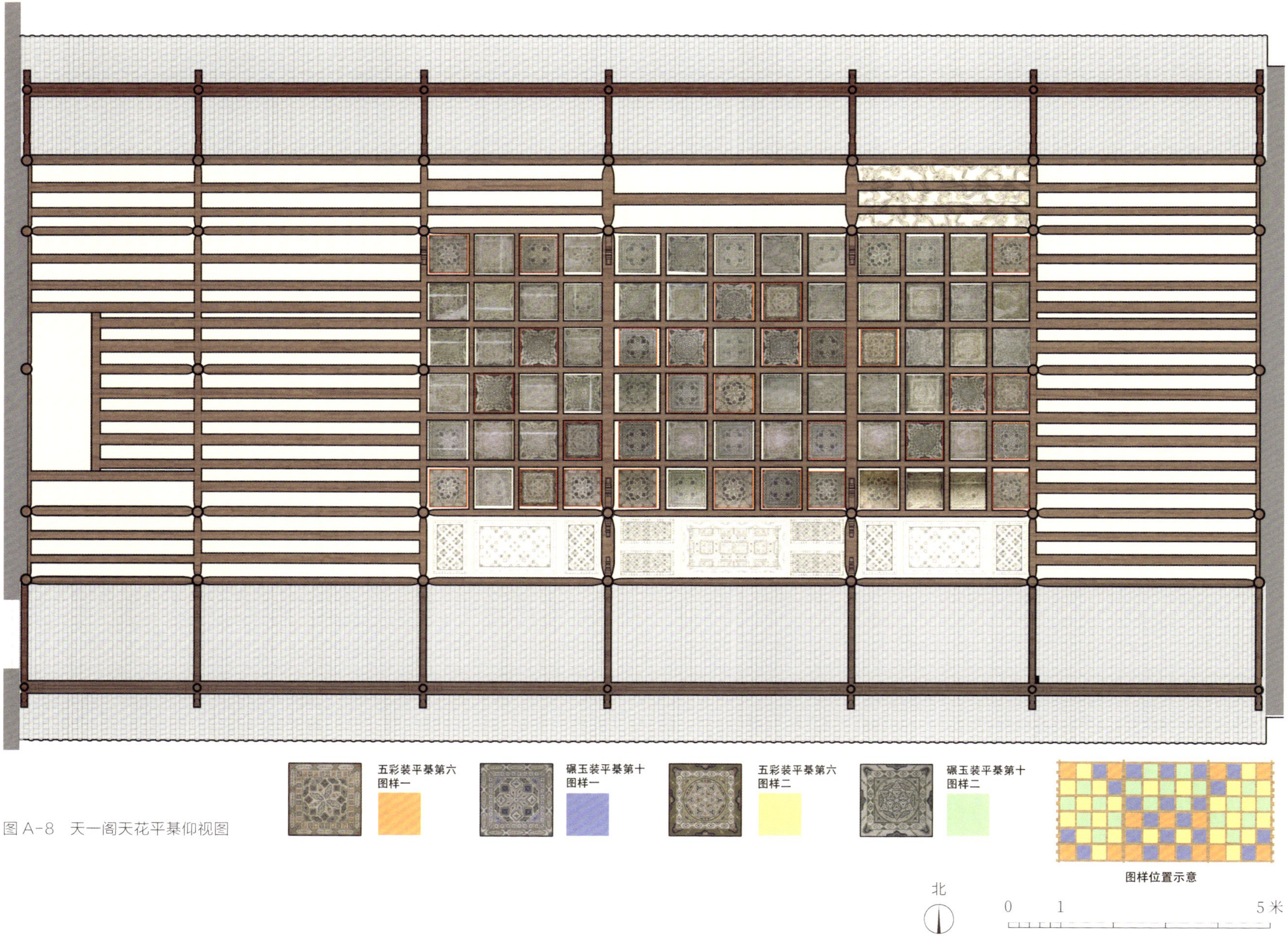

图 A-8 天一阁天花平棊仰视图

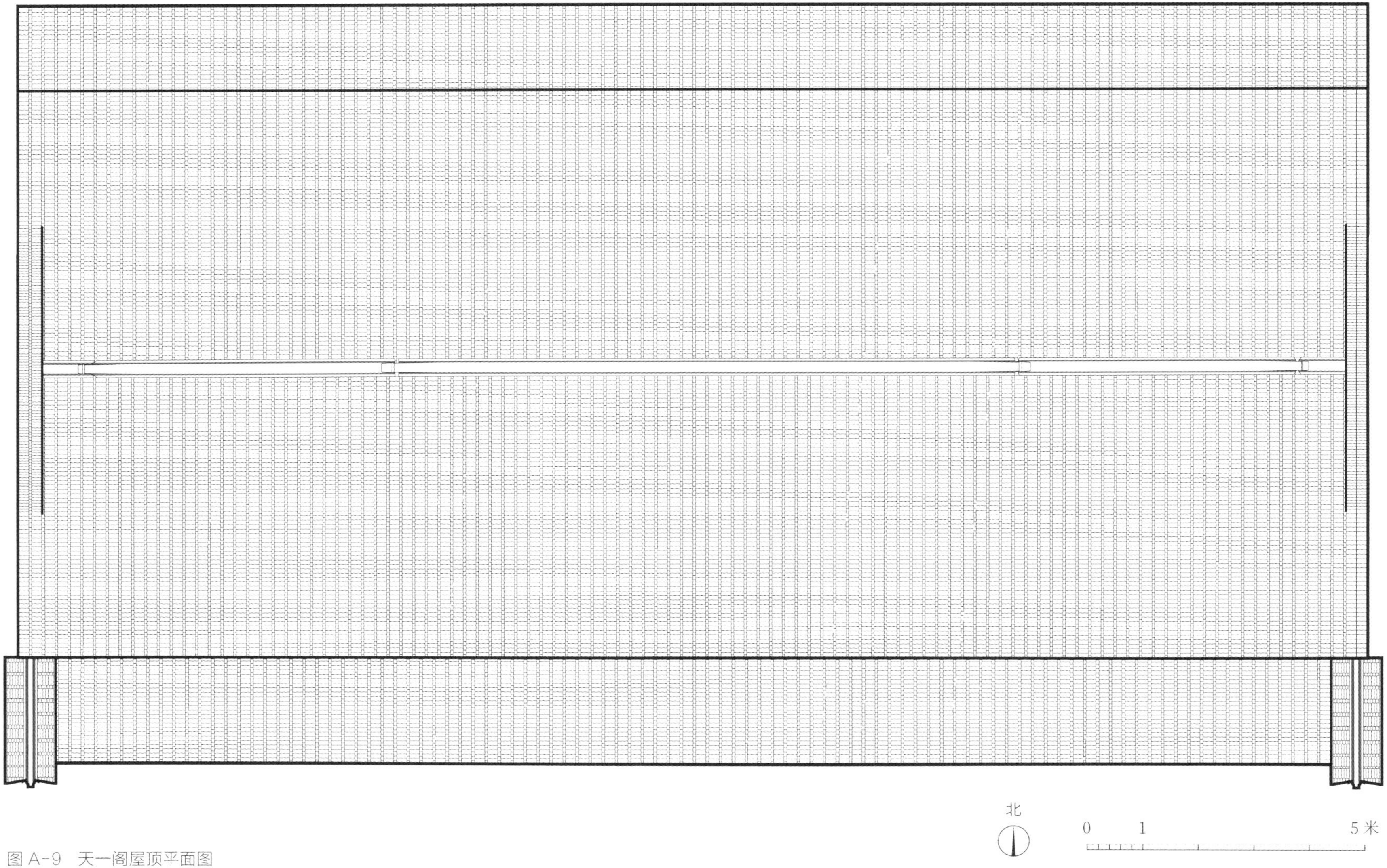

图 A-9　天一阁屋顶平面图

图 A-10　天一阁建筑群总剖面图

0 1 5米

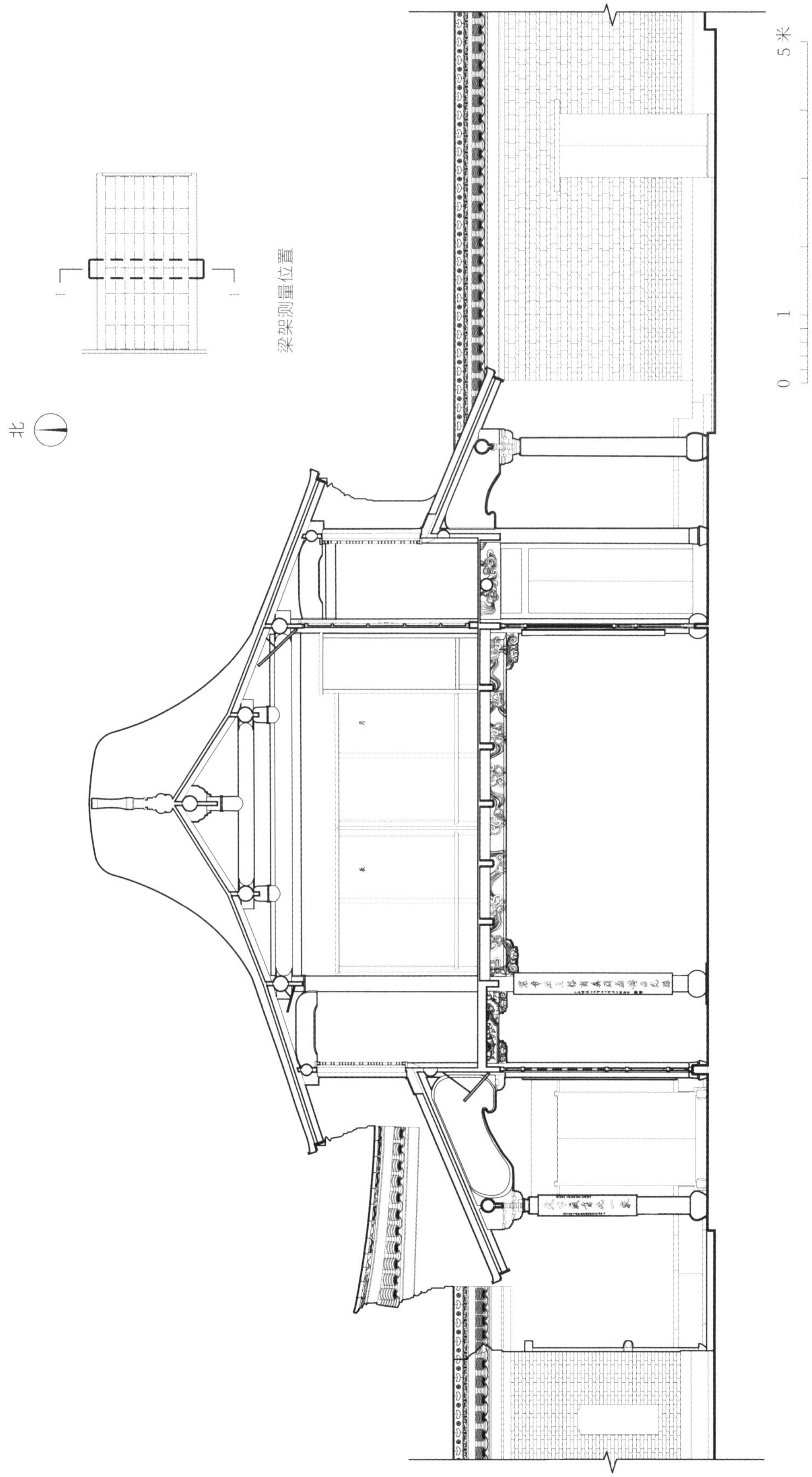

图 A-11 天一阁明间横剖面图

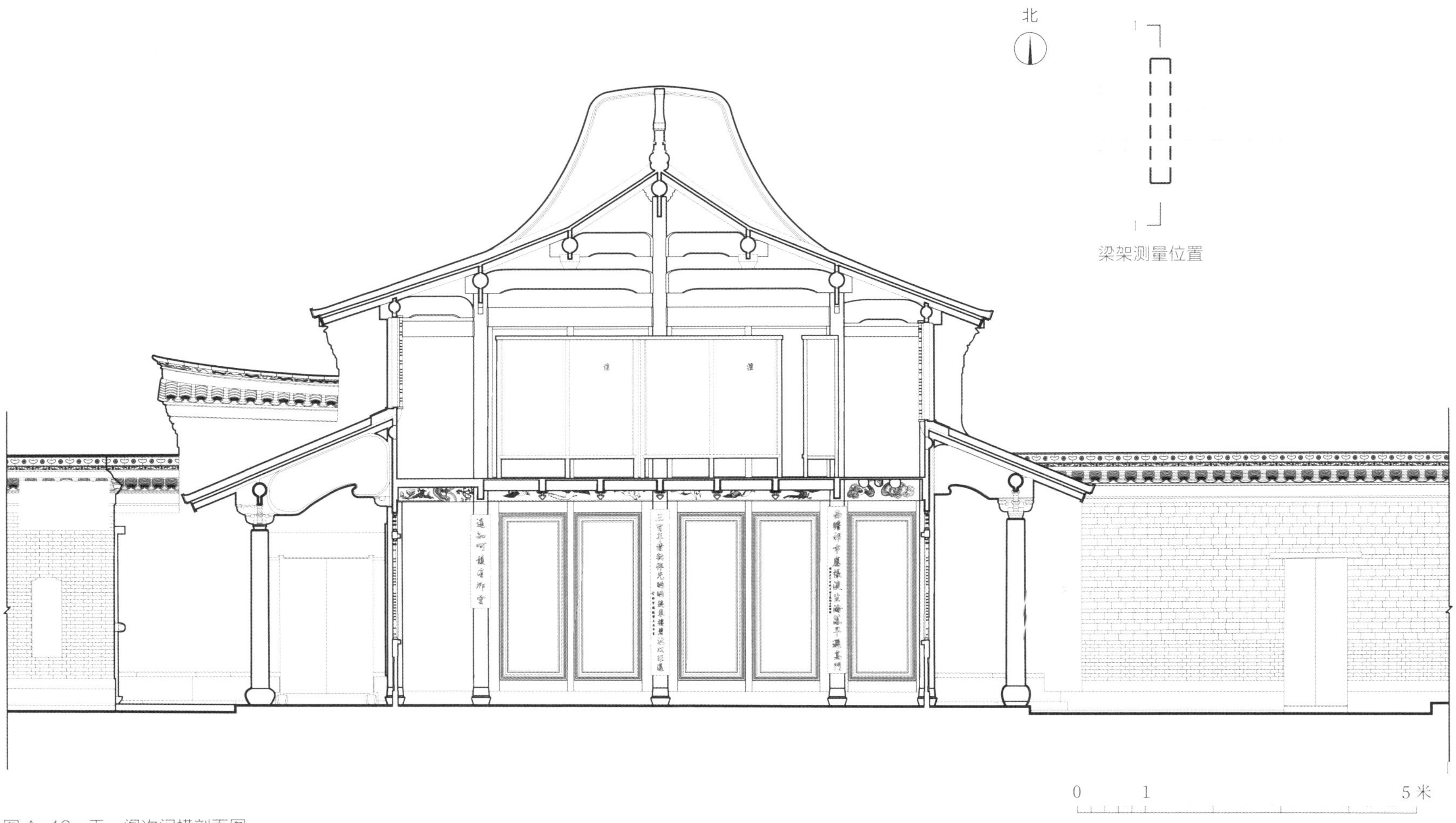

图 A-12　天一阁次间横剖面图

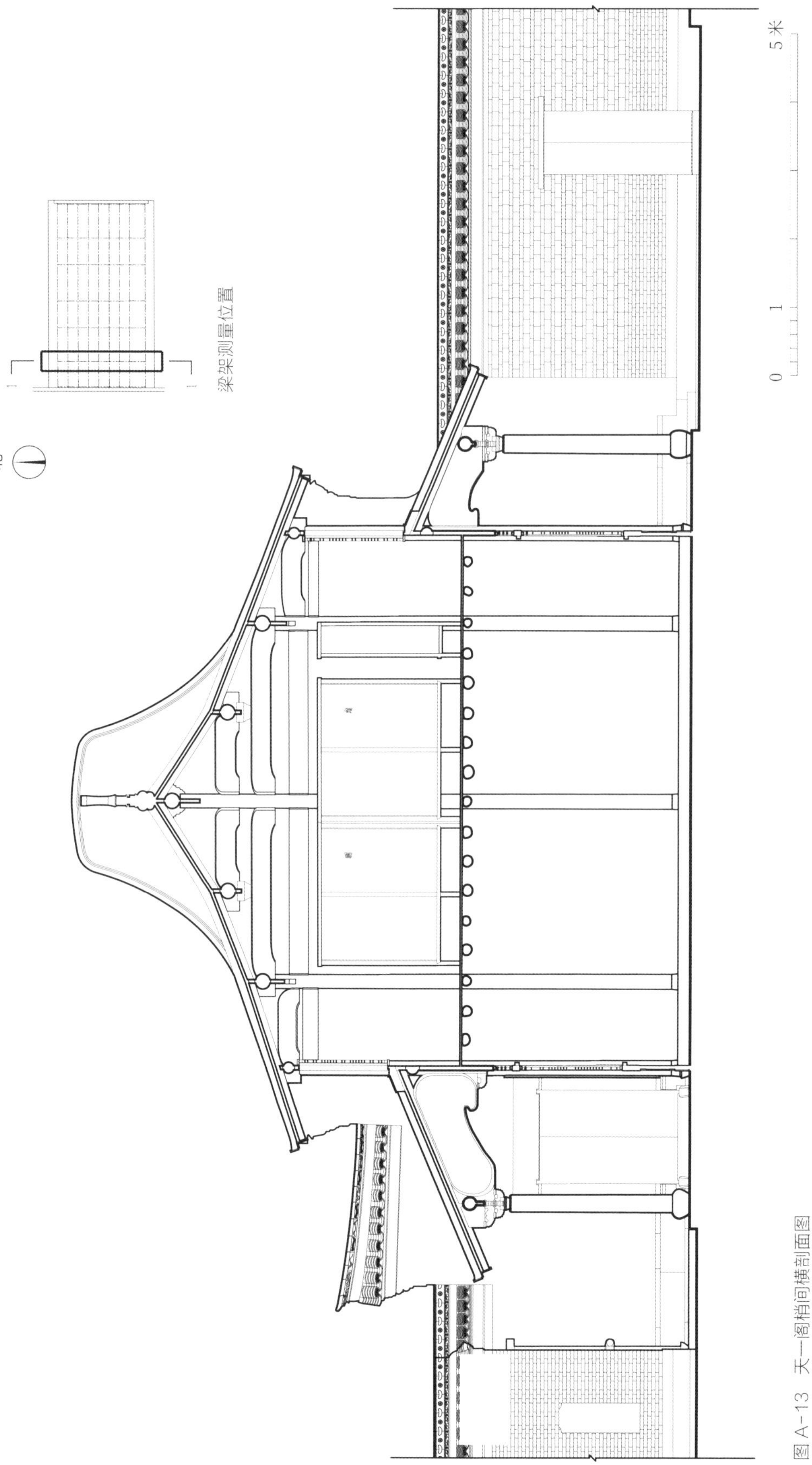

图A-13 天一阁梢间横剖面图

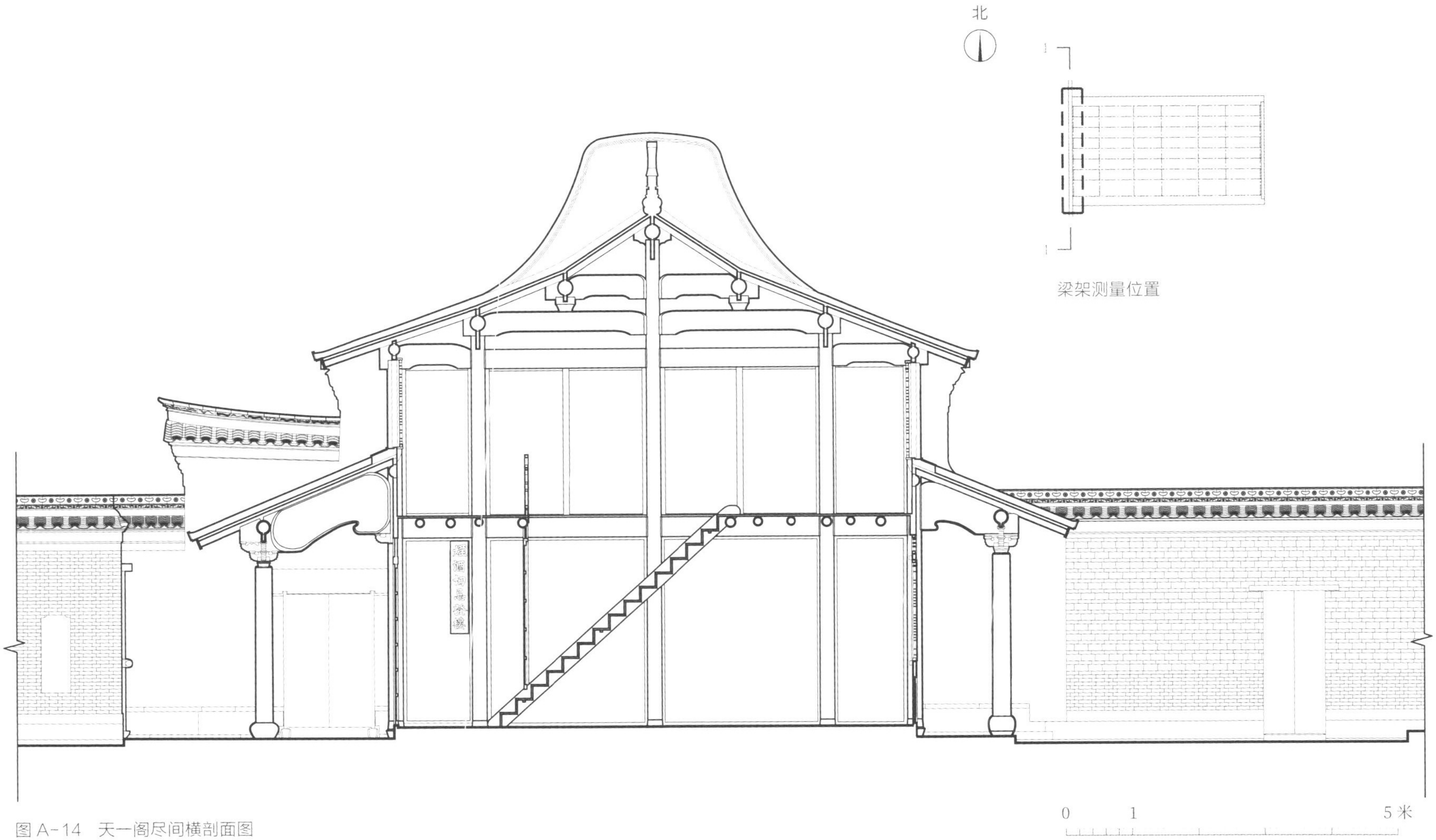

图 A-14　天一阁尽间横剖面图

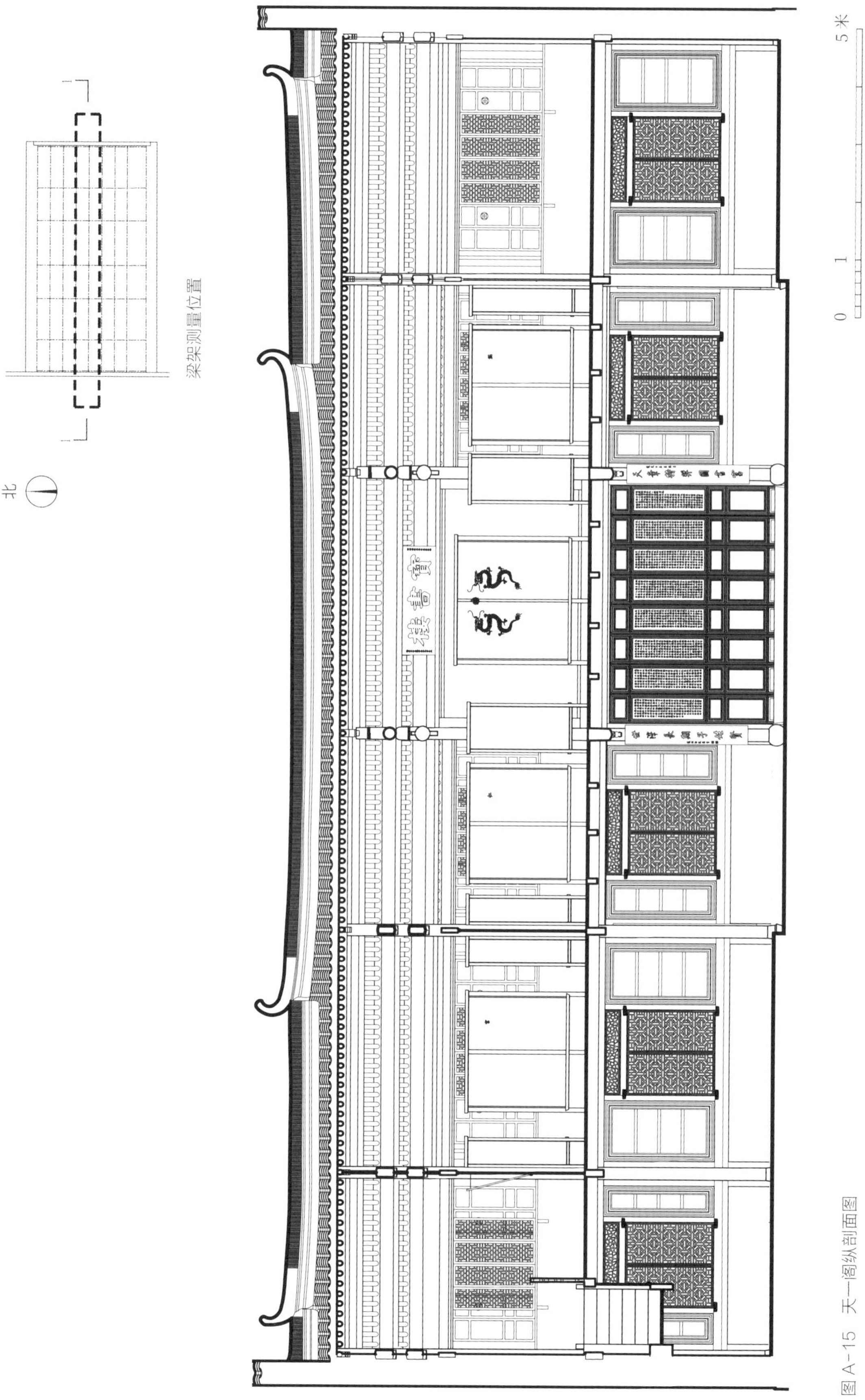

图 A-15 天一阁纵剖面图

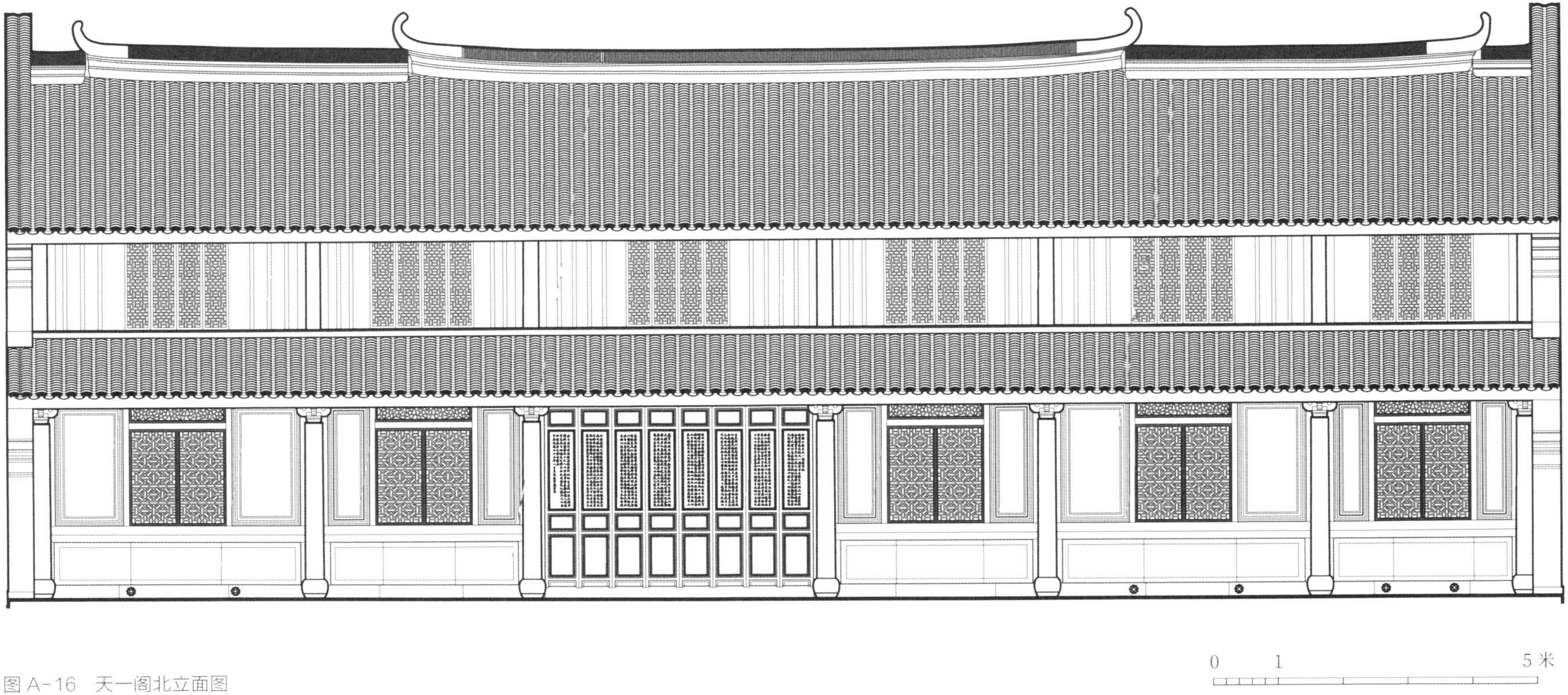

图 A-16　天一阁北立面图

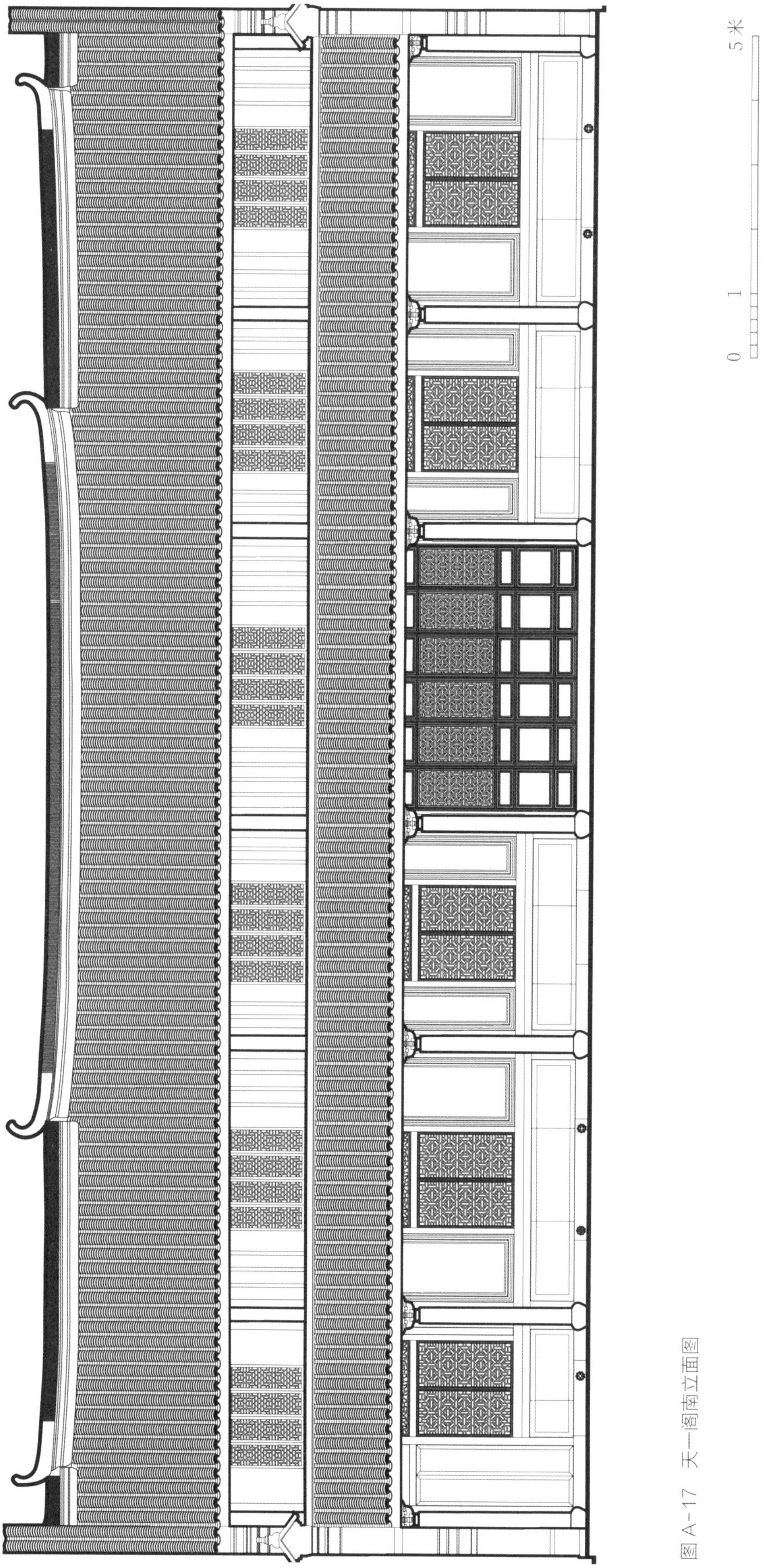

图A-17 天一阁南立面图

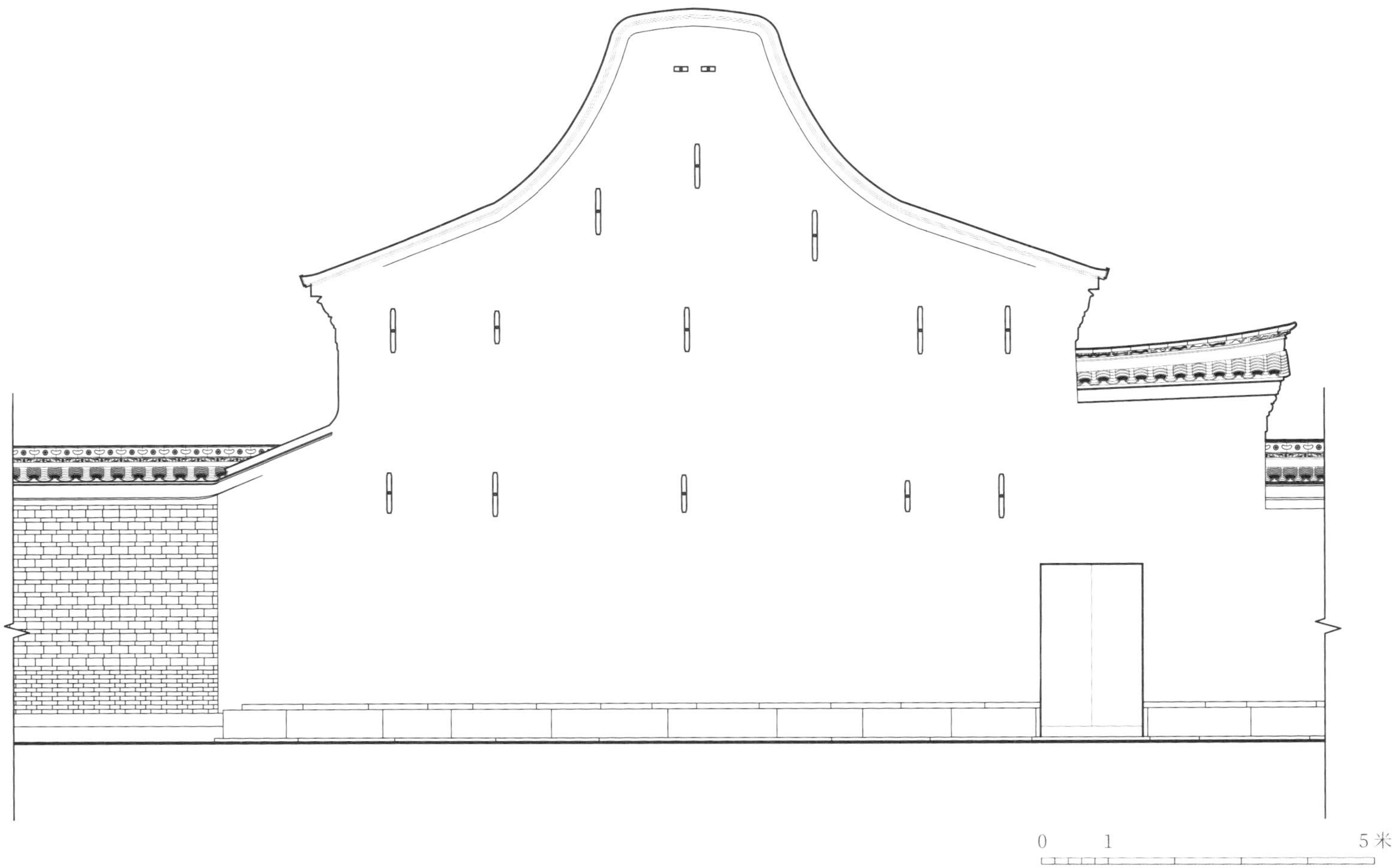

图 A-18　天一阁西立面图

附录 B 天津大学建筑学院 2018 年宁波天一阁测绘名录

表 B-1 天津大学建筑学院 2018 年宁波天一阁总图测绘名录

图名	测绘人	绘图人
201802-100-01 宁波天一阁建筑群 -p0	王润朗、孙宇阳、魏悦、罗宇涵、唐泽羚、王梓淇、徐安然	叶翔
201802-100-02 宁波天一阁建筑群 - s0	王润朗、罗宇涵、叶翔、徐安然	叶翔
201802-100-03 宁波天一阁建筑群 - p1	王润朗、孙宇阳、魏悦、唐泽羚、徐安然	叶翔
201802-102-01 宁波天一阁假山 - p	王润朗、孙宇阳、孙舒怡、李利	王润朗
201802-102-02 宁波天一阁假山 - e	王润朗、孙宇阳、孙舒怡、李利	李利
201802-102-03 宁波天一阁假山 - p0	王润朗、孙宇阳、孙舒怡、李利	王润朗
201802-102-04 宁波天一阁假山 - s	王润朗、孙宇阳、孙舒怡、李利	王润朗
201802-103-01 宁波天一阁东亭 - p	王润朗、孙宇阳、孙舒怡、李利	孙舒怡
201802-103-02 宁波天一阁东亭 - e	王润朗、孙宇阳、孙舒怡、李利	孙舒怡
201802-103-03 宁波天一阁东亭 - s	王润朗、孙宇阳、孙舒怡、李利	孙舒怡
201802-103-04 宁波天一阁东亭 - b	王润朗、孙宇阳、孙舒怡、李利	孙舒怡
201802-103-05 宁波天一阁东亭 - r	王润朗、孙宇阳、孙舒怡、李利	孙舒怡
201802-103-06 宁波天一阁东亭 - d	王润朗、孙宇阳、孙舒怡、李利	孙舒怡
201802-104-01 宁波天一阁兰亭 - p	王润朗、孙宇阳、孙舒怡、李利	孙宇阳
201802-104-02 宁波天一阁兰亭 - e1	王润朗、孙宇阳、孙舒怡、李利	孙宇阳
201802-104-03 宁波天一阁兰亭 - e2	王润朗、孙宇阳、孙舒怡、李利	孙宇阳
201802-104-04 宁波天一阁兰亭 - e3	王润朗、孙宇阳、孙舒怡、李利	孙宇阳
201802-104-05 宁波天一阁兰亭 - s	王润朗、孙宇阳、孙舒怡、李利	孙宇阳
201802-104-06 宁波天一阁兰亭 - b	王润朗、孙宇阳、孙舒怡、李利	孙宇阳
201802-104-07 宁波天一阁兰亭 - r	王润朗、孙宇阳、孙舒怡、李利	孙宇阳
201802-104-08 宁波天一阁兰亭 - d	王润朗、孙宇阳、孙舒怡、李利	王润朗

表 B-2 天津大学建筑学院 2018 年宁波天一阁之天一阁组测绘名录

图名	测绘人	绘图人
201802-101-01 宁波天一阁 - p1	王丹灵、罗宇涵、魏悦、修阳阳、牛颖倩	魏悦
201802-101-02 宁波天一阁 - p2	王丹灵、罗宇涵、魏悦、修阳阳、牛颖倩	修阳阳
201802-101-03 宁波天一阁 - e1	王丹灵、罗宇涵、魏悦、修阳阳、牛颖倩	牛颖倩
201802-101-04 宁波天一阁 - e2	王丹灵、罗宇涵、魏悦、修阳阳、牛颖倩	牛颖倩
201802-101-05 宁波天一阁 - e3	王丹灵、罗宇涵、魏悦、修阳阳、牛颖倩	王丹灵
201802-101-06 宁波天一阁 - s1	王丹灵、罗宇涵、魏悦、修阳阳、牛颖倩	王丹灵
201802-101-07 宁波天一阁 - s2	王丹灵、罗宇涵、魏悦、修阳阳、牛颖倩	罗宇涵
201802-101-08 宁波天一阁 - s3	王丹灵、罗宇涵、魏悦、修阳阳、牛颖倩	罗宇涵
201802-101-09 宁波天一阁 - s4	王丹灵、罗宇涵、魏悦、修阳阳、牛颖倩	王丹灵
201802-101-10 宁波天一阁 - s5	王丹灵、罗宇涵、魏悦、修阳阳、牛颖倩	牛颖倩
201802-101-11 宁波天一阁 - b1	王丹灵、罗宇涵、魏悦、修阳阳、牛颖倩	修阳阳
201802-101-12 宁波天一阁 - b2	王丹灵、罗宇涵、魏悦、修阳阳、牛颖倩	魏悦
201802-101-13 宁波天一阁 - r	王丹灵、罗宇涵、魏悦、修阳阳、牛颖倩	魏悦
201802-101-14 宁波天一阁 - d1	王丹灵、罗宇涵、魏悦、修阳阳、牛颖倩	罗宇涵
201802-101-15 宁波天一阁 - d2	王丹灵、罗宇涵、魏悦、修阳阳、牛颖倩	罗宇涵
201802-101-16 宁波天一阁 - d3	王丹灵、罗宇涵、魏悦、修阳阳、牛颖倩	魏悦
201802-101-17 宁波天一阁 - d4	王丹灵、罗宇涵、魏悦、修阳阳、牛颖倩	魏悦
201802-101-18 宁波天一阁 - d5	王丹灵、罗宇涵、魏悦、修阳阳、牛颖倩	修阳阳
201802-101-19 宁波天一阁 - d6	王丹灵、罗宇涵、魏悦、修阳阳、牛颖倩	修阳阳
201802-101-20 宁波天一阁 - d7	王丹灵、罗宇涵、魏悦、修阳阳、牛颖倩	罗宇涵

表 B-3　天津大学建筑学院 2018 年宁波天一阁之尊经阁组测绘名录

图名	测绘人	绘图人
201802-105-01 宁波天一阁尊经阁 - p1	王苏威、陈裕博、唐泽羚、王梓淇、叶翔、张师师	唐泽羚
201802-105-02 宁波天一阁尊经阁 - p2	王苏威、陈裕博、唐泽羚、王梓淇、叶翔、张师师	唐泽羚
201802-105-03 宁波天一阁尊经阁 - p3	王苏威、陈裕博、唐泽羚、王梓淇、叶翔、张师师	唐泽羚
201802-105-04 宁波天一阁尊经阁 - e1	王苏威、陈裕博、唐泽羚、王梓淇、叶翔、张师师、王畅、王佳	王苏威、张师师、王畅、王佳
201802-105-05 宁波天一阁尊经阁 - e2	王苏威、陈裕博、唐泽羚、王梓淇、叶翔、张师师	叶翔
201802-105-06 宁波天一阁尊经阁 - e3	王苏威、陈裕博、唐泽羚、王梓淇、叶翔、张师师	王苏威
201802-105-07 宁波天一阁尊经阁 - e4	王苏威、陈裕博、唐泽羚、王梓淇、叶翔、张师师、王畅、王佳、徐安然	王苏威、王畅、王佳、徐安然
201802-105-08 宁波天一阁尊经阁 - s1	王苏威、陈裕博、唐泽羚、王梓淇、叶翔、张师师	叶翔
201802-105-09 宁波天一阁尊经阁 - s2	王苏威、陈裕博、唐泽羚、王梓淇、叶翔、张师师	张师师
201802-105-10 宁波天一阁尊经阁 - bt1	王苏威、陈裕博、唐泽羚、王梓淇、叶翔、张师师	王梓淇
201802-105-11 宁波天一阁尊经阁 - bt2	王苏威、陈裕博、唐泽羚、王梓淇、叶翔、张师师	王梓淇
201802-105-12 宁波天一阁尊经阁 - bt3	王苏威、陈裕博、唐泽羚、王梓淇、叶翔、张师师	王梓淇
201802-105-13 宁波天一阁尊经阁 - r	王苏威、陈裕博、唐泽羚、王梓淇、叶翔、张师师	王梓淇
201802-105-14 宁波天一阁尊经阁 - d1	王苏威、陈裕博、唐泽羚、王梓淇、叶翔、张师师	陈裕博
201802-105-15 宁波天一阁尊经阁 - d2	王苏威、陈裕博、唐泽羚、王梓淇、叶翔、张师师	陈裕博
201802-105-16 宁波天一阁尊经阁 - d3	王苏威、陈裕博、唐泽羚、王梓淇、叶翔、张师师	陈裕博

续表

图名	测绘人	绘图人
201802-105-17 宁波天一阁尊经阁 - d4	王苏威、陈裕博、唐泽羚、王梓淇、叶翔、张师师	陈裕博
201802-105-18 宁波天一阁尊经阁 - d5	王苏威、陈裕博、唐泽羚、王梓淇、叶翔、张师师	陈裕博
201802-105-19 宁波天一阁尊经阁 - d6	王苏威、陈裕博、唐泽羚、王梓淇、叶翔、张师师	陈裕博
201802-105-20 宁波天一阁尊经阁 - d7	王畅、王佳、徐安然	王畅
201802-105-21 宁波天一阁尊经阁 - d8	王畅、王佳、徐安然	王佳、徐安然

表 B-4　天津大学建筑学院 2018 年宁波天一阁之明州碑林组测绘名录

图名	测绘人	绘图人
201802-106-01 宁波天一阁明州碑林 - p	王畅、王佳、徐安然	徐安然
201802-106-02 宁波天一阁明州碑林 - e1	王畅、王佳、徐安然	王畅
201802-106-03 宁波天一阁明州碑林 - e2	王畅、王佳、徐安然	王佳、王畅
201802-106-04 宁波天一阁明州碑林 - e3	王畅、王佳、徐安然	王佳、徐安然
201802-106-05 宁波天一阁明州碑林 - s1	王畅、王佳、徐安然	徐安然
201802-106-06 宁波天一阁明州碑林 - s2	王畅、王佳、徐安然	王畅
201802-106-07 宁波天一阁明州碑林 - r	王畅、王佳、徐安然	徐安然
201802-106-08 宁波天一阁明州碑林 - d	王畅、王佳、徐安然	徐安然

附录C 浙江宁波天一阁（节选）

现存天一阁院内建筑，由北而南有大门、尊经阁、假山、天一阁、天一池与假山。尊经阁三檐三层歇山琉璃瓦顶，面宽进深各三间，柱头伸出硕大的插栱，上托挑檐桁。阁中收藏原天一阁以外的书籍。尊经阁南有假山，山石嶙峋，古树参天，竹林茂密。再南则为天一阁。

天一阁在平面布局上仍是创建时的形制，但构件添换不少。六间重楼，布瓦重檐硬山顶，山面作元宝形，为浙江住宅通见式样。底层进深六间前后为廊，廊用单步梁，梁亦硕大，五材拼高，下沿作草书如字形，上沿作斜面，与檐椽相接，蚂蚱头高二材，下材刻成翘状，尾端高四材，插入内檐柱。斗栱只有柱头科，圆坐斗、十字栱，坐斗刻旋纹数道，栱瓣刻颇深显，柱头有卷杀。在西邻住宅和青石庵湖西人民公社第五食堂等处看到了同样的廊子。单步梁和柱头科，可以认为是宁波近代建筑的地方手法和风格之一。廊下铺条石地面。面阔六间中，东部五间做对称处理，减柱造，明次三间为敞厅。明间南设正门，六抹格扇；北设屏壁。明梢间南北面设槛窗两扇，窗棂如门之格心，上部另有冰纹棂窗一槽，青石槛墙。明间金柱上有对联。上设天花，下铺方砖，天花画青绿二色锦文，承重柁画云带，支条画红地青白木纹，枋子画人物、飞天、飞禽、走兽等，彩画虽然仿宋，但未脱尽近代风格。次梢两间之间设木板隔断。西梢间内正中有范钦塑像，与人等高。西端一间是楼梯间，设二门通前廊、东邻间。

楼上西端一间也是楼梯间，东部五间是收藏书籍、书版的地方。进深四间，七檩中柱式前后单步廊梁架，梁断面呈立方形，三架梁做月梁状，明间两缝无中柱，三、五架梁断面呈圆形，用瓜柱，瓜柱亦刻旋纹数道，与下檐柱头科坐斗同，脊瓜柱上端设捧梁云以固定脊檩。檐、金柱都是通柱。前后檐各间设推拉槛窗四扇，博脊与上檐檐椽之间装有铁栅栏，用以防盗。明间前、后檐下金檩枋悬有清道光二十年阮元题“天一阁书藏”、明隆庆五年王原相题“宝书楼”匾额各一块。明、二次、西梢四间，各间两侧纵陈书柜两座，北面横陈一座，柜内上下分四格，藏珍本书籍。

范钦不仅是著名藏书家，还是一位刻版家，他曾出资刻过不少书版和石刻，现在尚有一千两三百块藏于天一阁楼上东梢间，每块大小为30.5厘米 ×20厘米 ×2.5厘米，字体流畅劲健。楼下东梢间内藏草、行、楷书石刻二十余块。

阁南条石铺地，前有天一池，池水清漪。池的东、南、西三侧环有山石桥亭，构成一座小巧精致的园林。在东南隅的假山顶上有方亭一座，内置石桌石凳，山南竹木幽深，清风拂面。围墙嵌镶石刻，琳琅满目。西有兰亭临池而建，平面为半六角形，墙嵌明丰坊所临的王羲之《兰亭集序》石刻一方。

——纪思，原载《文物》1959年第11期

附录 D　天一阁藏书数量变化及相关书目一览表

时间	事件	目录版本	数量
明末清初	阁书“稍有阙失”，但尚存十分之八	清初抄本《天一阁书目》（传本有二，漫堂抄本和介夫抄本，今均藏北京图书馆	五千余部（科举录不录）
清乾隆三十六年（1771）	—	沈叔埏《颐彩堂文集》载《天一阁书目》	“右目为韩城初视浙学时鄞属所呈，计五千有零……”
清乾隆三十八年（1773）	清廷修《四库全书》征书	进书之后，范氏重编《四明天一阁藏书目录》	载“四千七百十二册”，现代订正为余四千八百十九部（不包括《古今图书集成》）
清嘉庆八、九年（1803—1804）	—	阮元命范氏后人范邦甸等编修《天一阁书目》	著录四千零九十四种，五万三千七百九十九卷，除了进呈的书和续增的《古今图书集成》外，原藏书计三千三百九十三种，三万八千五百二十七卷
清道光二十年（1840）	鸦片战争爆发，英国侵略军占领宁波，掠取《一统志》及舆地书数十种	—	—
清道光二十七年（1847）	—	浙江布政使刘喜海登阁，编写《天一阁见存书目》十二卷	载《古今图书集成》一万卷见缺一千余卷，共收录藏书二千二百二十三种（增出阮目四百六十三种，失收很多）
清咸丰十一年（1861）	太平军攻入宁波，破墙毁书。范氏子孙为躲避战火逃离城中，天一阁无人看守，藏书流散甚多	—	虽然范氏后人尽力补救，但仍不得原貌[1]

1　范钦十世孙范彭寿云：“咸丰辛酉，阁既残破，书亦散亡。于时，先府君方避地山中，得讯大惊，即间关至江北岸，闻书为洋人传教者所得，或卖诸奉化唐岙造纸者之家，争借赀赎回，又偕宗老多方购求，不遗余力，而书始稍稍复归。”（薛福成《天一阁见存书目》范彭寿跋，《天一阁丛谈》第 42 页）

续表

时间	事件	目录版本	数量
清光绪十年（1884）	—	薛福成重编《天一阁见存书目》四卷	著录原藏书二千一百五十二部，计一万七千三百八十二卷，《古今图书集成》尚存八千四百六十二卷
1914 年	大盗薛继渭入阁盗书，缪荃孙发现并告知范氏	缪荃孙编《天一阁失窃书目》二册	记录失窃一千七百五十九种（有谬误）
1928 年	—	林集虚编《目睹天一阁书录》四卷附编一卷	“除登科录、乡试录外，所存不过八百种”
1930 年	—	杨铁夫重编《宁波范氏天一阁图书目录》	“通计为书九百六十二种，共七千九百七十一册（各省试录未计）……《图书集成》尚存四千零七十四册”
1932 年	“一·二八”事变，日机轰炸上海，商务印书馆搜集的四五百种均被焚毁	—	—
1935 年	—	冯贞群编目《鄞范氏天一阁书目内编》	《内编》共十卷，前四卷记明代及明以前旧本一千五百九十一部，计一万三千零三十八卷，卷五收录清初以来书本二百十四部。《古今图书集成》八千三百二十卷，卷六至末卷为附录及补遗。抗日战争时期，失散明刻本八部、清刻本四部

附录 E　天一阁绘彩画与《营造法式》对比

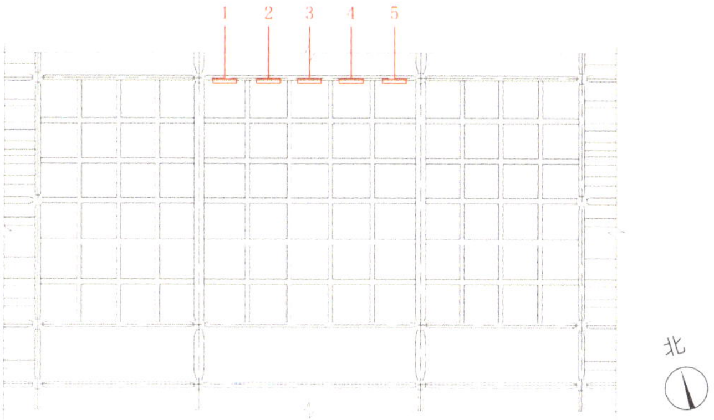

图 E-1　飞仙及金童玉女彩画位置（天一阁首层梁架仰视图）

表 E-1　天一阁绘飞仙及金童玉女彩画与《营造法式》对比

天一阁绘样	陶本彩图	陶本线图
		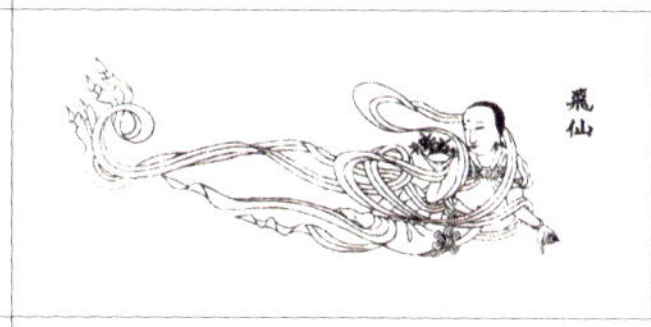

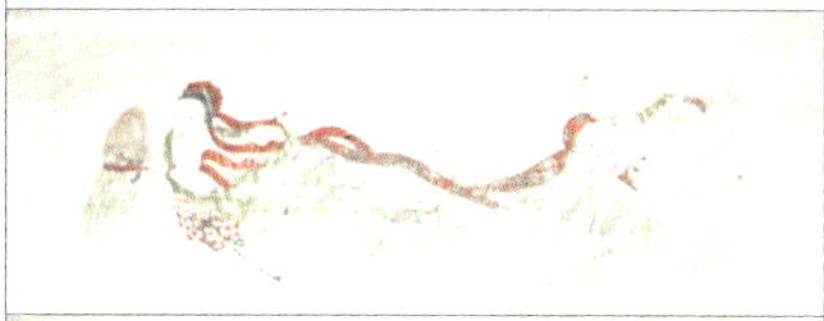		

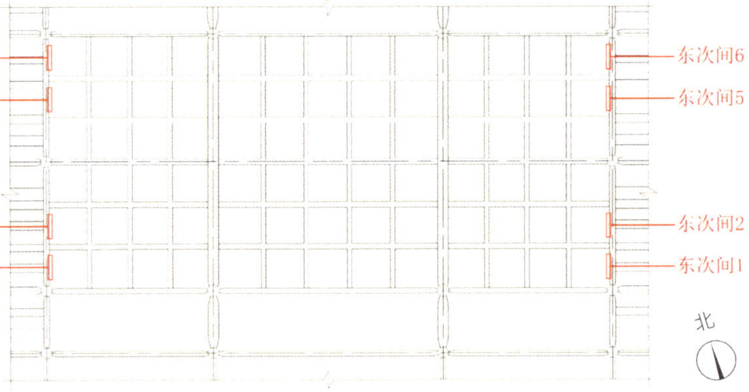

图 E-2　飞禽彩画位置 1（天一阁首层梁架仰视图）

表 E-2　天一阁绘飞禽彩画与《营造法式》对比（鹦鹉、山鹧、练鹊、山鸡）

天一阁绘样	陶本彩图	陶本线图

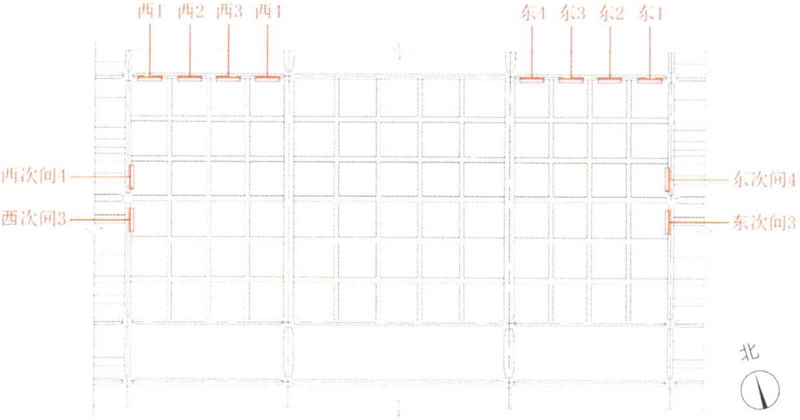

图 E-3　飞禽彩画位置 2（天一阁首层梁架仰视图）

表 E-3　天一阁绘飞禽彩画与《营造法式》对比（华鸭、溪鹈、仙鹤、鸳鸯、鹅）

天一阁绘样	陶本彩图	陶本线图

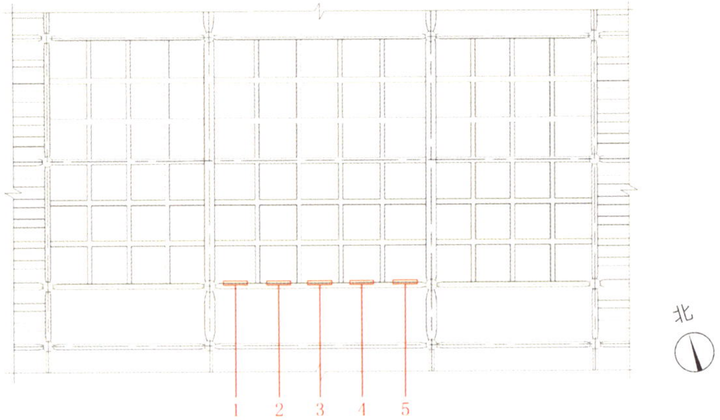

图 E-4　走兽彩画位置（天一阁首层梁架仰视图）

表 E-4　天一阁绘走兽彩画与《营造法式》对比（羚羊、象、天马、仙鹿、熊、山羊）

天一阁绘样	陶本彩图	陶本线图

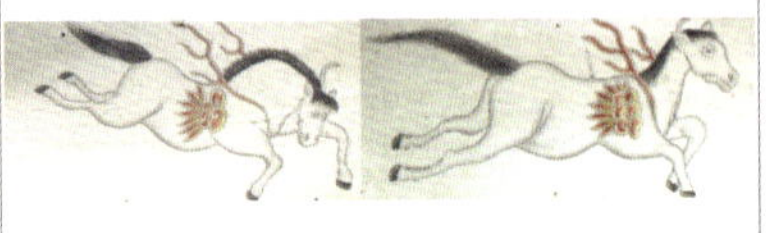		

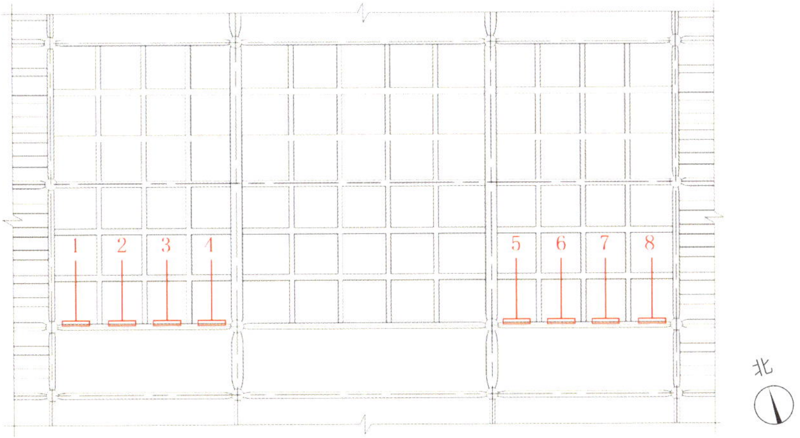

图 E-5　人物彩画位置（天一阁首层梁架仰视图）

表 E-5　天一阁绘人物彩画与《芥子园画谱》对比（位置自东向西）

天一阁绘样	《芥子园画谱》原图	诗词出处
		终南别业 〔唐〕王维 中岁颇好道，晚家南山陲。 兴来每独往，胜事空自知。 行到水穷处，坐看云起时。 偶然值林叟，谈笑无还期。
		王十五司马弟出郭相访， 兼遗营茅屋赀 〔唐〕杜甫 客里何迁次，江边正寂寥。 肯来寻一老，愁破是今朝。 忧我营茅栋，携钱过野桥。 他乡唯表弟，还往莫辞遥。
		九日杨奉先会白水崔明府 〔唐〕杜甫 今日潘怀县，同时陆浚仪。 坐开桑落酒，来把菊花枝。 天宇清霜净，公堂宿雾披。 晚酣留客舞，凫舄共差池。
		无原句，推测语出宋钱闻礼《题简寂观》：“先生旧隐在庐山，幽谷千年竹万竿。偃松拂尽煎茶石，苦笋撑开礼斗坛。”

续表

天一阁绘样	《芥子园画谱》原图	诗词出处
		无原句，“倚杖”“鸣泉”常出现于唐宋诗词中。
		题李沆林园 〔唐〕卢纶 古巷牛羊出，重门接柳阴。 闲看入竹路，自有向山心。 种药齐幽石，耕田到远林。 愿同词赋客，得兴谢家深。
		诸人共游周家墓柏下 〔东晋〕陶渊明 今日天气佳，清吹与鸣弹。 感彼柏下人，安得不为欢。 清歌散新声，绿酒开芳颜。 未知明日事，余襟良以殚。
		山中与幽人对酌 〔唐〕李白 两人对酌山花开，一杯一杯复一杯。 我醉欲眠卿且去，明朝有意抱琴来。

附录 F　天一阁建设大事年表

时期	年份	建设明细
第一时期	1561—1566	范氏私家藏书楼建筑落成，开池植木
第二时期	1655—1665	范氏后人于阁前后叠山理水，天一阁组群形成完整形态，至今未有较大改动
	1686	范光燮“葺天一阁诸屋，以安祖泽”
	1829	范筠甫、范邦冉等范氏后人对藏书楼进行大修[1]，更换砖瓦台阶，修葺假山，疏浚池水，并修订天一阁管理制度，立下禁碑三种，条款十五项
	1870	又进行一次大修。据 1935 年石刻《天一阁图》可知，此次大修亦未有形制上的变动
第三时期	1933—1936	天一阁年久失修，在台风时节“阁东墙圮，池台湫隘，亭馆荒凉”。1933 年 10 月，宁波地方人士筹款成立重修天一阁委员会，对天一阁进行落架大修，至 1936 年完成
	1947	天一阁管理委员会成立
	1949	尊经阁内设古物陈列所，兼管天一阁，形成了以天一阁为核心的颇具规模的“南国书城”，人文景观甲于四明
	1951	鄞县通志馆和文献委员会并入古物陈列所（天一阁），宁波市文教局拨款维修天一阁
	1953	马涯民、范鹿其《宁波古物陈列所兼管天一阁 1953 年度岁出预算表》：“楼上走道楼板动摇，须添配搁梀三条，楼下西首二间地板已霉烂蛀蚀，须改换。”“前后假山均将崩坠，游观时恐发生危险，前后水池日久淤积，应濬深。”[2]
	1956	1956 年 8 月 5 日，强台风登陆浙江省宁波市，天一阁多处漏水，墙垣、假山、树木均有损坏。故近十年间，省市文化主管部门多次拨款进行维修，使其不倒不漏，保持原状[3]

1 “节省祀田之余，鸠工庀材。上自栋瓦，下至阶庭，左右墙垣罔不焕然一新，阅八月而告成。”骆兆平注：“范氏禁牌称道光九年，周彦《范氏重修天一阁记》作道光十年。”（《天一阁杂识》第 7 页）

2 《天一阁杂识》第 37 页。

3 《天一阁杂识》第 37 页。

续表

时期	年份	建设明细
第三时期	1960	宁波市文物管理委员会成立，办公机构和天一阁合署
	1961	4 月 15 日，浙江省人民委员会公布天一阁为浙江省文物保护单位
	1970	撤销市文管会和图书馆，合并成立市图书文物馆
	1973	移碑石 69 方至天一阁，嵌入外花园围墙作为“明州碑林”雏形
	1974	局部修缮，重点翻修屋面，更换中厅西侧两根柱子，又在中厅两边房屋楼板下添加了搁栅，初步解决因藏书增多带来的载重问题[1]
	1978	天一阁建立独立机构，成立天一阁文物保管所
	1980	建西大门，重建东明草堂
	1981	北书库落成，采取了现代科学技术手段储藏古籍
	1982	被中华人民共和国国务院列为第二批全国重点文物保护单位
	1983—1986	兴建东园
	1994	宁波市博物馆并入天一阁，更名为宁波市天一阁博物馆
	1996—1998	兴建南园；更换天一阁部分朽蚀的梁柱
	2007—2011	宁波天一阁博物馆古籍库房扩建工程，在天一阁西北侧新建库房
	2008	被中华人民共和国国务院列为第一批全国古籍重点保护单位
	2018	10 月 29 日，浙江省宁波市天一阁 · 月湖景区被中华人民共和国文化和旅游部确定为国家 5A 级旅游景区

1 《天一阁杂识》第 52 页。

附录G 尊经阁与明州碑林

尊经阁可追溯至宋代，曾更名、重建多次，现建筑为清光绪年间重建，[1]原址在今中山广场，为宁波旧府学中的藏书楼。民国时，府学拆除作为体育场使用，尊经阁以及内部的文物即移入天一阁保护，成为了组群的一部分。重置位置距后方假山只一米半余，建筑掩映在山石植丛之间，东侧临小池，周边环境呈围合之势，似与建筑浑然一体。

建筑面阔、进深各三间，明三层实际两层，外观三层重檐歇山顶，飞檐如飞鸟舒展羽翼（图G-1～图G-4）。尊经阁因气势磅礴的外观、精美繁复的构件，经常会被游人错认为是著名的天一阁藏书楼。很多学者认为尊经阁的高度给天一阁带来了压迫感，建筑风格也破坏了天一阁组群的明代风貌，是一次失败的移建保护，而龚烈沸先生认为天一阁与尊经阁恰为私家藏书与官学藏书的典范，具有近似的使用性质，是明代至清代文化建筑的传承，此种前后布局有其巧妙之处，使园林景观经布局后的完整性得到了提升。

尊经阁在天一阁园林组群中坐南朝北，面对的院落有三面墙嵌入石碑（图G-5），与博物馆东园碑墙统称为“明州碑林”。宁波地区在夏代名为“鄞”[2]，在秦代属会稽郡内鄞、鄮、句章三县，自唐开元二十六年（738）改称“明州”[3]，才开始进行正式的城市建设，所以宁波又称“古明州港”，故碑园得名“明州碑林”，门楣四字由大书法家钱罕[4]所题（图G-6）。

碑林中的碑刻或出自宁波各地文化教育机构，或在城市建设的过程中被发现，记录了宁波历代重要的教育与文化史料。在民国大修和20世纪80年代建东园两个时期中，基本达到了如今碑林的规模。石碑嵌入墙中，三面围合形成游廊，檐下设走水沟，横纵交界处植树，吸收水分，部分减轻雨水对土壤的冲刷；院落为规整的方形，北门与尊经阁间连成石板地面，两边草坪既有园林化的元素，又有现代风格布局。但现状碑刻直接暴露在外，风化程度比较严重，防护问题亟待解决。

1 《天一阁杂识》第33页。

2 《左传》记载：“（哀公二十二年），越灭吴，请使吴王居甬东。”春秋时期，甬地属越国，宁波地区作为流放之地，并非富庶。“勾践之地，南至于句无，北至于御儿，东至于鄞，西至于姑蔑，广运百里。”（《国语·卷二十·越语上》）句无是今天绍兴诸暨，御儿嘉兴桐乡，姑蔑是金华衢州一带，鄞是宁波区域。

3 辖慈溪、翁山（今舟山定海）、奉化、鄮（县治在今鄞州区五乡镇同岙村）四县。宋代改称“庆元府”，明代朱元璋赐名“宁波府”，沿用至今。

4 钱罕（1882—1950），字太希，号觉于，慈溪县城人，民国著名书法家，擅魏体，精行书，大小皆能。亦善诗。其所书碑今尚存数十通，另有《钱太希临帖精品初集》。（《话说天一阁》第79页）

图 G-1 尊经阁正面外观

图 G-2 尊经阁侧面外观

图 G-3 尊经阁首层内部

图 G-4 尊经阁二层内部

图 G-5 明州碑林游廊

图 G-6 碑林北门外

附录 H　从“天一阁”到博物院

天一阁博物馆（2020 年 4 月 30 日，宁波市天一阁博物馆、宁波市保国寺古建筑博物馆整合组建宁波市天一阁博物院）的发展是一个持续的过程，至今没有停歇。按照发展的时间和位置线索，面积和范围拓展工作基本集中在 20 世纪 30—50 年代、70—80 年代和 90 年代以来，以天一阁原始组群为核心，从东南向西北方向发展，维持了园区疏密有致、主次分明的布局形态，形成了具有江南园林风貌的建筑与环境肌理（表 H-1）。天一阁位于整个范氏宅院的东南隅，具有相对独立的位置特征，张亮馆长在《天一阁历史环境还原推测和演变研究》中总结道：“回顾民国以后（天一阁博物馆）的建设过程，我们发现新时代的拓展方向的建设其实暗合了原来建藏书楼的‘地择东南’的思路。”天一阁立于宅第之外，满园书香，现今天一阁博物馆也于繁华都市之内，辟出一片宁静之地，确实与明代范侍郎的思量不谋而合。

表 H-1　天一阁博物馆发展阶段

年代	20 世纪 30—50 年代	20 世纪 70—80 年代	20 世纪 90 年代以来
范围	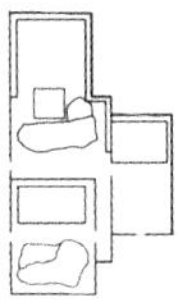	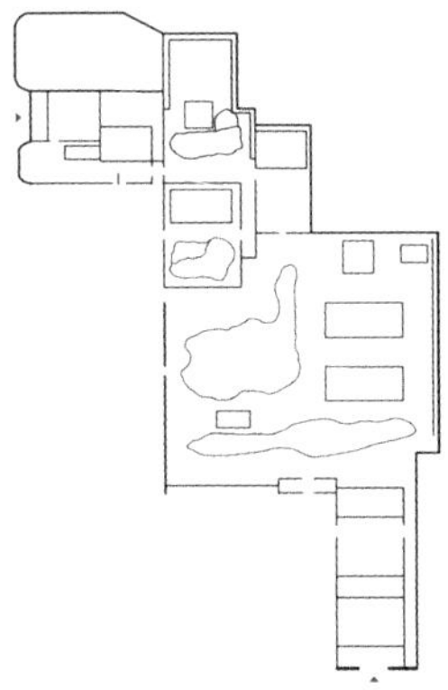	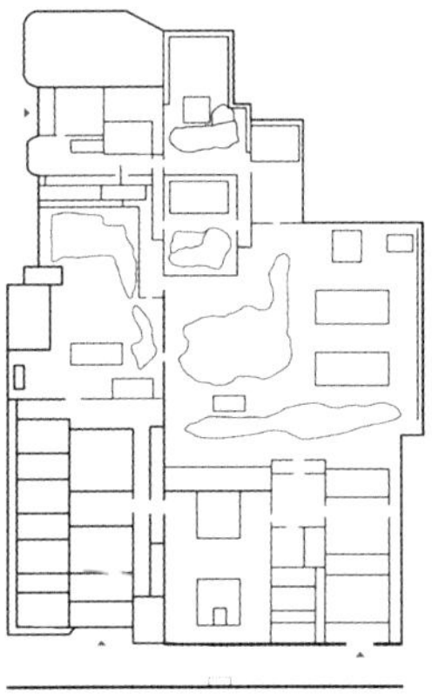
经过	1935 年，天一阁组群增建尊经阁和明州碑林，同时将原建于天一阁西首的千晋斋移至东边； 1959 年，购入东边荒地 6000 余平方米，归入天一阁进行整理，即后来的东园	1973 年 8 月，建东园围墙，移入石碑 69 方，嵌入外花园围墙； 1980 年，建西大门，重建东明草堂； 1981 年，天一阁北书库建成并投入使用，楼分三层，总建筑面积 980 平方米； 1983 年至 1986 年，投资 20 余万元，建成东园； 1985 年 10 月，市政府将陈氏宗祠划归天一阁管理	1991 年，秦氏支祠划归文物部门管理使用（现由天一阁管理），占地 1733 平方米，建筑面积 1400 平方米； 1996 年 10 月，天一阁书画馆建成，占地 2714 平方米，原址复建司马第耳房台门； 1998 年，天一阁南园落成，总占地面积 3400 平方米； 2009 年，天一阁古籍新库房落成，占地 5000 平方米，它是天一阁第三代古籍书库

20 世纪 60 年代，现博物馆“溪山逸马图”位置，为原“西门”，匾书“天一阁”（图 H-1、图 H-2）。近现代以来，天一阁博物馆东门前专门开辟了道路“天一街”（图 H-3），两侧设置了学术交流及公共活动场地，天一阁完全融入地方文化生活当中。

博物馆大致可分为由北至南的三个功能区域（图 H-4），分别是范氏故地、东南新建园林区、新增民俗文化展览部分。在最新的保护规划会议[3]中，将天一阁划分为“藏书圣地”“诗意林泉”“知书达理”三个文化区域，实际分别对应了这三个功能区。

图 H-1　20 世纪 60 年代西门[1]

图 H-2　堆塑[2]《溪山逸马图》

图 H-3　天一街

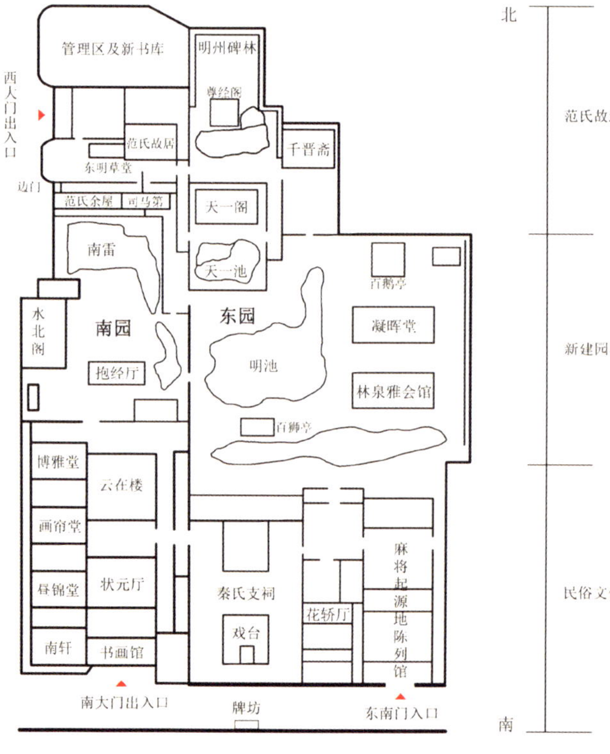

图 H-4　天一阁博物馆分区示意（底图来源：天一阁博物院官网）

1　位于现西大门内“溪山逸马图”位置，照片由天一阁博物院提供。

2　堆塑是由贝壳粉加少量水泥、胶水为材料，掺纸筋调和，像捏橡皮泥一样，在墙上或者器皿上堆塑各种图案，暗处用乌煤加深颜色，用少量的钢筋拉结固定。馆内绝大多数堆塑作品出自宁波已故的民间堆作师胡善成，周贵笙老师傅配合做园艺。据工作人员描述，胡老先生不苟言笑，匠心独具，且老人双目失明，双耳失聪，构图施作全靠触觉，其精湛的手艺不得不令人叹服，可惜的是堆塑技艺现已失传。

3　指 2020 年 8 月 29 日举行的全国重点文物保护单位天一阁保护规划审查会议。

最北一区是博物馆最为核心的历史区域，是明代天一阁藏书文化的代表。范氏旧宅的建筑场所用以展示明代范家的世家风采和藏书文化；在西北隅的两座具备现代设施的新书库，与范氏旧居既分离又有联系，延续了其居住与藏书的传统布局方式，并以先进的技术延续着数十万卷典籍的收藏神话，成就了范氏藏书的现代传承，维持了其建筑与园林环境最原始的风貌。

北书库[1]的设计建设吸取了天一阁的优点：建筑为坐北朝南一列，二、三层各通为一间，两面开窗，前后外廊；建筑形式以江南民居为范本，色彩淡雅，装饰较少，外观饰以青瓦马头墙，人字硬山顶。新书库整体环境布局与天一阁相似，室外前后留有空旷院落，[2]东西山墙与其他建筑以巷道隔离，保障了基本的防火防潮、通风散热功能。室内增加了数字化现代手段，可保证恒温恒湿，加强了对古籍的保护（图 H-5、图 H-6）。

图 H-5　北书库外观

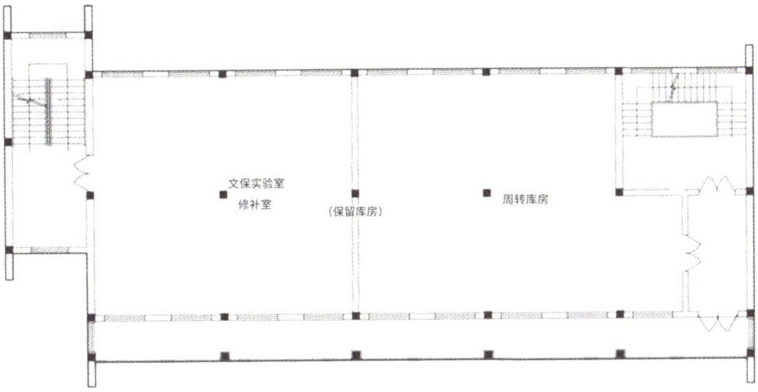

图 H-6　北书库平面图

1　新书库建成于 1981 年 2 月，由宁波市建筑设计院设计，设计方案曾请上海同济大学建筑系专家审议。（《天一阁丛谈》第 10 页）

2　三层的新书楼略高，与周围历史建筑群产生了不平衡的视觉感受。陈从周先生在受邀设计西大门空间时，用矮墙和一排高大的桂花树围合成一个方形小院，遮挡了高大邻近的新书库，解决了这一问题。

2007年，博物馆再次进行了古籍库房的扩建工作，在西北角新建一座书库建筑（图H-7），空间布局与旧北书库既分离又有联系，轴线秩序遵从天一阁博物馆整体的南北走向，延续肌理；建筑造型既包含了天井、巷道、青瓦、坡顶等传统建筑元素与精神空间，又以现代材料建构几何形体、灰空间、透明玻璃等，将它们组织成具有流动性、通透性和可达性的动态环境，是传统民居与现代建筑风格的融合。

中部为近现代新建的园林区域，分东园和南园两部分，以传统江南园林为设计范本，汇集了各处收集的宁波地方历史古迹和文化建筑，并恰如其分地将现代旅游产业所需的功能融入其中，成了博物馆发展的重要经济支撑。南端一区大多为近现代民居建筑，还原了江南传统民居院落的布局和建筑艺术，并作为民间文化的传承展示地，使得天一阁博物馆的功能从文化角度又得以扩展。

随着历史发展，月湖地区具有了作为人文核心区域的特殊地位。柳汀的贺秘监祠已扩展修缮为寺庙，花屿有茶文化博物馆，竹洲作学校之用，均以文化功能为主，符合本地区一贯延续的人文风貌模式。天一阁保护价值的重要性毋庸置疑。现代学者们也清晰地意识到作为古老的藏书楼建筑，其遗产的利用价值远大于封闭保护。逐步增强的开放性，使得浙江藏书楼文化的信息传播和大众审美，有了一个可持续发展的载体和组织形式。城市中一些街道、广场、大型公共建筑都以“天一”命名，更加突出了这座藏书楼在人们心目中的独特意义。天一阁在现代城市中的成功适应，在古建筑遗产保护与发展利用的工作中起到了表率作用，扮演了城市人文复兴的重要角色。

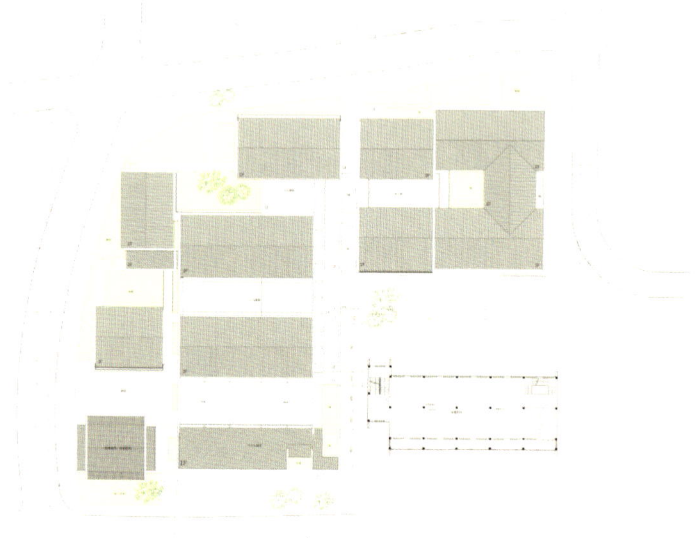

图H-7　新书库总平面图[1]

1　宁波天一阁博物馆古籍库房扩建工程，浙江大学建筑设计研究院。

附录J　关于范氏司马第历史环境情况的说明

（1）范氏司马第位于芙蓉洲西侧，芙蓉洲四至基本为水仙庙河（今天一阁广场—三板桥街）、马衙河、月湖合围而成。这个岛洲在南宋为权相史弥远的大观文府。明嘉靖间，北侧为范氏司马第，南侧为来自石马塘的闻氏兄弟的府邸，其中闻渊官至吏部尚书，其府邸称天官第。

（2）范氏司马第截止到明晚期的范围为：北至水仙庙河天一阁后桥至廉津桥段，西至水仙庙河内菱池以南河道（明代闻源断港之前连接马眼漕和三板桥河之河道），南与闻源、闻渊兄弟的府第相接，东至中营巷—天一阁东墙一线。其中，以考古所2008年发掘的F1地块（今天一街）为界。我们推断此界以南至司马第台门一线，为范钦长子范大冲乾房宅居（前房）；此界以北至三板桥河南岸，应为次子范大潜之坤房用地。

（3）天一阁西侧的水仙庙河在明中期被闻源人为淤塞（见《四明谈助》），断港处形成一个小型湖泊。正对着法云庵的湖面最广处有一小岛，其上“松柏森然”。

（4）此处河道涉及月湖西侧支流，根据清道光年间《宁郡城河丈尺图志》的记载：

西水关里河：起于望京门，在醋务桥下汇入月湖。就是起于今天的西门口，沿中山西路向东，在今偃月街西侧拗花巷南折数十米后，斜穿偃月街，于银台第西北侧汇入月湖。

菱池头断港：起于社坛桥，终于菱池头，此河于清光绪年间已断，到外菱池结束，不再与月湖沟通。就是今天的菱池街与三板桥街交叉口北侧路段，断港处称为菱池头，后来为了和天一阁后桥处的菱池相区别，此处称为外菱池，天一阁后桥处的称为内菱池。

水仙庙河：起于范氏法云庵前断港（此处原与马衙河水系相通，被明代闻家截断），北流至今天三板桥街，东折，行至水仙庙汇入月湖。此段河道起自今天的天一阁西园，向东北侧沿三板桥街、青石街，直到偃月街口进入月湖，这段河道也是当年月湖芙蓉洲的北侧边界。

马眼漕：起于一字老田头，向北延伸，过郎衙桥（今太阳巷北端）后东折，在虹桥入月湖。今天这段河道大部分依然存在，就是马衙街南侧的马眼漕。

附录K　天一阁博物馆布局一览表

分区	建筑（景观）名称		功能	概况
范氏故地	原建	天一阁	位于原范氏司马第之东，前后有清初加建的园林假山，二层现今已不藏书，书柜仍在，一层做室内陈设，但只可外观	六开间两层硬山顶藏书楼建于明嘉靖年间，是范家传世藏书的承载建筑
	原址	东明草堂	为原范钦藏书阅览处，现做贵宾接待室，日常做室内陈设展览	原建筑五开间，是司马第前宅的中厅和主客厅，现草堂是1980年在原址上迁建的一座单层三开间硬山顶的清代建筑
		范氏故居	位于东明草堂之东，内部恢复成范钦书房的布局，并展示分家产、授书的场景。东西耳房作为“雕版印刷”展览厅	四间两层，为范家后人的生活场所，原范氏前宅东厅，清道光九年（1829）重建
		司马第	原范氏司马第大门，两侧小屋做抄书相关陈列	1996年，原址复建了台门和耳房
		范氏余屋	修缮后成为“智者之香——天一阁发展史”陈列馆。院中铜雕展示曝书的家族习惯	建于明代后期，位置在司马第台门之西，是范家宅院的附属用房
	移建	尊经阁	原宁波府学孔庙的藏书楼，现作为内部资料储藏室，存放部分1935年天一阁修缮的图片及老天一阁图片	三间三进，三重飞檐，造型古朴庄严，全用榫卯结构，1935年落架组装于天一阁后
		明州碑林	位于尊经阁之北，墙面嵌古碑刻	藏碑173通，有20世纪30年代、80年代两个收集高峰期
		千晋斋	现陈列宁波城墙古城砖；西边一间“百川书屋”陈列近现代文人捐赠事迹；其后一室陈列“历代名人与天一阁”砖雕	1935年建于尊经阁西首，后移建其东，为三间硬山顶平屋，为纪念马廉先生藏砖室“千晋斋”而起相同的名字
		北书库	采用科学手段保护书籍，集藏书与阅览于一身。2011年，于北书库西北又建新书库，地下一层，地上两层，为园林式布局，不对外开放	位于天一阁西北侧，为一排钢筋混凝土结构三层楼房，建筑面积1062平方米。1976年动工，1981年建成
		西大门	门厅形式，非天一阁原有	三开间五马头的硬山顶清代木构建筑，1980年迁建
新建园林	东园	明池	“东园”“明池”对应范钦的字“东明”，周边树荫环绕，古物移建隐匿其中，环境清雅幽静，文化氛围浓厚	

分区	建筑（景观）名称		功能	概况
新建园林	东园	假山	以本地出产的海礁石堆砌，规模较大。假山东建“四明亭”，纪念宁波四明山；西建“鲒埼亭”，借鄞县古亭之名，并纪念清代史学家全祖望，因其自号“鲒埼亭长”	
		八狮亭	位于假山西麓，1959 年用旧石料所建，八根亭柱上端各有一只小狮子。亭西北有铁牛一座，为清末民初墓葬作品，1958 年从废品公司回收，迁于此地	
		百鹅亭	石制仿木亭，呈四方形，顶盖遗失。原在南郊祖关山，是明代墓葬的祭拜亭，1959 年移建入东园	
		凝晖堂	原为清代同治年间（1862—1874）建筑张公祠，现为东园主体建筑，陈列馆藏帖石，尤以冯承素临摹的《兰亭序》拓本石碑最为珍贵	1986 年，从江北槐树路原机械工业学校搬迁至此，是一座三间两弄、单层歇山顶的砖木石柱建筑，有回马廊和翘角飞檐等建筑形象
		林泉雅会馆	名称源出明代鄞县文人所结“林泉诗社”，现为天一阁旅游纪念品展销处	清代时为五开间硬山顶房屋，同凝晖堂一样为张公祠部分，并同期移建
	南园	水池	水面较为开阔，名为“南雷”，有桥名“明夷”，亭名“待访”，名称均以纪念明末清初大学者黄宗羲为意	
		假山	以太湖石叠成，形态优美独特，具有“瘦、漏、透、皱”的典型特征，且体积较大，现已非常少见，极为珍贵	
		水北阁	原为清代藏书家徐时栋的藏书楼，1984 年被列为海曙区文物保护单位，现为中国地方志珍藏馆	原址在西门外花池巷，20 世纪 90 年代迁至天一阁博物馆内统一保护，占地 242.2 平方米，建筑面积 523.3 平方米
		抱经厅	提供天一阁相关音像放映、书籍购买等服务，另有“党和国家领导人与天一阁”图片陈列	原址在君子街 18 号，现建筑于 1998 年建成，是 1777 年清代宁波藏书家卢址抱经厅的复建
陈列展览	秦氏支祠		原供秦氏先人排位，现进行“中国现存藏书楼陈列”系列展览和戏曲表演，被列为全国重点文物保护单位	建于 1923—1925 年，五间两弄，由照墙、门厅、戏台、正殿、后殿、左右厢房组成，建筑面积 2165 平方米
	麻将起源地陈列馆		原陈氏宗祠，曾作为工艺美术遗产陈列，现为麻将起源地陈列馆	建于清道光年间（1821—1850），名“德和堂”，占地 1000 平方米有余
	花轿厅		原为闻氏宗祠，是明代大官闻渊的家祠，现内部展示宁波花轿艺术——“万工轿”	现有单层硬山顶三间建筑，形成于晚清至现代，规模工艺远逊于明清
陈列展览	天一阁书画馆		在秦祠西侧，有宅六栋：云在楼、博雅堂、昼锦堂、画帘堂、状元厅、南轩。用于不定时展出天一阁藏品以及来自各地的书画作品	南大门出入口，建筑面积 1700 平方米，1996 年建成，门厅和状元厅由当地古建筑改建移建，其余为仿古建筑

附录 L　宁波地区世家宅院案例

L.1 月湖范宅

月湖之北也有一座范氏宅院，建于明代万历年间，但此范宅的建造者范亿是北宋名臣范仲淹的第十七世孙，与天一阁范氏并非同一家族，《鄞范氏族谱》就曾将范仲淹错认为湖西范氏的先祖。范宅位于宁波市海曙区中山西路 85 号，比邻鼓楼与天宁寺塔，是月湖景区北端入口的标志建筑。范宅比司马第宅邸建设时间稍晚，保存完好且规模较大，能很好地反映出明代世家宅院的基本风貌，是范氏司马第宅院布局探究的重要参考。

范宅总占地面积约 3913.6 平方米，建筑群整体坐北朝南，除入口处外基本对称。三进正房厅堂与东西厢房紧密相接，纵横平直，与后两进天井形成日字形院落，加上第一进天井和东南角门厅部分，组群整体又形成月字形状，是宁波古典宅院中典型的 H 形平面变体，也是较为传统的明代宅居格局。“日”“月”二字暗指明朝，此时明王朝已经走向末路，处于外忧内患当中，范宅的主人对社会局势感到无奈又无能为力，只能在宅院的布局中表达赤诚之心（图 L-1）。

正门为三开间门厅形式，坐西朝东，至今仍悬挂“大夫第”横匾（图 L-2、图 L-3）。跨过小天井偏北为仪门，仪门之后就是第一进院的天井（图 L-4），南墙为照壁，正对厅堂，是南北向轴线的起点。轴线中央的三栋厅堂规格较高，并呈现了由南至北逐渐升高的趋势，堂前各有天井，与两侧厢房形成了围合之势，天井之间以弄堂相连，组群内部路径既有秩序又四通八达，但整体外观具有内向性，而最外侧的屋顶檐角起翘，又为封闭的建筑感观增加了灵活性。首进天井由墙隔断，形成几个部分，分属于正房和耳房。正房厅堂面阔三间两弄，进深五间，单层硬山顶平屋，带前后檐廊，弄堂分列厅堂两侧，与耳房相接。耳房也为南北朝向，与后部厢房有小天井相隔。二进厅堂与首进立面相似，但进深更大，与两侧的两层厢房直接相连，厢房之间形成通向外部的四道东西向弄堂，位于正厅的四角方向，并各邻一步单跑楼梯（图 L-5）。第三进正房为两层硬山顶，同为三间两弄，弄堂紧邻楼梯（图 L-6）。建筑群中均匀分布六部楼梯，二层区域完全连通，并与一层保持联系和流动，保证了木构建筑在各种灾害下的疏散管理。

现范宅作为远近闻名的古玩市场对外开放，虽然现代水电系统可能为建筑群带来隐患，但开放性和使用价值也为建筑遗产的保护研究提供了便利。

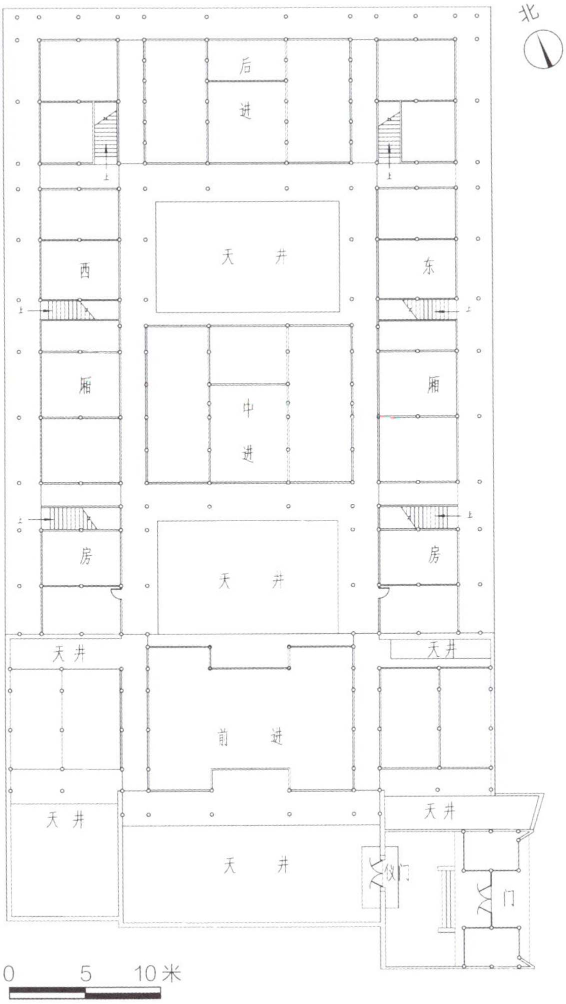

图 L-1　月湖范宅平面示意图

图 L-2　正门

图 L-3　正门内侧

图 L-4　首进天井

图 L-5　二进天井

图 L-6　三进天井

L.2 大方岳第

月湖东岸的大方岳第与司马第的建设时期相近，宅主张渊官至贵州布政使，州府大吏古称“方岳”，其府邸则为“方岳第”。此处原为十洲之一的菊花洲，是南宋丞相史浩“世禄坊”的所属范围，元末为方氏的花厅，明初张渊先人从高丽回国后居住在附近。嘉靖时期，张渊建造了这座大院，原本规模很大，但在现代的改造中拆除了很大一部分。现存大方岳第以南北为纵轴线，主要建筑坐北朝南，整体布局由前厅、中厅、后楼三进院落和东西围墙组成，辅以东厢房和台门，空间关系简洁庄重，总占地面积约为 2100 平方米。根据传统民居布局习惯，西侧也应有成排厢房，且与东侧厢房布局对称或稍有不同，但现状西厢房已不存（图 L-7）。

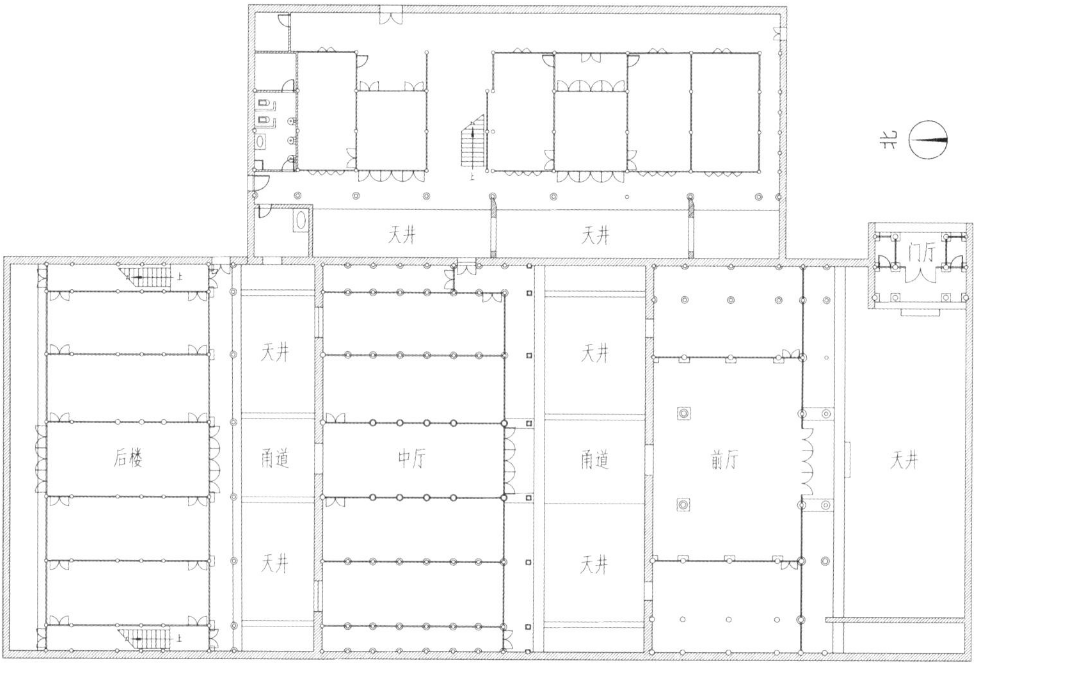

图 L-7　大方岳第平面示意图（底图由天一阁博物馆提供，殷双绘）

大方岳第建筑组群造型古朴、装饰简洁，房屋排列和规格体现严格的等级观念。宅第台门为东西朝向三开间硬山顶的门厅形式（图 L-8），门上方置“大方岳第”横匾一方（图 L-9），与南侧影壁、西墙和正房的前檐围合成为第一进的天井（图 L-10）。首进正房五间两弄带有前廊，檐下大尺寸的阶条石和青石板是典型的明代铺地做法（图 L-11）；进深五间，主要厅堂使用抬梁式构架，体量较其他部分构架更大，梁柱无收分卷杀，色彩淡雅，构架力学关系鲜明，几乎没有只用作装饰的构件（图 L-12）；用减柱造去掉了两根中柱、两根金柱，将明、次间合并，大大扩展了明堂的面积。二进正房同为五间两弄，带有前廊，用穿斗式九檩八柱，柱间距离相近，明间减去一步外金柱，拓宽了入门处的空间面积，建筑层高较大。现存前两进正房为明代原物，均为单层硬山顶建筑，弄堂封住不再作为通道使用，在正房明堂后墙开门与后一进相连。后楼为一座两层重檐硬山顶建筑，是现代将他处的保护建筑移建至此的，楼内有两部楼梯分列两端，提高了交通的便捷性和安全性，是民居楼房中较为常见的做法。楼后外皮与围墙间留有两米余的间距，形成天井。东厢房为两层楼房，重建于民国时期，位置与主要建筑脱离，形成一道狭长的天井，用带有镂空石花窗的矮墙隔断形成几个小天井；只做一部楼梯在中部偏北，内部房间分隔较为自由，现厢房南端与围墙间留有一弄；东侧围墙向东退两米左右，又形成一道天井，在围护的同时，使得东西朝向均能获得日照。

图 L-8　门厅内部

图 L-9　正门牌匾

图 L-10　首进正厅

图 L-11　二进正厅檐下

图 L-12　正厅内构架

L.3 林宅

林宅位于月湖东南端镇明路紫金街30号，原名“金紫园”，始建于明末，为清雍正时期所建，林宅因家道中落将其售与别家。嘉庆年间，林氏后人林廷鳌将宅第购回作为别业。至同治年间，其孙林钟华、林钟嵩兄弟二人中举，对宅院进行大范围的修补增建，形成了现有规模。林宅总占地面积约为3100平方米，规模宏大，整体布局既符合传统合院的秩序性，又会根据宅界变化对建筑和园林进行相应的灵活调整。主要建筑沿南北轴线方向形成四进院落，辅以后部天井、偏房天井、小花园等，空间得到了较好的利用（图L-13）。建筑装饰华丽丰富，砖雕、木雕、石雕等地方工艺非常精湛，至今仍是宁波地区雕刻艺术保存最为完好的建筑群之一，在2013年被公布为第七批全国重点文物保护单位。

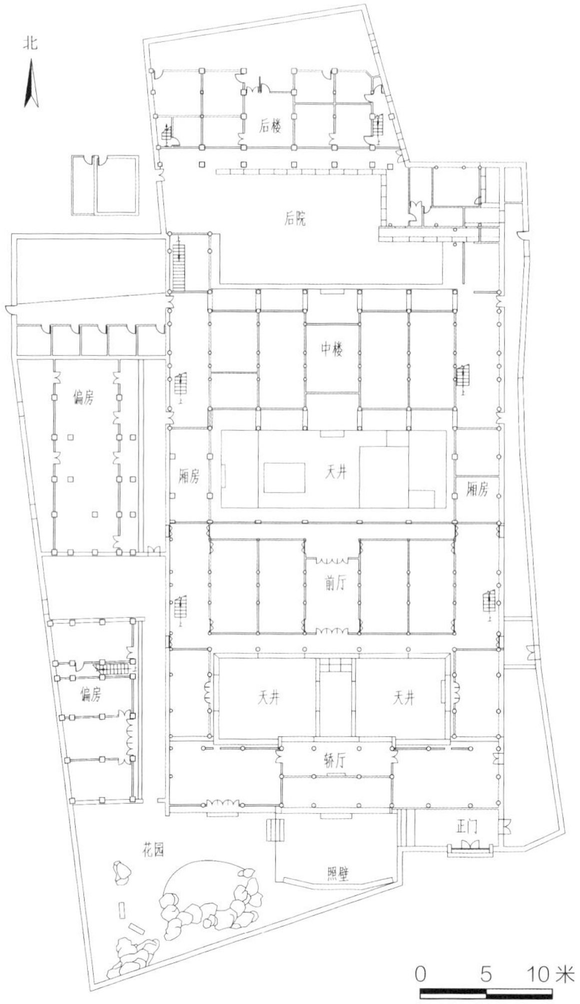

图L-13 林宅平面示意图

林宅台门是一座精美的砖石雕门（图L-14），位于宅第东南隅，进门面对照壁（图L-15），左转为仪门（图L-16），门框上方布满木雕纹样，同样极为精美。进入仪门后，到达主要建筑的轴线上，南侧为一组石雕影壁，正对轿厅，轿厅之后为首进正房与天井。首进正房为两层重檐硬山顶，明间通高，作为家族中最重要的祭祀活动空间使用（图L-17）；檐廊包围天井，正房与厢房交界处形成弄堂延续檐廊，弄堂内顺榀架方向设置单跑楼梯联系上下层，形成“双十字”交通体系；[1]外观为五开间，其实面阔向两端延伸，将原本在空间位置上不属于房屋的弄堂并入正房，屋顶也做整体通长，看似五间两弄，实为七间，开间数量超过了“不过五”的民间住宅要求，再利用厢房分隔出了正房五间的正面视觉效果，实属巧妙（图L-18）。但在变化之中，弄堂、隔墙仍是联系天井、进行空间流动的最主要的形式。

图L-14　砖雕台门

图L-15　照壁

图L-16　木雕仪门

图L-17　正房

图L-18　南向屋脊与厢房山墙重叠的外立面效果

1　蔡丽：《宗族文化对民居形制的影响与分析——徽州民居和宁波民居原型的比较》，《华中建筑》2011年第5期。

前两进院曾被富商承包作为会所，虽有所改建，但主体建筑保存较为完好，后面几进已经作为民宅使用（图 L-19）。宅第西南隅的小院名为“兰亭”，藏有明代书法家董其昌所书“兰亭序”贴石。园中有一组精美的海礁石假山，据称是造园者走访了天一阁假山之后汲取了经验，但暂时没有发现文字资料记载。可惜的是院落长期无人打理，山石上已经布满爬藤植物（图 L-20），亭台也掩映在树荫之后，无从得见。至于在叠石理水的艺术手法上是否借鉴了天一阁，只能期待后来的研究者进行对比分析了。

图 L-19　林宅现状照片

图 L-20　小院假山

L.4 张苍水故居

张苍水故居位于宁波市海曙区苍水街194号，中山广场西南侧，始建于明代。张苍水（1620—1664），名煌言，字玄箸，号苍水，浙江鄞县人，是明末著名的抗清英雄。张苍水是崇祯十五年（1642）举人，能诗文，好兵法，曾官至兵部尚书，在明王朝气数已尽的情况下，联合农民军、郑成功等各方势力奋力抗清，于清康熙三年（1664 年）拒不受降后英勇就义，后人整理其诗文成《张苍水集》流传于世。

张氏故居坐北朝南，现仅存三合院和西院书房（图 L-21）。宅前是一座南北向的砖雕台门，门楣刻有“近圣人君”四字，入门后即进入合院当中。在故居中，只有正房和西院书房建于明末清初，而门楣正对明堂的做法并不常见，属于后期加改建，不能作为明代民居台门参考（图 L-22）。正房为三开间两弄的重檐硬山顶楼屋，带有前廊（图 L-23）。东西厢房为三开间重檐歇山顶（图 L-24），檐口与正房相接，檐廊三面相连，与台门围合成为天井，交界处连接弄堂，形成十字通达的交通体系（图 L-25）。与西厢房相隔一巷有一座小院，院中有张苍水年轻时读书的书房，名为“冰槎堂”（图 L-26），是一座单层五开间硬山顶的砖木结构建筑，坐北朝南，五架梁带有前部檐廊（图 L-27），室内明间撤去中柱扩大空间。山墙做马头墙，门窗、梁柱仍为原始式样，造型古朴淡雅。书房前方有较为规则的矩形天井，设有花池和花台（图 L-28）。

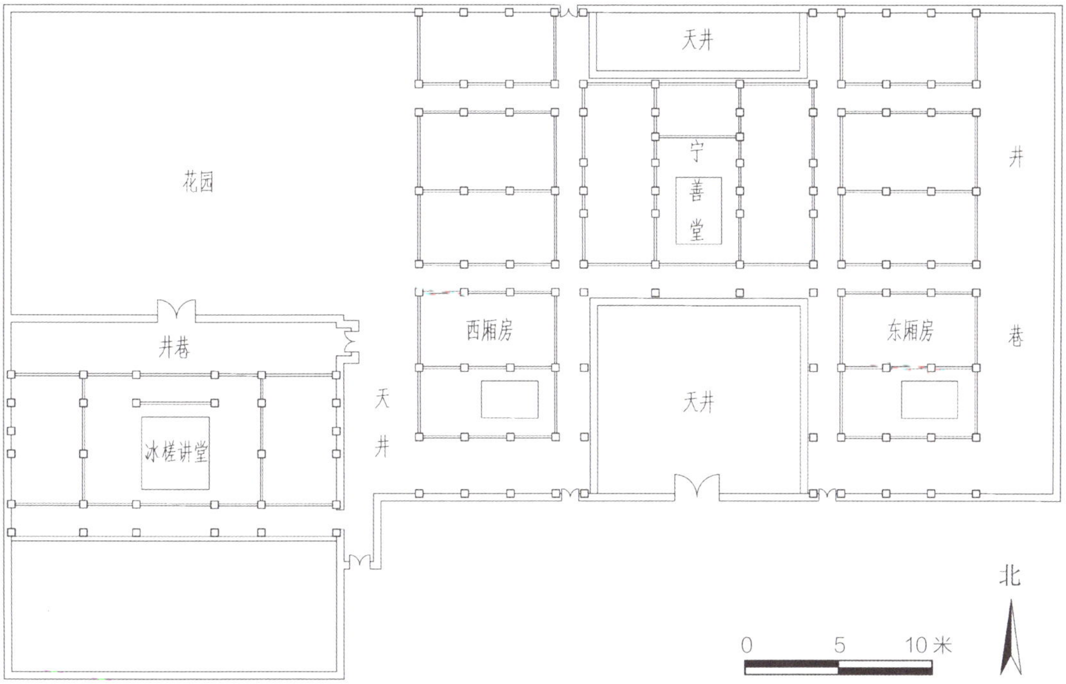

图 L-21　张苍水故居平面示意图

图 L-22　故居外部

图 L-23　正房

图 L-24 厢房

图 L-26 冰槎堂

图 L-25　合院与书房间小巷

图 L-27　冰槎堂檐下

图 L-28　书房方院

L.5 甲第世家

慈城金家井巷“甲第世家”[1]始建于明嘉靖年间，坐北朝南，基本以中轴线对称分布。主体建筑前后两进，左右分列厢房，厢房南接歇山顶翼楼，整体布局基本呈纵长方形（图 L-29）。正门位于宅院东南隅，朝向南面，为三开间硬山造厅堂式样，入门正对照壁，向西入仪门（图 L-30）。前进正房为单层硬山顶砖木建筑，面阔五间带前廊（图 L-31），施六架梁，用材粗壮，梁截面砍削成椭圆形，枋间施补间铺作（图 L-32），南沿、北沿斗升数不同，且明、次间攒数也不同（图 L-33、图 L-34）。

1　宅第所有者钱家以药材起家，但家族中为官者很多，主人钱照与范钦同为明嘉靖十一年（1532）进士，其后代又有数人登第，因此钱宅又称“甲第世家”。

图 L-29 甲第世家平面示意图[1]（天津大学杨楷绘）

图 L-30 台门

图 L-31 正房

图 L-32 首进正房梁架

图 L-33 首进正房，明 / 次间南沿，一斗三升四 / 二攒

图 L-34 首进正房明 / 次间北沿，一斗六升四 / 二攒

1 参考丁俊清、杨新平《浙江民居》第 153 页。

厅堂彻上明造，室内整体气势恢宏，显示了在宅院中的等级地位。前后檐柱为方柱，用僧帽柱础，其他为圆柱，鼓形柱础。明间使用抬梁式构架，减去四柱，高大的空间利于形成冬暖夏凉的室内环境。

二进正房基本做法与前厅相似，但用材较小，梁截面为方形（图 L-35 ~ 图 L-38）。厢房与正房间形成一道狭长弄堂，通风环境良好（图 L-39）。甲第世家的建筑原貌和平面布局保存较为完好，反映了典型的明代传统浙东民居建筑风貌，现已被列为全国重点文物文物保护单位。

图 L-35 二进正房梁架

图 L-36 二进正房尽间梁架

图 L-37 二进正房，明 / 次间南沿，一斗三升四 / 二攒

图 L-38 二进正房，明 / 次间北沿，一斗六升四 / 二攒

图 L-39 天井及弄堂

L.6 冯俞宅

慈城县中的冯俞宅[1]是宁波现存最大的明清传统民居建筑群（图 L-40），纵跨太阳殿路和尚志路两条街道，以太湖路为宅第西侧边界，占地 3 万多平方米。始建于明代，原为嘉靖年间湖广布政使冯叔吉的家宅，后分为冯俞两家（图 L-41）。慈城当地有这样的说法——“冯家屋，俞家谷”，指的就是冯家房产数量极大，而俞家是以粮食产业发家，在俞家宅院中还留有清末时期的粮仓建筑。

宅院进行过多次的修整，组群整体性和秩序性已经被破坏了很多，但单体建筑风貌和合院布局还保留有明代风格（图 L-42 ~ 图 L-44）。尤其是原冯宅部分建筑群，主要建筑坐北朝南，东西通长的厢房夹紧南北向正房，形成合院和弄堂；二层窗外设连续木栅栏（图 L-45），既能保持通风，又起到防盗作用，梁架、门窗等构件基本装饰简洁。门的使用也以“大墙门”[2]的典型样式为主（图 L-46），造型整洁，注重整体。俞宅的院落较一般天井更宽阔（图 L-47），常根据需求用隔墙将天井分成几个部分，使得院落的视觉效果更为舒展且呈现流动性。从外围看，青砖墙绵延不绝，视觉效果层次丰富，马头墙高低起伏，与院内的建筑天际线相映成趣，既有深宅大院的世家风貌，又有淡雅脱俗的民居性格。在冯俞宅西太湖路上的布政房、金家井巷中的福字门头宅院都是冯叔吉的故宅，院落组成的基本要素都延续了鲜明的地方民居特色。

图 L-40　宁波慈城县古建筑群[3]

图 L-41　冯俞宅建筑布局（翻摄于慈城介绍牌）

图 L-42　宁波地方传统叠墙

图 L-43　冯宅外观

图 L-44　入院小门

1　宅第主人冯氏在明清两代出过 56 名进士，是慈城有名的豪门大户，宅院面积很大。冯氏家道中落后将一部分宅院卖给了俞家，所以宅院分为了前后两部分，前部分为冯家，现已被列为为全国重点文物保护单位，后部分为俞家，统称为冯俞宅。

2　丁俊清、杨新平：《浙江民居》，中间建筑工业出版社，2009，第 148 页。

3　全景慈城——“中旅慈城古县城旅游”公众号。

图 L-45 一体化栅栏窗

图 L-46 砖雕门

图 L-47　天井院落

L.7 冯岳彩绘台门

冯岳彩绘台门是明嘉靖年间刑部尚书冯岳[1]家宅的大门，距今已有400余年历史。台门为五间硬山顶木构，大门居中，外露面阔三间，两侧与外围墙相接处做外八字切角，形成吸纳包容的庄严之势（图L-48、图L-49）。这种扩大入口空间的墙门造型，是宁波地区明代世家大院门厅的典型做法。在宅第之外，台门相隔道路在正对位置做三开间石照壁（图L-50），将入口部分的道路空间划定为自己宅第的附属，也是常用的限定大门空间的做法。台门构件上布满彩绘祥瑞图案，木雕精美但格外重视适度装饰，只在斗栱、雀替等部分进行小范围雕刻（图L-51～图L-53）。内部建筑在保持大致格局的基础上进行了重建。

图L-48　彩绘台门

图L-49　台门北立面

图L-50　石照壁

图L-51　台门细部1

图L-52　台门细部2

图L-53　台门细部3

1　冯岳官至二品，历明代嘉靖、隆庆、万历三朝，在告老还乡后，万历皇帝亲赐建造了这座彩绘台门。

L.8 王阳明故居

余姚王阳明故居风貌更偏向于清代中后期的园林式庭院，但布局非常完整，建筑等级与院落布置主次分明，多以隔墙分出大小天井，大大提升了空间的流动性，使庭院从单一的露天环境变得富有套叠层次，突显了官宦世家宅院的风雅幽深之感。建筑群从门厅到后罩房基本以南北轴线对称布局，主轴线上分别为门厅、轿厅、仪门、大厅、瑞云楼和后罩屋，主要建筑大多南北朝向，两侧分列附属用房和天井，厢房不成体系。建筑布局较明代风格更为灵活分散，组合性较弱，从而也减少了弄的设置和使用，庭院也较明代宅院天井更为开阔（图 L-54）。砖石道路自门厅至轿厅，用于走马和停轿，官宦人员出行，宅内即可上轿，是社会地位和秩序的重要表现（图 L-55）。大厅即原寿山堂位置，为三开间硬山顶平屋，高大庄严，檐下做轩廊（图 L-56），东西厢房为日常居所，做书房、画室、卧室之用；瑞云楼为两层重檐硬山顶的砖木建筑，五间两弄，构架简洁，装饰适度，清乾隆年间曾焚毁，后于 1996 年依照《瑞云楼记》所述原样原址重建（图 L-57）。

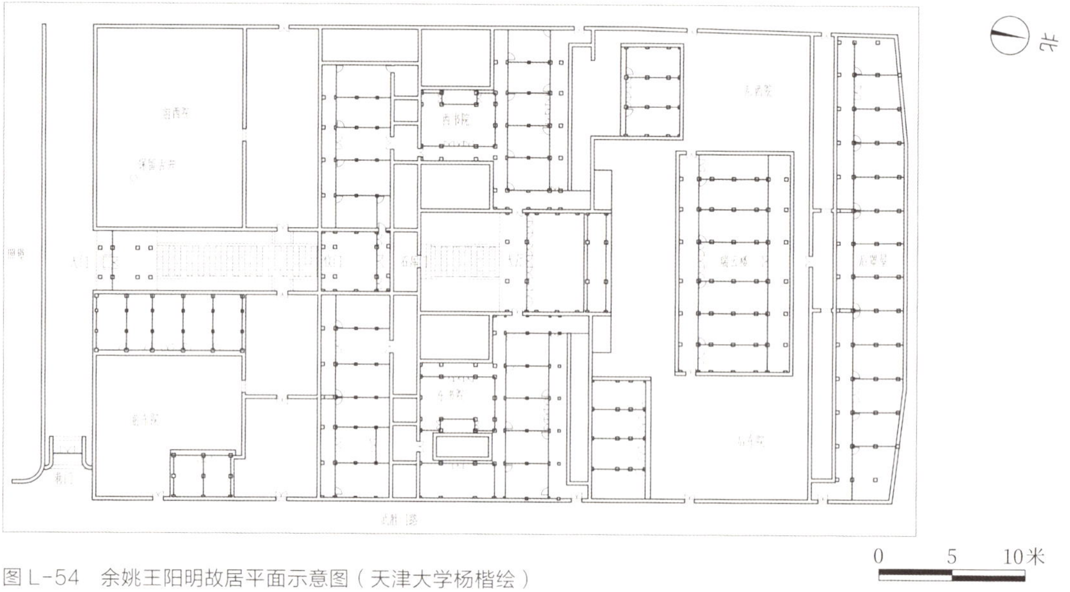

图 L-54　余姚王阳明故居平面示意图（天津大学杨楷绘）

图 L-55　门厅至轿厅走道

图 L-56　大厅

图 L-57　瑞云楼

附录 M　天一阁历史环境还原推测和演变研究

M.1　司马第北界的确定

2010 年，天一阁在建设目前的古籍库房之前，在现在白蚁防治所至天一街三号的这一段街道两侧进行了考古发掘，发现了大量的明代房基、柱础、钱币和生活用品，根据范氏家族的家谱以及对其后人的口碑调查可以知道，范钦死后，继承藏书楼的长子的乾房继承了天一阁周边的建筑和土地，而次子的坤房则得到了北侧区域的宅地，所以推测古籍库房以北的区域，应为天一阁坤房遗迹。由于当时天一街以北还有大量居民居住，所以考古揭露的部分不足以看到这个建筑群最北侧的边界。但是三板桥街的位置就是芙蓉洲北侧界河，一般来说，把一条城内的主要干流放到私宅里并不多见，所以我们基本可以确定，范氏司马第的北界不会超过芙蓉洲的北界——水仙庙河。

M.2　司马第西界的确定

关于司马第的西界，一直有一个比较"偷懒"的说法，因为《四明谈助》说到过现在天一街口的范氏西园，同时我们已经知道今天长春路底下是西城墙，所以有文献就简单地说范钦宅西到城墙根。但实际上范氏西园只是范氏司马第的一块"飞地"，主建筑群还在更东侧的地方。请看以下两条信息：

《四明谈助》记载："范氏西园：在司马第之西，背城面河。其河本自马牙漕来，北通菱池，达社坛桥大河。自嘉靖间（1522—1566）闻主事塞河后，遂为断港。如今大池，横于西园门前，池上有洲，叠假山，古柏阴森，颇有幽趣。"这说明范氏西园在城墙和芙蓉洲西边的界河之间，这条河原来跟南北侧的界河是通的，但是在明嘉靖年间，被人为切断，变成了大池，池上还有小岛。

明成化《简要志》记载："锦里桥即三版桥，在菱池头，本与西水门里河相通，后为主事闻源所塞，渐流入其宅，内设水关闭之，掩为己有。今属兵部侍郎范钦。"这条记载告诉我们，断港的人是闻源，很可能是为了生活便利或者风水需要，同时把水引向自己的宅地。关于闻氏宅地，我们在讲范氏司马第南界的时候再具体说明。

由此，我们基本可以把范氏司马第的西界确定在明嘉靖年间的菱池断港。

M.3　司马第南界的确定

南界的确定就需要考虑到范钦的邻居闻氏了。《石马塘闻氏家谱》记载："月湖之右，自虹桥直进马牙槽，临河面南，有屋四楹。""楹"在这里我们作组、院来理解。这句话中最重要的信息是，闻氏宅第从今天偃月街（虹桥）开始，自东向西排开，一直延伸到漕底。为什么说肯定延伸到漕底？联想明成化《简要志》所云："……本与西水门里河相通，后为主事闻源所塞，渐流入其宅，内设水关闭之，掩为己有。"这位闻家的大官人可以将芙蓉洲西侧水系断开后引入自己家中，其前提就是距离不远且中间不经过别人家里。以此推断，范氏司马第南侧与闻氏兄弟的建筑群相邻。那么两家交界处在哪里？

在 20 世纪 90 年代，天一阁南园周边地区的建设中，我们在修整范氏余屋和恢复司马第台门的过程中发现了司马第中厅建筑最南侧的明代院墙，和台门前照壁须弥座的基础，由此可基本确定：南侧与闻渊、闻泽兄弟的府第的边界在现在天一阁景区内部的“服务中心小水池—范氏余屋—司马第台门”一线。

M.4 司马第东界的确定

东侧就相对简单，因为当时天一阁的选址就在司马第原有建筑群的东南侧，所以这一建筑群的东界分为两段，北侧东界基本与天一阁西侧北弄重叠，这也是天一阁出现之前范氏司马第原始的东界面。南侧东界因天一阁的出现被向东推到了天一阁庭院的东墙。

至此，范氏司马第明清时期的基本格局或者说四至范围就明确了。当然，任何城市、街区、家族的历史都是动态变化的，这期间因为种种原因，很可能局部区域会出现一些变动，有些变动很可能大到局部改变边界的走向，但是我们认为大致的格局应该是准确的。

——宁波市天一阁博物院原副院长　张亮

参考文献

[1] 骆兆平 . 天一阁丛谈 [M]. 宁波：宁波出版社，2012.

[2] 顾凯 . 宁波天一阁 [M]// 顾凯 . 江南私家园林 . 北京：清华大学出版社，2013.

[3] 郑振铎 . 关于天一阁藏书的数字统计 [J]. 文物参考资料，1953，7.

[4] 周维权 . 中国古典园林史 [M]. 北京：清华大学出版社，1999.

[5] 彭一刚 . 中国古典园林分析 [M]. 北京：中国建筑工业出版社，2018.

[6] 虞浩旭 . 中华历史文化名楼：天一阁 [M]. 北京：文物出版社，2012.

[7] 童寯 . 园论 [M]. 天津：百花文艺出版社，2006.

[8] 刘敦桢 . 苏州古典园林 [M]. 修订版 . 北京：中国建筑工业出版社，2023.

[9] 杨菁，李声能，白成军 . 文溯阁研究 [M]. 天津：天津大学出版社，2017.

[10] 中国建筑技术研究中心建筑历史研究所 . 浙江民居 [M]. 北京：中国建筑工业出版社，2018.

[11] 丁俊清，杨新平 . 浙江民居 [M]. 北京：中国建筑工业出版社，2009.

[12] 黄建国，高跃进 . 中国古代藏书楼研究 [M]. 北京：中华书局，1999.

[13] 张家骥 . 中国造园论 [M]. 太原：山西人民出版社，1991.

[14] 张艺凡，杨菁 . 中国传统阅览空间特点浅析——以天一阁及其影响下的四库七阁为例 [J]. 中国文化遗产，2019（1）：94-101.

[15] 潘谷西 . 江南理景艺术 [M]. 南京：东南大学出版社，2001.

[16] 于嘉 . 清代皇家园林写仿剖析——四库七阁写仿意象及复原研究 [D]. 天津大学，2016.

[17] 陈从周 . 说园 [M]. 上海：同济大学出版社，2007.

[18] 陈从周 . 园综 [M]. 上海：同济大学出版社，2007.

[19] 曹先锋，丁志敏 . 从天一阁到五桂楼——藏书楼在明清易代历史中的演变 [J]. 浙江建筑，2013（12）.

[20] 陈植 . 造园学概论 [M]. 北京：中国建筑工业出版社，2009.

[21] 戴光中 . 天一阁主：范钦传 [M]. 杭州：浙江人民出版社，2006.

[22] 金荷仙，蒋文娟 . 宁波天一阁园林艺术浅析 [J]. 浙江林学院学报，2000（3）：315 320.

[23] 朱力 . 中国传统书院“天一阁”建筑群研究 [D]. 武汉：湖北工业大学设计学院，2009.

[24] 朱赛虹 . 天一生水——天一阁及其藏书的历史贡献 [J]. 紫禁城，2006（Z2）：36-39.

[25] 于静斯 . 明清时期我国公私藏书楼造景艺术探析 [D]. 南京：南京农业大学园艺学院，2011.

[26] 袁慧 . 范钦评传 [M]. 宁波：宁波出版社，2012.

[27] 天一阁博物馆 . 天一阁文丛：第一辑至第七辑 [M]. 宁波：宁波出版社，2004-2009.

[28] 天一阁博物馆 . 天一阁文丛：第八辑至第十二辑 [M]. 杭州：浙江古籍出版社，2010-2015.

[29] 李俊 . 天一阁，一脉相承徽派建筑的防火理念 [J]. 安徽消防，2002（01）：38-40.

[30] 骆兆平 . 抱经楼和水北阁的变迁 [M]// 黄建国，高跃新主编 . 中国古代藏书楼研究 . 北京：中华书局，1999.

[31] 任继愈 . 中国藏书楼 [M]. 沈阳：辽宁人民出版社，2001.

[32] 王静 . 天一阁与《四库全书》关系谫论 [J]. 中国国家博物馆馆刊，2012（10）：139-144.

[33] 孙卫国 . 朝鲜王朝士人视野中的天一阁 [J]. 当代韩国，2013（3）:66-73.

[34] 缪荃孙 . 天一阁始末记 · 艺风堂文漫存 [A]. 乙丁稿卷三 . 北京图书馆馆藏 .
[35] 杨菁，于嘉，王笑石 ."四库七阁仿天一"所反映的清代皇家园林写仿江南的三个阶段 [J]. 建筑创作 , 2017（05）：138-143.
[36] 杨天在 ."收将大段天一范，兼取小斋京口米"——文津阁的造园艺术 [J]. 河北学刊，1984（2）：111-112.
[37] 吴稌年 . 从"藏书楼"到"图书馆"的术语演变 [J]. 河南科技学院学报，2014（1）：110-115.
[38] 江向东 ."藏书楼"术语宋代文献记载考 [J]. 大学图书馆学报，2011，29（06）：108-112.
[39] 贺美芳 . 解读近代日本学者对中国建筑的考察与图像记录 [M]. 北京：中国建筑工业出版社，2021.
[40] 奥富利幸，包慕萍 . 明治时期日本建筑界的中国调查及其研究方法 [J] 中国建筑史论汇刊，2014（10）21- 41.
[41] 陈从周 . 梓室余墨 [M]. 上海：上海书店，2019.
[42] 方承，骆兆平 . 天一阁研究资料目录 [J]. 图书馆学通讯，1983（2）：82-90.
[43] 李玉安，黄正雨 . 中国藏书家通典 [M]. 北京：中国国际文化出版社，2005.
[44] 柴德赓 . 清代学术史讲义 [M]. 北京：商务印书馆，2013.
[45] 龚烈沸 . 话说天一阁 [M]. 宁波：宁波出版社，2011.
[46] 成丽，王其亨 . 中国建筑史学史丛书：宋《营造法式》研究史 [M]. 北京：中国建筑工业出版社，2017.
[47] 骆兆平 . 天一阁藏书史志 [M]. 上海：上海古籍出版社，2005.
[48] 骆兆平，洪可尧 . 卢址和抱经楼 [J]. 图书馆杂志，1983（02）.
[49] 贾亚炜 . 甬城藏书楼 [M]. 宁波：宁波出版社，2015.
[50] 虞浩旭 . 历代名人与天一阁 [M]. 宁波：宁波出版社，2012.
[51] 李路珂 .《营造法式》彩画研究 [M]. 南京：东南大学出版社，2011.
[52] 陈明达 .《营造法式》辞解 [M]. 天津：天津大学出版社，2010.
[53] 郑殷芳 . 世界遗产语境下天一阁遗产价值的再认识 [M]// 庄立臻 . 天一阁文丛：第十六辑 . 杭州：浙江古籍出版社，2019.
[54] 楼庆西，陈志华，罗德胤 . 浙江民居 [M]. 北京：清华大学出版社，2010.
[55] 梅丛笑 . 文澜阁研究 [M]. 北京：中国书店出版社，2017.
[56] 巫鸿 . 中国古代艺术与建筑中的"纪念碑性"[M]. 上海：上海人民出版社，2017.
[57] 侯洪德，侯肖琪 . 图解《营造法原》做法 [M]. 北京：中国建筑工业出版社，2014.
[58] 马炳坚 . 中国古建筑木作营造技术 [M]. 北京：科学出版社，2003.
[59] 徐苏 . 文宗阁 [M]. 镇江：江苏大学出版社，2012.
[60] 杨鸿勋 . 江南园林论 [M]. 上海：上海人民出版社，1996.
[61] 童介眉，王宏星 . 天一阁画史 [M]. 宁波：宁波出版社，2003.
[62] 龚烈沸 . 书城木石香——天一阁博物馆匾联释读 [M]. 宁波：宁波出版社，2014.
[63] 范凤书 . 中国著名藏书家与藏书楼 [M]. 郑州：大象出版社，2013.
[64] 蔡丽 . 宗族文化对民居形制的影响与分析——徽州民居和宁波民居原型的比较 [J]. 华中建筑，2011（05）
[65] 骆兆平 . 天一阁杂识 [M]. 上海：上海古籍出版社，2016.
[66] 刘虹，刘帆 . 天一阁藏书建筑研究 [J]. 四川建筑科学研究，2016（01）.
[67] 蔡丽 . 浅析宁波传统民居大木作构架特色 [J]. 华中建筑，2013（05）.
[68] 骆兆平 . 天一阁藏明代地方志考录 [M]. 北京：书目文献出版社，1982.
[69] 邢文芳 . 天一阁藏书楼建筑研究综述 [J]. 中国索引，2014（03）：13-20.

[70] 王文丽 . 天一阁藏书楼南北园的石景艺术探析 [J]. 园林艺术，2020（03）.

[71] 邬莎 . 宁波古代城市规划史研究 [D]. 南京：东南大学，2017.

[72] 张力智 ."楼上厅"与"燕堂"—— 一种建筑的形式、源流与象征意义研究 [J]. 建筑学报，2016（09）：32- 37.

[73] 陈星 . 浙江兰溪民居的楼上厅 [J]. 南方建筑，2011（01）.

[74] 黄建国，高跃新. 中国古代藏书楼研究 [M]. 北京：中华书局，1999.

[75] 马德鸿. 清代图书典藏制度研究 [D]. 广州：中山大学，2005.

[76] James W. P. Campbell, Will Pryce. The Library: A World History [M]. Chicago：University of Chicago Press, 2013.

[77] 蔡方荫、刘敦桢、梁思成. 故宫文渊阁楼面修理计划 M// 中国营造学社汇刊：第三卷第四期. 北京：知识产权出版社，2006：78-87.

[78] 刘敦桢、梁思成. 清故宫文渊阁实测图说 [M]// 中国营造学社汇刊：第六卷第二期. 北京：知识产权出版社，2006：32-48.

[79] 单士元. 文渊阁 [J]. 故宫博物院院刊，1979（2）：26- 31.

[80] 单士元. 文渊阁与《四库全书》[J]. 社会科学战线，1991（01）：333-337.

[81] F. Philippe. Mapping Chengde: the Qing landscape enterprise[M]. Honolulu: University of Hawai`I Press, 2000.

[82] Cary Y. Liu. Archive of Power: The Qing Dynasty Imperial Garden Palace at Rehe[J]. 美术史研究集刊，2010（28）：43-66.

[83] 陈从周 . 常熟铁琴铜剑楼 [J]. 文物，1959（03）：29.

[84] 陈从周 . 书带集 [M]. 北京：三联书店，2002.

[85] 张睿婧 . 木构古建筑的材料研究及其性能试验 [J]. 山西建筑，2013（27）：98- 99.

[86] 张宸赫，廖红建，钱春宇等 . 古建筑木材料拉—压疲劳试验研究 [C]. 第 24 届全国结构工程学术会议，厦门：2015：457-461

[87] 胡卫兵，韩广森，于海平 . 古建筑榫卯节点刚度分析 [J]. 四川建筑科学研究，2011（6）：44- 47.

[88] 高永林，陶忠，叶燎原等 . 传统木结构典型榫卯节点基于摩擦机理特性的低周反复加载试验研究 [J]. 建筑结构学报，2015（10）：139-145.

[89] 姚侃，赵鸿铁，葛鸿 . 古建木结构榫卯连接特性的试验研究 [J]. 工程力学，2006（10）：168- 173.

[90] 邱舒婷，李上志，杜欢欢等 . 楠溪江古村落建筑风环境分析 [J]. 制冷与空调，2016（3）：331- 335.

[91] 林晨 . 自然通风条件下传统民居室内外风环境研究 [D]. 西安：西安建筑科技大学，2006.

[92] 许伟，李庆祥，杨仕超 . 建筑风环境测试与评价研究进展与综述 [J]. 绿色建筑，2013（09）：62- 63.

[93] 杜倩 . 中国道教古建筑选址及其声热环境分析 [J]. 工业建筑（增刊），2013（06）：68- 70.

[94] 师奶宁 . 不同区域传统民居围护结构热工性能研究 [D]. 西安：西安建筑科技大学，2006.

[95] 蔡晓初. 古今图书一大成——《四库全书》及其它 [J]. 江西教育学院学报，1990（02）：45- 53.

[96] 曹先锋，丁志敏 . 从天一阁到五桂楼——藏书楼在明清易代历史中的演变 [J]. 浙江建筑，2013（12）：6- 9.

[97] 陈东，牛菁 . 避暑山庄文津阁琉璃建筑考 [J]. 文物春秋，2008（5）：62- 68.

[98] 代芯. 宋代私人藏书楼初探 [D]. 成都：四川大学，2006.

[99] 郭黛姮 . 远逝的辉煌：圆明园建筑园林研究与保护 [M]. 上海：上海科学技术出版社，2009.

[100] 郭向东. 文溯阁《四库全书》的成书与流传研究 [D]. 兰州：西北师范大学，2004.

[101] 贺建，张田吉 . 从“四库七阁”看清代皇家藏书楼的社会功能 [J]. 教育教学论坛，2014（43）：82- 84.

[102] 黄爱平 .《四库全书》与四库七阁的坎坷命运 [J]. 传承，2010（16）：36- 37.

[103] 江庆柏 . 扬州文汇阁文献录 [J]. 江苏地方志，2013（06）：38- 43.

[104] 焦涛，袁新华 . 试论文渊阁的建筑艺术 [J]. 河南图书馆学刊，2006（04）：118- 120.

[105] 金毓黻等 . 文溯阁四库全书提要 [M]. 北京：中华书局，2014.

[106] 李希泌，张椒华. 中国古代藏书与近代图书馆史料（春秋至五四前后）[M]. 北京：中华书局，1982.

[107] 林祖藻 . 文澜阁《四库全书》藏书楼建筑探析 [J]. 图书馆研究与工作，2011（02）：38- 39.

[108] 刘凤强 . 四库全书馆研究 [D]. 兰州：兰州大学，2006.

[109] 刘榕. 从实测谈文渊阁结构与艺术特点 [J]. 故宫博物院院刊，1993（3）：34- 47.

[110] 鲁达科夫著，阎国栋译 . 盛京皇宫与皇家藏书阁——1901 年夏盛京考察成果录 [J]. 沈阳故宫博物院院刊，2008（2）：53- 72.

[111] 鲁颖 . 北京故宫文渊阁建筑艺术风格 [J]. 博物馆研究，2014（1）：84- 95.

[112] 潘灏源 . 清代皇家园林中的士人思想与士人园 [D]. 天津：天津大学，1998.

[113] 裴伟 .“文宗、文汇”两阁命名之揣想 [N]. 镇江日报，2011- 11- 18（10）.

[114] 汤宪振 .《四库全书》纂修对清代藏书的影响 [D]. 长春：东北师范大学，2008.

[115] 天津大学建筑系，承德市文物局. 承德古建筑 [M]. 北京：中国建筑工业出版社，1982.

[116] 王作华 . 乾隆皇帝与《四库全书》的纂修 [D]. 兰州：兰州大学，2006.

[117] 武斌 . 沈阳故宫文溯阁《四库全书》辗转流传记略 [J]. 沈阳故宫博物院院刊，2013（13）：82- 96

[118] 项真 . 文澜阁与《四库全书》[J]. 文史知识，2009（3）：6- 9

[119] 肖梦龙 . 镇江金山寺文宗阁藏《四库全书》始末 [J]. 东南文化，1997（04）：124-125.

[120] 肖银杉 . 杭州文澜阁史事考——以建筑与藏书为中心 [D]. 上海：复旦大学，2013.

[121] 徐莉 . 清乾隆《文源阁记》残碑 [N]. 中国档案报，2005- 03- 18：005.

[122] 徐苏，余鹏. 七阁“江苏占其二”之缘由探析 [J]. 镇江高专学报，2013（01）：6- 9.

[123] 徐苏 . 南三阁的社会作用 [J]. 图书情报研究，2013（2）：52- 55.

[124] 徐苏 . 镇江文宗阁溯源 [J]. 镇江高专学报，2010，23（4）：19- 21.

[125] 薛冰，江世荣 .《文宗阁小史》及其他 [J]. 山东图书馆学刊，2012（6）：116- 118.

[126] 伊藤清造 . 奉天宫殿建筑图集 [M]. 东京：洪洋社，1929.

[127] 张纪天 . 扬州文汇阁 [J]. 江苏图书馆学报，1986（01）.

[128] 张强 . 关于《四库全书》编纂和收藏的历史脉络 [J]. 文化学刊，2014（04）：142- 146.

[129] 赵海丽 .《四库全书》与南北七阁 [J]. 济南交通高等专科学校学报，1998（04）：55- 59.

[130] CrystalT. . Effectiveness of nondestructive evaluation technique for assessment standing timber quality[M]. Michigan: Technological University，2005.

致谢

《杰阁遗型——宁波天一阁藏书楼》一书，自2018年始，经六年积累，三载编纂，终于面世。回溯原点，本书初心启自王其亨先生。王先生一直关注明清南北方建筑交流与交融，获悉笔者在研究乾隆“四库七阁”后，便建议要深入研究七阁的原型，后续测绘工作和相关研究都离不开王先生的敦促和指导。之后，中国建筑设计研究院建筑历史研究所陈同滨女士、浙江省古建筑设计研究院黄滋先生的关心、牵线，促成了天津大学在宁波的调查与测绘工作。

在开展研究和书稿编辑过程中，我们得到了宁波文博界的各位前辈的无私支持：邬向东先生几次来测绘现场，为全体师生一座座建筑地细致讲授；龚忠兴先生回忆了他修缮天一阁和慈城建筑的过往，在现场逐个构件地解说；龚烈沸先生当时的办公室就在测绘的水北阁内，他渊博的知识和对学术严谨的态度感动着我们，也正是他建议将本书书名定为沙孟海集字的“杰阁遗型”；钱路先生则最终帮我们在沙老众多作品中找到了最为合适的四个字。

对天一阁的研究，离不开天一阁博物院对课题的配合与支持。天一阁博物院院长庄立臻女士为测绘提供了非常多的帮助，之后举办的相关研讨会和本书的出版，也得到她的大力支持。天一阁博物院文物保护部的诸位同仁，干彬波、林清清、吴冠林、夏旭等，在测绘和后续研究工作中提供了大量的协助。感谢“四库七阁”的管理者和研究者：故宫博物院赵鹏、圆明园管理处张孟增、承德市文物局陈东、于洋、沈阳故宫博物院李声能、浙江省博物馆梅丛笑、镇江市图书馆徐苏，和国家图书馆白鸿叶。另外，还要感谢宁波大学蔡丽女士、姚颖女士对现场工作的帮助。蔡丽是宁波地方民居研究的专家，她多次来到现场讲解营建知识，并审阅了本书的雏形——牛颖倩的硕士论文《宁波天一阁藏书楼建筑研究》，提出了诸多宝贵建议。感谢北京工业大学规划建筑设计院马骏、翁联斌两位工程师在三维数据获取方面的技术支持。

本书的顺利完成，还离不开天津大学建筑历史与理论研究所诸位师友的帮助，尤其是丁垚先生和研究生杨朝女士对“彩画”一章的指正。天津大学建筑学院杨楷同学对天一阁司马第复原设计也有大量贡献。

当然，以上一切工作的开展，都来源于测绘工作。正是天津大学建筑学院宁波测绘组的全体师生，以及来自北京工业大学、同济大学、太原理工大学、日本大阪大学等参与现场测绘和调研的同学们，为本书的问世打下了最初也是最坚实的基础。

他们是：

2018年：带队教师杨菁，教务管理王锐智，研究生高原、张颖娟、牛颖倩、叶翔、韩荣、韦承君，本科生李利、罗宇涵、孙舒怡、孙宇阳、唐泽羚、王畅、王丹灵、王佳、王润朗、王苏威、王梓淇、魏悦、修阳阳、徐安然、张师师、陈裕博。

2019年：带队教师杨菁，教务管理来琳，研究生康博超、牛颖倩、杨文艳、刘亚如、张天歌、李竞扬、李士伟、王占雍、于嘉，本科生卢见光、魏欣华、孙琦、龚乔、李潇然、刘健、张镇东、陈潇然、关贺天、梁雨、刘安琪、杨凯帆、张烝慧、赵志成、黄绮甜、刘杨雨、周梦抒。

本书出版受到国家自然科学基金委员会的资助，是面上项目“天一阁范式藏书楼研究”的重要研究成果。

2018 年测绘组师生合影

2019 年测绘组师生合影

杨　菁　牛颖倩　张　亮

杨菁　| 天津大学建筑学院副教授，博士生导师，建筑历史与理论研究所副所长。

牛颖倩　| 中国船舶集团国际工程有限公司建筑师，天津大学建筑学院建筑历史与理论方向硕士。

张亮　| 宁波博物院书记、院长，天一阁博物院原副院长。